X3D 网络立体动画游戏设计

——虚拟增强现实技术

张金钊　张金锐　张金镝　著

华中科技大学出版社

中国·武汉

内容简介

本书全面介绍计算机的前沿科技——X3D 网络立体动画游戏设计技术，即虚拟增强现实三维立体网络程序设计技术。X3D 网络立体动画游戏设计技术作为第二代三维立体网络程序设计技术，是目前计算机虚拟增强现实技术领域最前沿的一种新型开发技术，它是融合宽带网络、三维立体造型和场景设计、动画游戏设计、虚拟人设计、人工智能、信息地理、X3D/CAD组件、X3D 事件工具组件及 X3D 网络通信节点设计的高新技术。X3D 大有一统网络三维立体设计的趋势，具有划时代意义，是未来网络、多媒体、游戏设计及人工智能方面的关键技术，是 21 世纪计算机领域的核心之一。

本书是目前虚拟增强现实技术领域最前沿的计算机科技图书之一，是集 X3D 基本几何节点、复杂节点、渲染效果节点、图像纹理绘制节点、影视媒体节点、组节点、动画游戏节点设计，以及虚拟人运动设计、信息地理及人工智能于一体的实用科技图书。本书内容丰富，叙述由浅入深，思路清晰，结构合理，实用性强，书中配有大量的 X3D 网络立体动画游戏设计源程序实例，可使读者更容易掌握 X3D 虚拟增强现实三维立体网络程序设计方法。

本书可作为计算机领域的科技图书，也可以作为高等院校研究生和本科、专科学生的计算机网络、多媒体、游戏设计、数字艺术设计、机械加工设计、美术装潢设计、建筑规划设计、虚拟信息地理、虚拟医疗、军事模拟、航空航天等专业的教材，同时也可作为计算机软件开发人员和工程技术人员的实用工具书。

前言

21 世纪，人类已经进入数字化时代。数字地球、数字城市、数字家庭……数字进入人类生活的各个领域。数字化时代最具特色、最前沿、最具代表性的开发技术——X3D 虚拟增强现实技术，即 X3D 网络立体动画游戏设计技术，作为计算机的核心技术之一已广泛应用于社会生活的各个领域。X3D 虚拟增强现实技术是目前计算机领域的前沿科技，是 21 世纪初在国内外兴起的一种新型技术，其发展前景十分广阔，潜力巨大。X3D 作为计算机的前沿科技，是宽带网络、多媒体、游戏设计、虚拟人设计、信息地理与人工智能相融合的高新技术，是未来网络、多媒体、游戏设计、虚拟人设计、信息地理及人工智能方面的关键技术。

X3D 是互联网三维立体图形国际通用软件标准，它定义了如何在多媒体中整合基于网络传播的动态交互三维立体效果。利用 X3D 第二代三维立体网络程序设计语言能在网络上创建逼真的三维立体场景，开发与设计三维立体网站和网页程序。运行 X3D 程序可以直接进入 Internet，还可以创建虚拟数字城市、网络超市、虚拟网络法庭，实现网络选房与展销等，从而改变目前网络与用户交互二维平面的局限性，使用户在网络三维立体场景中实现动态的交互和感知交流，体验身临其境的感觉和感知。2004 年 8 月，X3D 被国际标准组织(ISO)正式批准成为国际通用标准。X3D 大有一统网络三维立体设计的趋势，具有划时代的意义。X3D 可以在不同的硬件设备中使用，并可用于不同的应用领域，如军事模拟仿真、科学可视化、航空航天模拟、多媒体再现、工程应用、信息地理、虚拟旅游、考古、虚拟教育、虚拟游戏等领域。

X3D 虚拟增强现实三维立体网络程序设计具有如下特点。

(1) 丰富的多媒体功能，能够实现各种多媒体制作，如在三维立体空间场景中播放影视节目、环绕立体声等。

(2) 强大的网络功能，可以在网络上创建三维立体空间场景和造型进行动态交互、浏览、展示等，也可以通过运行 X3D 程序直接接入 Internet 上网，创建三维立体网页和网站等。

(3) 程序驱动功能，这是 X3D 最突出的特点，它利用程序支持各种本地和网络三维立体场景和造型。

(4) 便于设计游戏软件，如虚拟驾驶、跑车游戏、虚拟飞行、虚拟围棋、虚拟象棋、虚拟跳棋、虚拟弹球等游戏软件。

（5）可以实现虚拟人行走、运动设计。

（6）可以创建虚拟增强现实三维立体造型和场景，提供变换层级、光影效果、材质应用、多通道/多进程纹理绘制功能，能够更好地实现三维立体交互界面。

（7）能够实现信息地理设计，便于开发数字地球、数字城市及虚拟社区等。

（8）提供 CAD 节点，这些节点与 X3D 文件相结合进行软件项目的开发与设计，可以极大地提高软件项目的开发效率。

（9）提供事件工具组件，该组件的名称是"EventUtilities"。

（10）提供自定义节点，开发者可以根据实际项目的需求设计与开发用户需要的新节点、节点类型及接口事件等。

（11）用户动态交互功能。

（12）感知功能，利用动态感知和传感器节点，可以实现用户与场景、造型之间的智能动态感知交互效果。

本书全面详细地阐述了 X3D 的语法结构、节点（Node）、域（Field）等，突出语法定义中每个节点中域的域值描述，并结合具体的实例源程序深入浅出地进行引导和讲解，激发读者的学习兴趣。

本书采用工学结合的方式编写，由张金钊、张金锐、张金镝完成全稿撰写，数源嘉业科技公司总经理袁伟在几何节点设计部分的编写过程中提供了很大帮助。本书以真实虚拟校园项目为导向，在学中做，在做中学，理论联系实际，使读者在学习过程中由浅入深、循序渐进地掌握 X3D 虚拟增强现实技术。

"知识改变命运，教育成就未来"，只有不断地探索、学习和开发未知领域，才能有所突破和创新，为人类的进步做出应有的贡献。"知而获智，智达高远"，只有探索和开发获得未知领域的知识，凝聚智慧、高瞻远瞩，才能有所突破和创新。"知识是有限的，而想象力是无限的"，想象力在发散思维的驱动下，在浩瀚的宇宙空间中驰骋翱翔。希望广大读者在 X3D 虚拟增强现实技术世界中充分发挥自己的想象力，实现全部梦想。

由于时间仓促，作者水平有限，书中的缺点和不足在所难免，敬请读者把对本书的意见和建议告诉我们。电子邮箱：zhzjza@21cn.com。

作　者

2011 年 2 月 28 日

目录

第 1 章

X3D 技术概述

X3D（extensible 3D，扩展 3D）虚拟现实软件技术以传统计算机为依托，虚拟现实软件为基础，构造出大众化的虚拟现实软件开发环境，创建三维立体场景、造型、动画及游戏设计等。利用传统的计算机、网络和虚拟现实软件环境实现的虚拟现实技术，能够虚拟现实硬件，有助于以硬件零投资、最少软件投入获得最大效益。该平台适合于普通个人、工程技术人员及开发团队使用，属于经济实用型虚拟现实的开发系统。X3D 虚拟现实开发运行环境涵盖了 X3D 开发环境和 X3D 运行环境。X3D 开发环境利用文本编辑器或 X3D-Edit 专用编辑器设计、开发和编写 X3D 源程序；X3D 运行环境主要是指各种 X3D 浏览器，可以安装和使用 Xj3D 和 BS Contact X3D_VRML 7.0/7.2 浏览器浏览各种 X3D 三维立体场景和造型。

1.1　X3D 的发展历史及其特点和应用

X3D 是由 Web3D 联盟于 1998 年底提出的。Web3D 联盟是致力于研究和开发互联网上虚拟现实技术的国际性非营利性组织，其主要任务是制定互联网三维图形的标准与规范，其前身是 VRML（virtual reality modeling language，虚拟现实建模语言）联盟，VRML 联盟先后提出了 VRML 1.0、VRML 2.0 和 VRML 97 规范。Web3D 联盟已经完成可扩展的三维图形规范（extensible 3D specification），简称 X3D 规范。

X3D 规范使用 XML（extensible markup language，可扩展标记语言）表达对 VRML 三维立体几何造型和实体行为的描述能力。X3D 这种缩写形式就是为了突出新规范中 VRML 与 XML 的集成。X3D 规范是新一代具有扩充性的三维图形规范，延伸了 VRML 97 规范的功能。从 VRML 97 到 X3D 是三维立体图形规范的一次重大变革，而最大的改变之处，就是 X3D 结合了 XML 和 VRML 97 的功能。

X3D 将 XML 的标记式语法定为三维图形的标准语法，并且已经完成了 X3D 的文件类型定义（document type definition，DTD）。目前世界上最前沿的网络三维立体图形标准——X3D 规范已成为网络上制作三维立体场景、造型的新宠。

1. X3D 发展历程

1998 年 VRML 联盟改名为 Web3D 联盟，同年底提出新的标准——X3D 规范，又称为 VRML 200x 规范。2000 年春，Web3D 联盟完成了从 VRML 到 X3D 的转换。X3D 整合了正在发展的 XML、Java、流媒体等先进技术，包括了更强大、更高效的三维计算能力、渲染质量和传输速度。

2002 年 3 月 X3D 第一版发布以来，已经有基于 Java 的开放源码的网络三维软件问世。Web3D 联盟在制定标准时成立了 Java 语言翻译工作小组，以便使 Java 程序能够与新的三维标准程序相协调。这也最终结束了新的 3D 标准程序与 Sun 的网络三维技术 Java3D technology 之间的冲突。

Web3D 联盟于 2003 年 10 月向国际标准组织提交标准申请。2004 年 8 月，X3D 被国际标准组织批准为国际标准 ISO/IEC 19775。X3D 国际标准是 XML 标准与三维标准的有机结合，X3D 被定义为可交互操作、可扩展、跨平台的网络三维国际标准。

Web3D 联盟发布的新一代国际标准 X3D 有望统一互联网三维立体图形软件规范、技术和产品。X3D 的高度可扩展性可以使开发人员根据自己的需求扩展功能，同时 X3D 整合了 Java3D、流媒体、XML 等先进技术，具备了先进的技术优势，可以断言，X3D 必将为互联网三维图形的发展提供一个广阔的发展前景。

2. X3D 的特点

X3D 的最大特点是由程序驱动，具有强大的网络功能，并且能够实现多媒体功能和人工智能，X3D 在动画游戏设计、地理信息系统设计、虚拟人运动设计、粒子火焰系统及曲面设计等方面表现出的优势尤为突出。现将 X3D 的特点详细叙述如下。

(1) 由程序驱动 X3D，利用虚拟现实语言创建三维立体造型和场景。

(2) 强大的网络功能 利用 X3D 提供的网络节点可以实现各种网络功能，如 X3D 场景网上浏览、下载、共享等，也可以通过超链接对象连接到其他场景或网络资源。

(3) 绘制虚拟现实图形 可以使用多边形化几何体、参数化几何体、变换层级、光照、材质、多通道及多进程纹理绘制虚拟现实三维图形；在二维图形中使用三维变换层级，显示各种文本、二维平面图形、二维向量等。

(4) 多媒体功能 在三维立体空间造型和场景中能够实现多媒体制作，将文字、语音、图像、影片等融入三维立体场景，播放影视节目、环绕立体声，实现舞台影视效果。

(5) 人工智能 在虚拟现实三维场景中，浏览者可以移动造型，进行碰撞、亲近度和可见度智能检测。

(6) 开发者可以自定义对象　通过创建用户自定义的数据类型，可以扩展 X3D 程序的功能。

(7) 强大的程序接口功能　利用脚本语言可以实现与各种语言的接口，动态地控制三维立体场景，使之更加生动和鲜活。

(8) 动态感知交互效果　利用虚拟现实硬件设备在三维立体空间中对虚拟物体和造型进行选取和拖曳，能够产生身临其境的动态感知交互效果。

(9) 虚拟现实动画设计　利用计时器和插补器节点可以实现物体和造型的各种动画效果，如人体的运动、汽车驾驶、轮船航行、宇宙飞船发射等。

(10) 虚拟现实高级设计功能　实现了虚拟人动画设计、地理信息系统设计、曲面设计、CAD 设计、粒子火焰系统及分布交互系统等虚拟现实高级设计功能的整合。

X3D 规范描述了基于时间的行为、交互三维、多媒体信息的抽象功能。它不定义物理设备及任何依靠特定设备执行的概念，如屏幕分辨率和输入设备，只考虑广泛的设备和应用，在解释和执行上提供很大的自由度。

3. X3D 的应用

X3D 有着巨大的市场开发空间和应用前景，X3D 交互式三维图形技术解决了网络上大规模应用程序的开发问题。X3D 成为国际三维图形标准和规范，集成 VRML 2.0 和 XML，采用面向对象、组件化的设计思想，具有很强的可扩充性，在电子商务、可视化仿真、数据库可视化、科研、教育及娱乐等领域都有很好的应用前景。X3D 本身具有平台无关性、易扩展性、实用性和灵活性，尤其是与 XML 集成后，非常适合于分布式虚拟环境系统的开发，对虚拟城市的网络化起到了极大的推动作用。X3D 的出现为分布式虚拟城市系统的开发和实现提供了一个良好的契机。

X3D 的应用涵盖军事、科学研究与可视化、企业和电子商务、工程应用、信息地理、虚拟旅游、医学应用、教育及娱乐等领域。

1) 军事模拟仿真

虚拟现实技术在军事上有着广泛的应用和特殊的价值，如虚拟战场环境、武器系统试验仿真、作战指挥模拟等。

美国空军开发了超级驾驶舱项目，超级驾驶舱项目使用高分辨率显示头盔，帮助飞行员进入虚拟世界。如果天气晴朗，飞行员通过雷达可以"看到"地平线，能使用声音命令完成许多任务。美国加州海军研究院应国防部的要求，对大规模虚拟环境进行了开发与应用研究。该系统包括建筑穿行、带活动关节的人、互操作性、联网能力、地形数据库集成等细节。

从某种角度来说，美国国防部是先进技术的试验场，美国政府充分认识到研究虚拟现实技术对于美国保持军事技术全球领先的重要意义。美国的重要虚拟现实研究项目还包括虚拟毒刺导弹训练系统、反潜艇作战训练系统等。如图 1-1 所示的是一项虚拟现实军事模拟仿真应用。

图 1-1　虚拟现实军事模拟仿真应用　　图 1-2　虚拟现实科学研究与可视化应用

2）科学研究与可视化

虚拟现实技术的一个重要应用领域是大规模科学计算。大多数科学计算产生的数据是非常庞大的，这些数据包括静态和动态的二维和三维数据集，它们来自于图像图形学、遥感技术、考古学、医学、海洋学及计算流体力学等领域。例如，一种典型科学计算模型是用于三维或多维空间的，要求计算网格点的值。如何更好地完成这些计算呢？采用虚拟现实技术生成的动态三维环境及其用户接口提供的自然人机交互方式是一种很好的选择，例如，IBM 公司设计的用于海底地形和海水涡流研究的海底地形数据可视化系统、哥伦比亚大学建立的股票交易可视化系统等。如图 1-2 所示的是一项虚拟现实科学研究与可视化应用。

3）企业和电子商务

虚拟现实的三维立体表现形式能够全方位地展现一种商品。企业利用虚拟现实技术将它们的产品以三维形式发布在网上，可展现出逼真的产品造型；通过交互演示产品的功能和使用方法，充分利用互联网高速、迅捷的传播优势推广企业的产品。而顾客通过对虚拟现实三维立体产品的观察和互动操作，能够对产品有更加全面的了解和认识，这将使得顾客购买商品的几率大幅增加，为企业和销售者带来更加丰厚的利润。

例如，虚拟展厅、建筑房地产虚拟漫游展示就为企业市场营销提供了有效的解决方案支持。如图 1-3 所示的是一项虚拟现实企业和电子商务应用。

4）虚拟工程设计

在虚拟工程设计应用中，可生产、检测、组装和测试各种模拟物体或零件。它包括生产、加工、装配、

图 1-3　虚拟现实企业和电子商务应用

制造及工业概念设计等。

发达国家的工业均着力于虚拟制造的研究与应用。在美国，NIST（National Institute of Standards and Technology，国家标准与技术研究院）正在建立一种虚拟制造环境——NAMT（national advanced manufacturing testbed，国家先进制造测试床），波音公司与麦道公司联手建立了 MDA（mechanical design automation，机械设计自动化）。德国 Darmstatt 技术大学 Fraunhofer 计算机图形研究所、加拿大的 Waterloo 大学和比利时的虚拟现实协会等均先后成立了研究机构，开展虚拟制造技术的研究。这些研究所取得的成果是有目共睹的，例如，波音 777 的整机设计、部件测试、整机装配及各种环境下的试飞均可在计算机上完成，其开发周期从过去的 8 年缩短到现在的 5 年。

目前国外已提出两种基于虚拟现实的工程设计方法。一种是增强可视化方法，它利用现有的 CAD 系统产生模型，将模型输入虚拟现实环境中，用户利用各种增强效果设备（如头盔显示器等）产生身临其境的感觉。另一种是利用 VR-CAD 系统的方法，设计者直接在虚拟环境中参与设计。如图 1-4 所示的是一项虚拟现实工程设计应用。

图 1-4　虚拟现实工程设计应用

5）虚拟信息地理设计

信息地理涵盖虚拟城市规划与设计。美国的虚拟现实专家和城市管理专家对洛杉矶与拉斯维加斯两座城市进行虚拟城市规划、设计与改造，对城市的街道和建筑物根据城市的功能和城市美学的原理进行了多种方案的对比分析，同时还对街道树种的选择进行比较，从而选择一种合理的城市规划、设计和改造方案。

图 1-5　虚拟现实信息地理设计的应用

在虚拟城市建设方面，美国洛杉矶和我国深圳中心区是较典型的代表。世界上最为著名的虚拟现实城市"虚拟洛杉矶"至今已成功完成十多个城市虚拟仿真项目。我国深圳特区利用虚拟现实技术对其中心区进行了三维立体建模，并进行了三维立体空间场景设计。如图 1-5 所示的是一项虚拟现实信息地理设计的应用。

6）虚拟旅游设计

随着社会的发展，旅游业已成为全球经济发展中势头最强劲、规模最大的产业之一，旅游业是信息密集型和信息依托型产业，也是我国经济发展的支柱产业。旅游业在城市经济发展中的产业地位、经济作用逐步增强，旅游业对城市经济的拉动性、社会就业的带动力，对

图1-6　虚拟旅游设计的应用

文化与环境的促进作用日益显现。

虚拟旅游技术利用计算机系统、虚拟现实硬件及软件构成虚拟现实环境，并通过多种虚拟现实交互设备使用户投身于该虚拟现实环境中。在该环境中，用户直接与虚拟现实旅游场景中的事物交互，足不出户，领略世界各地的秀丽风光和美丽景色，产生身临其境的感受。如图1-6所示的是一项虚拟旅游设计的应用。

7）虚拟医学设计

虚拟现实技术对传统的医疗方式产生巨大的冲击，它为医学提供许多新的治疗手段和方法。虚拟现实技术成为外科手术重要的辅助手段，为传统医疗提供更加自然、便捷和有效的完成外科手术的方式。美国加利福尼亚州的 Philip Green 教授开发了一个外科手术系统，这个系统将内窥镜插入小型切口，就可得到特定或开放性的外科手术环境。德国人开发了三维内窥镜，这是一种能在"人的大脑神经结构"中安全运动的高级观察仪器。

医疗虚拟环境最有潜力的特性是遥控诊断或获得临场感。遥控诊断项目允许大城市医学专家或医院内科医生利用计算机设备和遥感装置，遥控完成对病人的测试和诊断。其结果比目前的专家系统的可靠性更高，但遥控诊断项目的实施需要"信息高速公路"的支持。在虚拟环境下培训实习医生可以降低费用，同时，利用虚拟现实设备、虚拟人作为实习医生的模拟训练对象，可以使实习医生在不伤害患者的前提下获得手术技能。另外，虚拟现实

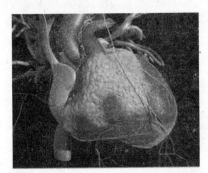

图1-7　虚拟医学设计的应用

环境还便于模拟高难度手术、评估医生的技能和水平等。如图1-7所示的是一项虚拟医学设计的应用。

8）虚拟教育领域开发设计

现今的教学不再单纯依靠书本和教师授课。计算机虚拟教学的发展弥补了传统教学的不足，使学生在快乐、宽松的氛围中学习和提高。利用虚拟三维立体空间，可以形象地展示所学的知识，如原子、分子的结构，分子的动态结合过程，机械设备的动态装配加工过程等。这种展现形式必然使学习过程更加生动、鲜活，使学生更容易接受、理解和掌握知识。在虚拟环境中进行教育培训不仅可以降低费用，而且对于高冒险训练、高难度训练，用虚拟环境代替真实环境，可以规避高风险环境对人类的伤害，例如，虚拟驾驶飞行、虚拟高山滑雪、

虚拟探险等。如图 1-8 所示的是一项虚拟校园开发设计的应用。

图 1-8　虚拟校园开发设计的应用

9）虚拟娱乐游戏开发设计

娱乐游戏业是一个永不衰退的行业，是虚拟现实应用中一个不可忽视的应用领域。现今，互联网已不是单一、静止的世界，动态 Html、Flash 动画、流式音视频及虚拟娱乐游戏层出不穷，整个互联网呈现出勃勃生机。动态三维立体交互页面较之静态页面能吸引更多的浏览者。智能动态三维立体场景的引入，必将造成新一轮的视觉冲击，使网页的访问量急剧提升。例如，可以在虚拟娱乐站点上创建三维虚拟主持人角色来吸引浏览者进行访问互动。如图 1-9 所示的是一项虚拟娱乐游戏开发设计的应用。

图 1-9　虚拟娱乐游戏开发设计的应用

美国芝加哥伊利诺伊大学是目前世界上最大的虚拟现实系统的安装基地之一，该系统的名称是战役教程（Battle Teach）。每个游戏者通过一个巨大的前视屏或一个小的卫星观察屏幕来操作。Battle Teach 中有一项游戏者"驾驶"一辆自动坦克在虚拟环境中进行战斗的项目。

1.2　X3D 增强现实技术

增强现实（augmented reality，简称 AR）技术，又称为虚拟增强现实（augmented virtual reality）技术、混合现实，是虚拟现实技术的进一步拓展，它借助必要的设备使计算机生成的虚拟环境与客观存在的真实环境（real environment，简称 RE）共存于同一个增强现实系统中，从感官和体验效果上为用户呈现出虚拟对象与真实环境融为一体的增强现实环境。增强现实技术具有虚实结合、实时交互、三维注册的新特点，是正在迅速发展的新研究方向。美国北卡罗来纳大学的 Bajura 和南加州大学的 Neumann 研究基于视频图像序列的增强现实系统，提出了一种动态三维注册的修正方法，并通过实验展示了动态测量和图像注册修正的重要性和可行性。美国麻省理工大学媒体实验室的 Jebara 等研究实现了一种基于增强现实技术的多用户台球游戏系统，根据计算机视觉原理，他们提出了一种基于颜色特征检测的边界计算模型，使该系统能够辅助多个用户进行游戏规划和瞄准操作。

增强现实技术提供了一种不同于人类可以感知的信息。它不仅可以展现真实世界的信息，而且可以将虚拟的信息同时显示出来，两种信息相互补充、叠加。在视觉化的增强现实系统中，用户利用头盔显示器把真实世界与计算机图形合成在一起，实现真实世界与虚拟对象的融合。

从可视化输出的角度来看，增强现实建模方法是一种将图像与几何模型相结合的建模方法。全景图生成技术是基于图像建模方法的关键技术，其功能是根据空间中的一个视点产生对周围环境的 360°全封闭视图。全景图生成方法涉及基于图像的无缝连接技术和纹理映射技术。三维重建和虚拟浏览也是基于图像建模的关键技术。基于几何模型的建模方法以几何实体建立虚拟环境，其关键技术包括三维实体建模技术、干涉校验技术、碰撞检测技术及关联运动技术等。通过 X3D 或 VRML 可以高效地完成几何建模、虚拟环境的构建，以及用户和虚拟环境之间的复杂交互，并满足虚拟现实系统的本地和网络传输。

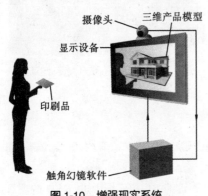

图 1-10　增强现实系统

增强现实系统主要由增强现实硬件、软件、跟踪设备等构成，具体包括摄像头、显示设备、三维产品模型、现实造型和场景（印刷品）和软件等，如图 1-10 所示。在平面印刷品上叠加展品的三维虚拟模型或动画通过显示设备呈现，以独特的观赏体验吸引用户深入了解产品。

增强现实系统在三维立体场景中对文字、视频、三维模型进行叠加，支持互动游戏，支持网页发布，适用于展览会、产品展示厅、公共广告、出版、网络营销等应用场合。

增强现实技术的应用涉及军事、古迹复原和数字文化遗产保护、医疗、工业、网络视频通信、电视转播、娱乐和游戏、旅游和展览及城市规划建设等领域。

（1）军事领域　部队可以利用增强现实技术进行方位识别，获得目前所在地点的地理数据等重要军事数据。

(2) 古迹复原和数字化文化遗产保护　如果文化古迹的信息以增强现实的方式提供给参观者，则参观者不仅可以通过 HMD 看到古迹的文字解说，还能看到遗址上残缺部分的虚拟重构。

(3) 医疗领域　医生可以利用增强现实技术进行手术部位的精确定位。

(4) 工业领域　通过头盔式显示器可以将多种辅助信息显示给用户，包括虚拟仪表的面板、被维修设备的内部结构、被维修设备零件图等。

(5) 网络视频通信领域　例如，有一个系统，该系统使用增强现实技术和人脸跟踪技术，在通话的同时在通话者的面部实时叠加帽子、眼镜等虚拟物体，在很大程度上提高了视频对话的趣味性。

(6) 电视转播领域　通过增强现实技术可以在转播体育比赛的时候实时将辅助信息叠加到画面中，使得观众可以得到更多的信息。

(7) 娱乐和游戏领域　增强现实游戏可以让位于全球不同地点的玩家共同进入一个"真实"的自然场景，以虚拟替身的形式进行网络对战。

(8) 旅游和展览领域　人们在游览、参观的同时，通过增强现实技术将接收到途经建筑的相关资料或观看展品的相关数据资料。

(9) 城市规划建设　采用增强现实技术将规划效果叠加在真实场景中，可以直接获得规划的效果，如图 1-11 所示。

图 1-11　利用增强现实技术显示城市规划效果

再来看一个增强现实技术应用的实例，用摄像头拍摄现实场景，并通过计算机视觉技术捕获标记，实时记录其位置和方向，将虚拟的三维对象叠加到该位置，可形成虚实融合的景象，如图 1-12 所示。

图 1-12 利用增强现实技术展示一个球场

相比传统的实物加信息板的展示方式，增强现实技术带来层层深入的丰富信息展示能力、贴近自然的人机交互体验，为产品发布会、展览会、产品展示厅带来了全新的展示空间。如图 1-13 所示的是利用增强现实技术展示汽车的效果。

图 1-13 利用增强现实技术展示汽车

1.3 X3D 软件开发环境

X3D 虚拟现实技术软件技术平台以虚拟现实软件为基础，可构造出大众化的虚拟现实三维立体场景、动画及游戏。纯软件虚拟现实系统采用虚拟现实硬件，只需投入相应的软件产品，就能实现虚拟现实的动态交互，产生身临其境的效果。

X3D 软件开发环境包括记事本 X3D 编辑器（即 Windows 系统提供的记事本工具）和 X3D-Edit 专用编辑器。记事本 X3D 编辑器是用来编写 X3D 源程序的有效开发工具。X3D 源文件是使用 UTF-8 编码的描述语言。国际 UTF-8 字符集包含任何计算机键盘上能够找到的字符，而多数计算机使用的 ASCII 字符集是 UTF-8 字符集的子集。

使用 Windows 系统提供的记事本工具编写 X3D 源程序虽然简便、快捷，但软件开发效率较低。使用 X3D-Edit 专用编辑器编写源程序，会使软件项目开发效率获得极大提高，同时，编写的程序代码可以转换成其他形式的代码来执行。

1.3.1　记事本 X3D 编辑器

编写 X3D 源程序有多种方法，这里介绍一种简单、快捷的编辑方式，即使用 Windows 系统提供的记事本工具编写 X3D 源程序。

在 Windows 2000/XP 操作系统中，依次选择开始→程序→附件→记事本，打开记事本工具，在记事本编辑状态下，创建一个新文件，开始编写 X3D 源程序。注意，X3D 文件的扩展名必须是.x3d 或.x3dv，否则 X3D 的浏览器是无法识别该文件的。

利用文本编辑器可以对 X3D 源程序进行创建、编写、修改和保存，还可以对其进行查找、复制、粘贴及打印等操作。使用记事本 X3D 编辑器可以完成中小型 X3D 软件的设计、开发和编码工作，方便、灵活、快捷、有效，但该编辑器对大型软件项目的开发编程效率较低。

1.3.2　X3D-Edit 专用编辑器

X3D-Edit 是图形化 X3D 文件编辑器。X3D-Edit 通过 X3D 3.1 DTD 定义的 X3D 3.1 tagset 标签集，定制 Java 平台下的通用 XML 编辑器——IBM Xeena 的 X3D 场景图编辑器。用 X3D-Edit 专用编辑器编辑 X3D 场景图文件时，可以提供简化的、无误的创作和编辑方式。X3D-Edit 专用编辑器通过 XML 文件定制上下文相关的工具提示，提供 X3D 每个节点和属性的概要，以方便程序员对场景图进行创作和编辑。X3D-Edit 使用 XML、DTD 文件定制的 IBM Xeena 场景图界面。

利用 X3D-Edit 专用编辑器开发的不是一个单一的项目，通过利用 XML 和 Java 的优势，同样的 XML、DTD 文件将可以在不同的 X3D 应用中使用。如 X3D-Edit 专用编辑器中的工具提示提供了上下文敏感的支持，提供了每个 X3D 节点(元素)和域(属性)的描述、开发和设计，此工具提示也通过自动的 XML 转换工具转换为 X3D 开发设计的网页文件，而且此工具提示也将整合到将来的 X3D Schema 中。

X3D-Edit 专用编辑器适用于大中型软件项目的开发，具有效率高、方便、快捷、灵活等特点，并可根据需要输出不同格式的文件供使用者用浏览器浏览。

1.　下载与安装

X3D-Edit 专用编辑器的安装包括自动完成 Java 虚拟机的安装、IBM Xeena 1.2 EA XML 编辑工具的安装及 X3D-Edit 3.1 中文版专用编辑器的安装工作。

1）下载

在 http://www.x3dvrml.com 网站下载 X3D-Edit 专用编辑器安装程序。

2）安装

X3D-Edit 专用编辑器的安装过程如下。

(1) 双击"![图标]"图标，开始安装 X3D-Edit 专用编辑器，首先安装程序做安装的准备工作。

(2) 在完成安装准备工作后，显示安装画面，选择"中文简体"选项，然后，单击"OK"按钮，继续安装。

(3) 显示 X3D-Edit 专用编辑器的全部安装过程，包括简介、选择安装文件夹、选择快捷键文件夹、预安装摘要、正在安装及安装完毕等信息，单击"下一步"按钮继续安装。

(4) 显示 X3D-Edit 专用编辑器安装界面。在安装和使用 X3D-Edit 专用编辑器之前，必须接受相关的许可协议，勾选"本人接受许可协议条款"选项，单击"下一步"按钮继续安装。

(5) 选择安装文件夹，可以选择默认路径和文件夹（C:\），也可以选择指定路径和文件夹。此处选择"选择默认路径和文件夹"选项，单击"下一步"按钮继续安装。

(6) 显示预安装摘要，包括产品名、安装文件夹、快捷文件夹、安装目标的磁盘空间信息等。如果想返回上一级进行相应修改，则单击"上一步"按钮；如果不需要改动，则单击"安装"按钮，开始安装 X3D-Edit 专用编辑器。

(7) 显示正在安装 X3D-Edit 专用编辑器。依次安装 Java 运行环境、IBM Xeena 1.2 EA XML 编辑工具、X3D-Edit 专用编辑器等，直到完成整个程序的安装。

(8) 在完成全部安装工作后，显示"安装完毕"，单击"完成"按钮，结束全部安装工作。

在完成 X3D-Edit 专用编辑器安装工作后，需要启动 X3D-Edit 专用编辑器来编写 X3D 源程序。

2. 启动

(1) 进入 C:\WINNT\Profiles\All Users\Start Menu\Programs\X3D Extensible 3D Graphics\X3D-Edit 目录，找到 X3D-Edit-Chinese 快捷文件，即"![图标]"图标，也可以把它放在桌面上创建快捷方式。

(2) 双击"![图标]"图标，即可打开 X3D-Edit 专用编辑器，此时将出现 X3D-Edit 专用编辑器主界面。

3. 主界面

在正确安装的情况下，启动 X3D-Edit 专用编辑器，出现其主界面，如图 1-14 所示。

图 1-14　X3D-Edit 专用编辑器主界面

X3D-Edit 专用编辑器主界面由标题栏、菜单栏、工具栏、节点功能窗口、程序编辑窗口和浏览器窗口等组成。

(1) 标题栏位于 X3D-Edit 专用编辑器的第一行，用于显示编辑器名称及版本号。

(2) 菜单栏位于 X3D-Edit 专用编辑器的第二行，包括"文件"、"编辑"、"视图"、"窗口"、"X3D"、"Versioning"、"工具"和"帮助"等菜单。

"文件"菜单包含"创建一个新文件"、"打开一个已存在文件"、"存贮一个文件"等子菜单；"编辑"菜单包含"拷贝"、"剪切"、"删除"及"查询"等子菜单；"视图"菜单包含"Toolbars"、"显示行号"、"显示编辑器工具栏"等子菜单；"窗口"菜单包含"Xj3dViewer"、"Output"、"Favorites"等子菜单；"X3D"菜单包含"Examples"、"Quality Assurance"、"Conversions"等子菜单；"Versioning"菜单包含"CVS"、"Mercurial"、"Subversion"等子菜单；"工具"菜单包含"Java Platforms"、"Templates"、"Plugins"等子菜单；"帮助"菜单包含相关帮助信息等。

(3) 工具栏位于 X3D-Edit 专用编辑器的第三行，主要包括新建、打开、存盘、保存全部、查找、删除、剪切、拷贝、new X3D scene 及选项等常用快捷工具。

(4) 节点功能窗口位于界面的右侧，包括 X3D 目前所支持的所有特性节点，采取标签操作方式，单击相应的标签，将在下方显示出相应的节点，凡是不可添加的节点均以灰色显示。

(5) 程序编辑窗口位于 X3D-Edit 专用编辑器的中部，程序编辑区用来显示和编辑所设计的 X3D 程序。它是一个多文件窗口，每当启动 X3D-Edit 专用编辑器时，系统就会自动打开一个新的空白的 X3D 源文件，在此基础上可以编写 X3D 源程序，还可以根据需要增加必要的窗口，进行各种编辑工作，以提高开发和工作效率。

(6) 浏览器窗口位于界面的左上方，在编程的同时可以查看编辑效果，即时进行调整和修改。

4. 使用

启动 X3D-Edit 专用编辑器，自动调用默认的 newScene.x3d 文件，也可依次选择"文件"→"New X3D"→"New X3D scene"菜单，重新创建新文件。在菜单栏中，依次选择"文件"→"Save as"，将默认的 newScene.x3d 保存为另一个文件 px3d1.x3d，并指定到相应的文件夹中，如"D:\X3d 实例源程序\"文件夹中。注意，系统默认的文件名为 Untitled-0.x3d。

可以使用 Xj3D 浏览器或 BS Contact VRML/X3D 7.2 浏览器浏览 X3D-Edit3.2 专用编辑器编写的各种格式的文件，如.x3d、.x3dv 及.wrl 格式的文件。

1.4 X3D 运行环境

X3D 运行环境可在多种操作系统中运行，包括 Windows、Linux、Mac OS X PPC、Solaris 等。用户可根据软件项目开发与设计需求选用相应的 X3D 运行环境。

以 Windows 操作系统为例，Windows 操作系统下，X3D 运行环境安装需求如下：安装 Xj3D 2.0 浏览器或 BS Contact VRML/X3D 7.0/7.2 浏览器、Java 虚拟机安装环境支持，还需要安装 IBM Xeena 1.2 EA 扩展标记语言 XML 编辑工具环境，最后安装 X3D 专用编辑器。

1. Xj3D 2.0 浏览器的下载、安装与使用

Xj3D 2.0 是一种与 X3D-Edit 专用编辑器匹配的、开放源代码的、无版权纠纷的专业 X3D 浏览器。Xj3D 2.0 可以浏览.x3d 文件、.x3dv 文件、.wrl 文件等，它是与 X3D-Edit 专用编辑器配套使用的首选浏览器。

1) 下载与安装

在相关网站，如 www.x3dvrml.com、www.xj3d.org 获取 Xj3D 2.0 浏览器程序包后，双击"Xj3D-2-M1-DEV-20071011-windows.jar"或"Xj3D-2-M1-DEV-20071011-windows-full"执行程序，开始自动安装，按提示要求即可正确安装 Xj3D 2.0 浏览器。

2) 使用

在正确安装 Xj3D 2.0 浏览器后，在 C:\Program Files\Xj3D 目录下，查找 browser.bat 批处理文件，可以将 browser.bat 创建桌面快捷方式，其名称为 Xj3DBrowser.bat。

在桌面上双击"Xj3DBrowser.bat"，启动 Xj3D 2.0 浏览器，运行 X3D 源程序。

2. BS Contact VRML/X3D 7.0/7.2 浏览器的下载、安装与使用

1) 下载与安装

在 http://www.x3dvrml.com 或相关网站下载 BS Contact VRML/X3D 7.0/7.2 浏览器的程序包后，双击"BS_Contact_VRML-X3D_7.0/7.2"图标，开始安装，按提示要求即可正确安装 BS Contact VRML/X3D 7.0/7.2 浏览器。

(1) 双击" " 图标，开始安装 BS Contact VRML/X3D 7.0/7.2 浏览器，首先读取程序包，释放安装程序。

(2) 显示欢迎使用 BS Contact VRML/X3D 7.0/7.2 浏览器的安装向导，单击"Next"按钮，继续安装。

(3) 显示相关协议（声明）。如果不接受该协议，则退出安装程序；如果接受该协议，则单击"Yes"按钮继续安装。

(4) 显示"请阅读下列信息：在安装 BS Contact VRML/X3D 7.0/7.2 浏览器前，关闭所有网络 IE 或 Netscape 浏览器"，在确保 IE 及 Netscape 浏览器关闭后，单击"Next"按钮，继续安装。

(5) 选择文件安装路径，默认路径为"C:\Program Files\Bitmanagement Software\BS Contact VRML X3D"，单击"Next"按钮，继续安装。

(6) 按指定路径安装浏览器，以百分比形式显示安装进程，直到完成安装工作，单击"Finish"按钮完成安装。

2) 使用

直接双击.x3d 或.x3dv 程序即可通过 BS Contact VRML/X3D 7.0/7.2 浏览器运行和浏览 X3D 软件。

第 2 章

X3D 语法概述

X3D 语法方面的内容有：X3D 计量单位，X3D 文件语法结构，X3D 节点和域值，X3D 事件、路由和脚本等。其中，X3D 计量单位部分包括 X3D 空间坐标系、三维立体空间着色、空间标准计量单位等；X3D 文件语法结构部分涵盖 X3D 文件类型、X3D 文件结构、X3D 文件头、X3D 文件体及 X3D 文件注释等；X3D 节点和域值部分包括 X3D 节点、X3D 节点层次结构和 X3D 节点中域值的数据类型。

2.1 X3D 计量单位

1. X3D 空间坐标系

利用 X3D 创建各种立体场景和造型，如创建三维立体环境场景、立体空间造型和景物，都需要进行定位，也就是说，都需要建立 X3D 空间坐标系。

X3D 空间坐标系采用三维立体的笛卡儿坐标系。屏幕的正右方设置为+X 轴，屏幕的正上方设置为+Y 轴，屏幕向外的方向设置为+Z 轴。在笛卡儿坐标系中使用米制作为场景坐标系的测量单位，所有其他的坐标系根据基准的场景坐标系的变换确定坐标方位。

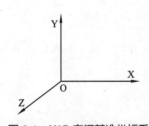

图 2-1　X3D 空间基准坐标系

X3D 三维立体空间物体造型定位，依靠 X3D 空间坐标系实现，其中，X 轴、Y 轴、Z 轴为每个空间物体的造型定义了一个坐标系。在三维立体空间中，X 轴、Y 轴和 Z 轴相交的点为该坐标系的原点，空间物体的造型在该坐标系中的位置由相对于该坐标原点的三维坐标来确定，如图 2-1 所示。

在三维立体空间的笛卡儿右手坐标系中，模型变换可以使用组组件（Grouping component）中的 Transform 和 Billboard 节点进行坐标定位；取景器变换可以使用导航组件（Navigation component）中的 Viewpoint 节点改变观察视点的角度和距离。

2. X3D 三维立体空间着色

在 X3D 三维立体空间中，无论是立体空间背景、光线，还是立体空间中的各种物体造型，它们的颜色用 RGB 颜色值表示，即其颜色由三种基本颜色红、绿、蓝组合而成。红、绿、蓝三种基本颜色对应三个浮点数，它们的域值范围均为[0.0，1.0]，如表 2-1 所示。

表 2-1　三种基本颜色 RGB 的比例分配

三种基本颜色（RGB）	红色（red）	绿色（green）	蓝色（blue）
域值范围	[0.0，1.0]	[0.0，1.0]	[0.0，1.0]

在 X3D 三维立体空间中，红、绿、蓝三种基本颜色可以组成多种不同的颜色，基本颜色是用三个浮点数来描述颜色的，每个浮点数在 0.0 到 1.0 之间变化。第一个浮点数代表红色的比例，第二个浮点数代表绿色的比例，第三个浮点数代表蓝色的比例。对三种不同颜色比例进行调和，就可以产生各种不同的颜色。如表 2-2 所示的是常见的颜色组合情况。

表 2-2　常见的颜色组合

红（red）	绿（green）	蓝（blue）	合成颜色
1.0	0.0	0.0	红色
0.0	1.0	0.0	绿色
0.0	0.0	1.0	蓝色
0.0	0.0	0.0	黑色
1.0	1.0	1.0	白色
1.0	1.0	0.0	黄色
0.0	1.0	1.0	青蓝色
1.0	0.0	1.0	紫红色
0.75	0.75	0.75	浅灰色
0.25	0.25	0.25	暗灰色
0.5	0.5	0.5	中灰色
0.5	0.5	0.5	暗红色
0.0	0.5	0.0	暗绿色
0.0	0.0	0.5	暗蓝色

接下来，介绍一下空间物体造型的高级颜色配比，如 Material 节点的材料漫反射颜色、有多少环境光被该表面反射、物体镜面反射光线的颜色及外观材料的亮度。通过对造型外观 Material 节点的设计可以获得黄金、白银、铜和铝等的颜色效果，以及塑料的颜色效果，如表 2-3 所示。

表 2-3　造型外观（Material 节点材料域值）高级颜色配比

颜色效果	材料的漫反射颜色（diffuseColor）	有多少环境光被该表面反射（ambientItensify）	物体镜面反射光线的颜色（specularColor）	外观材料的亮度（shininess）
黄金	0.3 0.2 0.0	0.4	0.7 0.7 0.6	0.2
白银	0.5 0.5 0.7	0.4	0.8 0.8 0.9	0.2
铜	0.4 0.2 0.0	0.28	0.8 0.4 0.0	0.1
铝	0.3 0.3 0.5	0.3	0.7 0.7 0.8	0.1
红塑料	0.8 0.2 0.2	0.1	0.8 0.8 0.8	0.15
绿塑料	0.2 0.8 0.2	0.1	0.8 0.8 0.8	0.15
蓝塑料	0.2 0.2 0.8	0.1	0.8 0.8 0.8	0.15

这里所说的三种基本颜色与绘画的三种基本颜色有所不同，因为计算机是在屏幕（黑衬底）上配制颜色的，而绘画是在纸（白衬底）上配色的。

3．X3D 空间标准计量单位

X3D 空间标准计量单位主要针对三维立体空间的长度、角度、时间及颜色空间等单位信息进行设计。X3D 三维立体空间的长度用米来表示，角度用弧度来表示，事件的运行时间用秒来表示，颜色用 RGB 三种基本颜色的混合比例来表示，如表 2-4 所示。

表 2-4　X3D 空间标准计量单位

种类（category）	计量单位（calculate unit）
长度（linear distance）	米
角度（angles）	弧度
时间（time）	秒
颜色空间（color space）	RGB（[0.0，1.0]，[0.0，1.0]，[0.0，1.0]）

下面简单介绍 X3D 的长度单位和角度单位。

1）X3D 长度单位

X3D 的空间长度单位是统一的，只有一个单位——米。X3D 长度单位并不是一个绝对的尺寸大小，X3D 的长度单位和现实中的长度单位不具有任何可比性，只有 X3D 长度单位之间才具有可比性，X3D 长度单位一般比实际的长度单位要小。在实际开发工作中，考虑到多个开发者在开发中的协调统一问题，通常都指定一个统一的参考标准，即以现实中的长度单位米为准。

2) X3D 角度单位

X3D 空间中使用的角度单位不是普通的角度单位，而是通常所使用的弧度单位。在使用时，先将角度单位换算成弧度单位，再将其编写入 X3D 源文件中。常用到的角度与弧度对照关系如表 2-5 所示。

表 2-5　角度与弧度对照表

角度	0°	30°	45°	60°	90°	120°	135°	150°	180°
弧度	0	0.524	0.785	1.047	1.571	2.094	2.356	2.618	3.141

2.2　X3D 文件语法结构

X3D 语言对大小写是敏感的，在编写 X3D 文件、节点和域时，特别要注意大小写。

2.2.1　X3D 文件类型

X3D 文件可由文本编辑器编写或由 X3D-Edit 专用编辑器编写。X3D 文件扩展名为.x3d、.x3dv 及.wrl 等。利用 X3D 文本编辑器可以直接浏览运行.x3dv 文件，利用 Xj3D 浏览器可以浏览.x3d、.x3dv 及.wrl 文件。

(1) X3D 文件类型（编码格式）有三种形式：①X3D/VRML 编码格式，产生扩展名为.x3dv 的文件，MIME 类型为 model/x3d+VRML；②X3D/XML 编码格式，产生扩展名为.x3d 的文件，MIME 类型为 model/x3d+XML；③二进制编码格式，产生扩展名为.x3db 的文件，MIME 类型为 model/x3d+binary。

(2) X3D 文件格式如下：①.x3d 文件格式是以 X3D/XML 编码的文件格式；②.x3dz 文件格式是一种 GZIP 压缩的 X3D/XML 编码格式；③.x3dv 文件格式是以 X3D/VRML 编码的文件格式；④.x3dvz 文件格式是一种 GZIP 压缩的 X3D/VRML 编码格式；⑤.x3db 文件格式是一种二进制 X3D 编码格式。

(3) X3D 文件名的常用格式为"文件名.x3d"、"文件名.x3dv"、"文件名.x3db"。

2.2.2　X3D 文件结构

X3D 文件结构由文件头和主程序概貌组成，文件头起着序码作用，是 X3D 文件必须书写的部分。主程序概貌是 X3D 文件主程序框架的主体部分，是 X3D 文件的精髓和灵魂。主程序概貌中的头文档又包含组件和元数据，其作用是引入外部组件及文件说明；主程序概貌中的场景涵盖 X3D 文件的所有节点，用于描述 X3D 文件三维立体场景中的自然景观、人文环境、建筑造型、街道等，如图 2-2 所示。

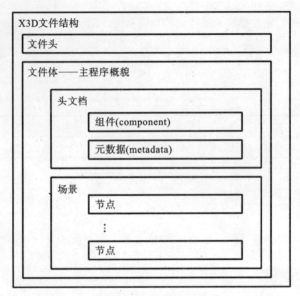

图 2-2　X3D 文件结构图

X3D 文件结构的基本语法形式如下：

```
<?xml version="1.0" encoding="UTF-8"?>
<!DOCTYPE X3D PUBLIC "http://www.web3d.org/specifications/x3d-3.2.dtd"
      "file:///www.web3d.org/TaskGroups/x3d/translation/x3d-3.2.dtd">
<!--Warning: transitional DOCTYPE in source .x3d file-->
<X3D profile="Immersive"
xmlns:xsd=http://www.w3.org/2010/XMLSchema-instance
xsd:noNamespaceSchemaLocation="http://www.web3d.org/specifications/
x3d-3.2.xsd">
  <head>
   <meta content="px3d.x3d" name="filename"/>
   <meta content="一个 X3D 实例源程序!!! " name="description"/>
   <meta content="zjz" name="author"/>
   <meta content="2010-2-25" name="created"/>
  </head>
  <Scene>
   <NavigationInfo type="&quot;EXAMINE&quot; &quot;ANY&quot;"/>
   <Shape>
    <Appearance>
     <Material diffuseColor="0 1 0"/>
    </Appearance>
    <Sphere radius="1.0"/>
   </Shape>
   <Background skyColor="1 1 1"/>
  </Scene>
</X3D>
```

1. 文件头

在每一个 X3D 文件中，文件头是必须的，位于 X3D 文件的第一行。X3D 文件采用 UTF-8 编码字符集，用 XML 编写，因此每一个 X3D 文件的文件头应该有使用 XML 的语法格式声明。

1）X3D 使用 XML 的语法格式声明

该声明的语法格式如下：

```
<?xml version="1.0" encoding="UTF-8"?>
```

声明从"<?xml"开始，到"?>"结束。version 属性指明编写文件的 XML 的版本号，该项是必选项，通常设置为"1.0"。encoding 属性是可选项，表示使用的编码字符集。省略该属性时，使用默认编码字符集，即 Unicode 码，一般情况下使用国际 UTF-8 编码字符集。

2）X3D 文件类型声明

X3D 文件类型声明用于详细说明文件信息，必须出现在文件的第一个元素前，文件类型采用 DTD 格式。文件类型声明对于确定一个文件的有效性、良好结构性是非常重要的。

DTD 文件可分为外部 DTD 文件和内部 DTD 文件两种类型，外部 DTD 文件存放在一个扩展名为.dtd 的独立文件中，内部 DTD 文件和它描述的 XML 文件存放在一起，XML 文件通过文件类型声明来引用外部 DTD 文件和定义内部 DTD 文件。

（1）内部 DTD 文件的书写格式为

```
<!DOCTYPE 根元素名[内部DTD定义]>
```

（2）外部 DTD 文件的书写格式为

```
<!DOCTYPE 根元素名 SYSTEM DTD文件的URI>
```

2. 文件体

X3D 文件体，即主程序概貌，用来指定 X3D 文件所采用的概貌属性。主程序概貌定义了一系列内建节点及其组件的集合。X3D 文件中所使用的节点必须在指定主程序概貌的集合的范围之内。主程序概貌的属性值可以是 Core、Interchange、Interactive、MPEG4Interactive、Immersive 及 Full。

1）X3D 主程序概貌

X3D 主程序概貌的语法格式如下。

```
<X3D profile="Immersive"
xmlns:xsd=http://www.w3.org/2010/XMLSchema-instance
xsd:noNamespaceSchemaLocation="http://www.web3d.org/specifications/x3d-
3.2.xsd">
</X3D>
```

X3D 根文件标签包含概貌信息和概貌验证，在 X3D 根标签中 XML 概貌和 X3D 命名空间也可以用来执行 XML 概貌验证。主程序概貌包含头元素（head）和场景主体，头元素又包含组件和说明信息，场景中可以创建需要的各种节点。头元素用于描述场景之外的其他信息，如果想使用指定概貌的集合范围之外的节点，可以在头元素中加入组件（component）语句，表示额外使用某组件及支援等级中的节点。如在 Immersive 概貌中加入"GeoSpatial"地理信息支持。另外，可以在头元素中，加入 meta 子元素描述说明，表示文件的作者、说明、创作日期或著作权等的相关信息。

2）X3D 头元素描述

X3D 头元素的语法格式如下。

```
<head>
    <meta content="px3d.x3d" name="filename"/>
    <meta content="一个 X3D 实例源程序!!! " name="description"/>
    <meta content="zjz" name="author"/>
    <meta content="2010-2-25" name="created"/>
</head>
```

3）组件与支持等级

X3D 模块化是指 X3D 由许多模块组成，最小的单位是域（field）。各模块依次是节点（node）、等级（level）、组件（component）、概貌（profile）。用户可以根据自己的需求，选择适当的模块，在实际应用中，不必非得完整地实现整个规范内容，这样不仅能大幅减少工作的难度，同时也能提高编码的效率和执行效能，大大增加软件的可扩展性。X3D 文件中的节点依据功能的不同而分类，每一种分类就是一种组件，如 Geometry3D 组件包含所有三维的几何节点，具体有 Box、Cone、Cylinder、ElevationGrid、Extrusion、IndexedFaceSet 及 Sphere 等。也就是说，在相同组件中的节点通常有共同的功能。

每一个组件分别定义了几种支持等级，较低的支持等级表示支持该组件中较少的节点与字段，较高的支持等级可支持较多的节点与字段。如 Geometry3D 组件中有 4 个支持等级，level 1 只支持 Box、Cone、Cylinder、Sphere 4 个节点，而 level 4 可支持 Geometry3D 组件中所有的节点。

X3D 定义出几组概貌（Core、Interchange、Interactive、MPEG4 Interactive、Immersive、Full），每一个概貌包含了一系列特定等级的组件的集合。例如，Core profile 中仅包含 Core level 1 组件，而 Full profile 中包含了所有的组件。每一个 X3D 文件都需指定其使用的概貌。

4）X3D 场景主体描述

X3D 主程序概貌中场景主体描述的是利用 X3D 语言中各种节点和域数据类型，对 X3D 文件三维立体场景中的自然景观、人文环境、建筑造型、街道等进行编码的全过程。

场景主体的语法格式如下。

```
<Scene>
  <NavigationInfo type="&quot;EXAMINE&quot; &quot;ANY&quot;"/>
  <Shape>
   <Appearance>
    <Material diffuseColor="0 1 0"/>
   </Appearance>
   <Sphere radius="1.0"/>
  </Shape>
  <Background skyColor="1 1 1"/>
</Scene>
```

场景主体由一对<Scene>和</Scene>组成，中间可以插入各种节点，包括背景节点、视角节点、导航节点、几何节点、复杂造型节点等，用于创建三维立体空间所需的各种场景和造型。

5）一个完整的 X3D 源程序文件

```
<X3D profile="Immersive"
xmlns:xsd=http://www.w3.org/2010/XMLSchema-instance
xsd:noNamespaceSchemaLocation="http://www.web3d.org/specifications/x3d-
3.2.xsd">
  <head>
   <meta content="px3d.x3d" name="filename"/>
   <meta content="一个 X3D 实例源程序!!! " name="description"/>
   <meta content="zjz" name="author"/>
   <meta content="2010-2-25" name="created"/>
  </head>
  <Scene>
   <NavigationInfo type="&quot;EXAMINE&quot; &quot;ANY&quot;"/>
   <Shape>
    <Appearance>
     <Material diffuseColor="0 1 0"/>
    </Appearance>
    <Sphere radius="1.0"/>
   </Shape>
   <Background skyColor="1 1 1"/>
  </Scene>
</X3D>
```

其中，头元素可有可无，Scene 语句只能有一个，用来作为场景的根节点，所有场景中的节点都放在 Scene 根节点中。

3. X3D 文件注释

在编写 X3D 源程序时，为了使源程序结构更合理、更清晰和层次感更强，经常在源程序中添加注释信息。在 X3D 文件中允许程序员在源程序中的任何地方进行注释说明，以进一步增加源程序的可读性，使 X3D 源程序层次清晰、结构合理，符合软件开发要求。在 X3D 文件中加入注释的方式与在 XML 文件中加入注释的方法相同，如：<!--这是一个注释 -->。X3D

的文件注释信息可以是一行，也可以是多行，但不允许嵌套。同时，字符串"--"、"<"和"＞"不能出现在注释中。浏览器在浏览 X3D 文件时将跳过注释部分的所有内容。另外，浏览器在浏览 X3D 文件时将自动忽略 X3D 文件中的所有空格和空行。

2.3　X3D 节点和域

X3D 节点是 X3D 文件最基本的组成要素，是对客观世界中各种事物、对象、概念的抽象描述。X3D 文件中用节点与域表达三维立体空间所有的场景，包括视角、导航、几何物体造型、时间传感器、触摸检测器及智能感知器等，X3D 文件就是由许多节点并列或层层嵌套而构成的。

X3D 节点相当于 XML 中的元素，域相当于 XML 中的属性，域用于描述节点的一些性质和数据类型。X3D 规范中定义了 100 多个节点，这些属于内建的节点，另外，X3D 规范提供原型机制让开发者能够定义新节点以适应实际项目开发的需要。

1. X3D 节点

X3D 节点是 X3D 文件的基础，是 X3D 的重要组成部分，是灵魂，是核心。X3D 节点可以理解为高级语言的函数、子程序、结构体，可视化编程语言中的类和对象等。每个 X3D 节点包含各种数据类型的域，域又由域名和域值组成，共同实现节点功能。

1) X3D 节点的定义

节点的语法格式如下。

```
<节点名 域名="域值"/>
```

或

```
<节点名　域名="域值"/>
    </节点名>
```

其中，域名、域值根据实际项目开发需要进行编程和设置。

在 X3D 的语法中规定域值需用引号括起来，允许使用单引号或双引号，如下两种表达方式都是合法的。

```
<Box size="2 2 2"/>
```

或

```
<Box size='2 2 2'/>
```

2) X3D 节点层次结构

X3D 节点层次结构以场景作为三维立体场景的根节点，在此基础上可增加父节点和子节点，以创建各种复杂三维立体场景。在每个 X3D 文件里只允许有一个场景根节点。

例如，在场景根节点下，创建一个模型节点，即 Shape 节点，此节点称为父节点。父节点包含两个子节点，分别为 Appearance 节点和 Geometry 节点，在 Geometry 节点下又包含一个球体子节点，即 Sphere 节点，这些节点构成一个完整的三维立体空间造型，如图 2-3 所示。

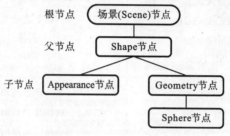

图 2-3　X3D 节点层次结构

除根节点之外，其他节点之间可以并列或层层嵌套使用。不同作用的节点有着不同的语法结构，父节点包含一个或多个子节点，子节点中又包含子节点等。

3）源程序实例

一个 X3D Sphere 节点的场景设计如下。

```
<Scene>
    <NavigationInfo type="&quot;EXAMINE&quot; &quot;ANY&quot;"/>
    <Shape>
      <Appearance>
        <Material diffuseColor="0 1 0"/>
      </Appearance>
      <Sphere radius="1.0"/>
    </Shape>
</Scene>
```

2. 域的数据类型

在 X3D 节点中，域值可以是布尔值、整数、浮点数、向量、字符串，甚至表示图形的点阵值，节点由各种数据类型的域组成。X3D 域可分为两大类：一类是只包含单值数据项的域，其数据类型名称以 SF（single-valued field）开头；另一类是包含多个有序排列值的域，其数据类型名称以 MF（multiple-valued field）开头。

X3D 提供了丰富的域数据类型，如表 2-6 所示。

表 2-6　X3D 节点中域的数据类型

域	数 据 类 型
SF/MFBool	布尔量
SF/MFInt32	整数
SF/MFFloat	单精度浮点数
SF/MFDouble	双精度浮点数
SF/MFString	字符串
SF/MFColor	颜色
SF/MFColorRGBA	颜色透明度
SF/MFImage	图像
SF/MFTime	时间
SF/MFRotation	旋转
SF/MFVec2f	单精度二维向量
SF/MFVec2d	双精度二维向量
SF/MFVec3f	单精度三维向量
SF/MFVec3d	双精度三维向量
SF/MFVec4f	单精度四维向量
SF/MFMatrix3f	三维向量矩阵空间
SF/MFMatrix4f	四维向量矩阵空间
SF/MFNode	节点

在 X3D 文件中，各个节点语法中的各种"域数据类型"描述如下。

1）SFBool 和 MFBool

SFBool 域是一个单值布尔量，只包含一个布尔值，常用于开启或关闭一个节点的性质特征。SFBool 域输出事件的默认值为 true（真），否则为 false（假）。

MFBool 域是一个多值布尔量，包含多个布尔值。每个布尔值可以是 true（真）或 false（假）。MFBool 域的默认值为空列表[ ]。

2）SFInt32 和 MFInt32

SFInt32 域是一个单值 32 位的整数。一个 SFInt32 值由一个十进制或十六进制格式的整数构成。SFInt32 域的默认值为 0。

MFInt32 域是一个多值域，指定了一个或多个 32 位的整数，即由任意数量的以逗号或空格分隔的整数组成。MFInt32 域的默认值为空列表[ ]。

3）SFFloat 和 MFFloat

SFFloat 域是单值单精度浮点数，指定了一个单精度浮点数。SFFloat 域的默认值是 0.0。

MFFloat 域是多值单精度浮点数，指定了零个或更多的单精度浮点数。MFFloat 域的默认值是空列表[ ]。

在对 SFFloat 和 MFFloat 域的处理上，允许使用固定小数点的科学计数法，对于正数或负数，指数的范围为[-12，12]，小数点后的精度至少要达到 6 位。

4) SFDouble 和 MFDouble

SFDouble 域是一个单值双精度浮点数，指定了一个双精度浮点数，SFDouble 域的默认值为 0.0。

MFDouble 域是多值双精度浮点数，指定了零个或更多的双精度浮点数。MFDouble 域的默认值为空列表[ ]。

在对 SFDouble 和 MFDouble 域的处理上，允许使用固定小数点的科学计数法，对于正数或负数，指数的范围为[-12，12]，小数点后的精度至少要达到 14 位。

5) SFString 和 MFString

SFString 域包含一个字符串，指定了单个字符串。SFString 值为用双引号括起来的字符串，任何字符都可在双引号中出现。SFString 域的默认值为空字符串“ ”。

MFString 域是一个含有零个或多个单值的多值域，指定了零个或多个字符串。每个单值都和 SFString 值的格式相同，MFString 域的初始值为空列表[ ]。

X3D 文件中 SFString 和 MFString 域包含 UTF-8 通用字符集编码的字符串，字符串由一个 UTF-8 通用字符集的 8 字节序列组成。任何字符包括换行符和'#'，都可以出现在字符串中。

6) SFColor 和 MFColor

SFColor 域是只有一个颜色的单值域，它指定了一个 RGB 值，RGB 值由三个浮点数构成，每个浮点数的取值范围均为[0.0, 1.0]。SFColor 域的初始值是 0 0 0。

MFColor 域是一个多值域，指定了零个或更多的 RGB 值，即包含任意数量的 RGB 值，MFColor 域输出事件的初始值是空列表[ ]。

7) SFColorRGBA 和 MFColorRGBA

SFColorRGBA 域指定了一个包括 Alpha 信息(透明度)的 RGBA(红-绿-蓝-透明度)色彩四分量，SFColorRGBA 域的默认值为 0 0 0 0。

MFColorRGBA 域指定了零个或更多的 RGBA 色彩四分量。X3D 文件中的每个颜色值都可由 RGBA 色彩四分量组成。每个色彩分量是取值范围为[0.0, 1.0]的浮点数。Alpha 的取值范围是[0.0, 1.0]，其中，0.0 表示完全透明，1.0 表示完全不透明。MFColorRGBA 域的默认值为空列表[ ]。

8）SFTime 和 MFTime

SFTime 域含有一个单独的时间值。该时间值是一个 ANSI C 格式的双精度浮点数，表示从 1970 年 1 月 1 日（GMT，格林尼治标准时）00:00:00 开始计时，延续到当前时间的秒数。SFTime 域的默认值为−1。

MFTime 域包含任意数量的时间值，指定了单个或多个时间值，MFTime 域的默认值为空列表[ ]。

在 X3D 文件中，时间值是双精度的浮点数，按不同的编码方式，用指定的格式记录这组双精度浮点值。

9）SFRotation 和 MFRotation

SFRotation 域指定了一个任意的旋转。SFRotation 值含有四个浮点数，各数之间用空格分隔。前三个数表示旋转轴；第四个数表示围绕该轴旋转过的弧度，即指定了沿旋转轴按右手规则旋转的旋转量。SFRotation 域输出事件的默认值为 0 0 1 0。

MFRotation 域是一个多值域，指定了零个或多个任意的旋转值，MFRotation 域输出事件的默认值为空列表[ ]。

X3D 文件中的 SFRotation 值和 MFRotation 值被定义为一个四浮点值，可按不同的编码方式，用 X3D 指定的格式记录这组浮点值。

10）SFImage 和 MFImage

SFImage 域含有非压缩的二维彩色图像或灰度图像。SFImage 域中，首先列出三个整数，前两个整数表示图像的宽度和高度，第三个整数表示构成图像格式的元素个数，随后按"宽度×高度"的格式列出一组十六进制数或整数，数与数之间用空格或逗号分隔，每一个十六进制数表示图像中的一个单独像素，像素按从左到右、从下到上的顺序排列。第一个十六进制数描述一个图像最左下角的像素，最后一个则描述右上角的像素。SFImage 域输出事件的默认值为 0 0 0。

MFImage 域包含零个或多个 SFImage 域，其初始值为空列表[ ]。

像素值限制在 256 级强度，如十进制数为 0~255，十六进制数为 0x00~0xFF。

11）SFVec2f 和 MFVec2f

SFVec2f 域用于定义一个二维向量。SFVec2f 域值由两个分隔的浮点数组成。SFVec2f 域的默认值为 0 0。

MFVec2f 域是一个包含任意数量二维向量的多值域，指定零组或多组二维向量。MFVec2f 域的默认值为空列表[ ]。

X3D 文件中，SFVec2f 和 MFVec2f 描述了一对单精度浮点数，可按不同的编码方式，用 X3D 指定的格式记录这组单精度浮点值。

12）SFVec2d 和 MFVec2d

SFVec2d 域用于定义一个单值二维向量，指定一个二维向量。SFVec2d 域的默认值为 0 0。

MFVec2d 域用于定义一个多值多组二维向量，指定零组或多组二维向量。MFVec2d 域的默认值为空列表[ ]。

在 X3D 文件中，SFVec2d 和 MFVec2d 描述了一对双精度浮点数，可按不同的编码方式，用 X3D 指定的格式记录这组双精度浮点值。

13）SFVec3f 和 MFVec3f

SFVec3f 域或事件用于定义一个单值三维向量空间。一个 SFVec3f 域值包含有三个浮点数，数与数之间用空格分隔。该值表示从原点到所给定点的向量。SFVec3f 域输出事件的默认值为 0 0 0。

MFVec3f 域或事件是一个包含任意数量三维向量的多值域，指定零组或多组三维向量。MFVec3f 域输出事件的默认值为空列表[ ]。

在 X3D 文件中，SFVec3f 和 MFVec3f 描述了由三个单精度浮点数组成的数据，可按不同的编码方式，用 X3D 指定的格式记录这组三元组单精度浮点值。

14）SFVec3d 和 MFVec3d

SFVec3d 域或事件用于定义一个单值三维向量，指定一个空间三维向量，SFVec3d 域的默认值为 0 0 0。

MFVec3d 域或事件用于定义一个多值多组三维向量，指定零组或多组空间三维向量。MFVec3d 域的初始值为空列表[ ]。

在 X3D 文件中，SFVec3d 和 MFVec3d 描述了由三个双精度浮点数组成的数据，可按不同的编码方式，用 X3D 指定的格式记录这组三元组双精度浮点值。

15）SFVec4f 和 MFVec4f

SFVec4f 域或事件用于定义一个四维向量空间。一个 SFVec4f 域值包含有四个浮点数，数与数之间用空格分隔。该值表示从原点到所给定点的向量。SFVec4f 域输出事件的默认值为 0 0 0 0。

MFVec4f 域或事件是一个包含任意数量的四维向量的多值域，指定零组或多组四维向量。MFVec4f 域输出事件的默认值为空列表[ ]。

在 X3D 文件中，SFVec4f 和 MFVec4f 描述了由四个双精度浮点数组成的数据，可按不同的编码方式，用 X3D 指定的格式记录这组四元组双精度浮点值。

16）SFMatrix3f 和 MFMatrix3f

SFMatrix3f 域用于定义一个三维向量矩阵空间。一个 SFMatrix3f 域值包含有三个浮点数，数与数之间用空格分隔。该值表示从原点到所给定点的向量。SFMatrix3f 域输出事件的默认值为" "。

MFMatrix3f 域用于定义一个包含任意数量三维向量矩阵的多值域，指定零组或多组三维向量。MFMatrix3f 域输出事件的初始默认值为空列表[ ]。

17）SFMatrix4f 和 MFMatrix4f

SFMatrix4f 域用于定义一个四维向量矩阵空间。一个 SFMatrix4f 域值包含有四个浮点数，数与数之间用空格分隔。该值表示从原点到所给定点的向量。SFMatrix4f 域输出事件的默认值为空字符串" "。

MFMatrix4f 域用于定义一个包含任意数量的四维向量矩阵的多值域，指定零组或多组三维向量。MFMatrix4f 域输出事件的默认值为空列表[ ]。

18）SFNode 和 MFNode

SFNode 域含有一个单节点，指定了一个 X3D 节点，必须按标准节点语法写成。一个 SFNode 域允许包含 NULL 关键字，表示不包含任何节点。SFNode 域输出事件的默认值为 NULL。

MFNode 域包含任意数量的节点，指定了零个或多个节点。MFNode 域的初始值为空列表[ ]。

2.4 X3D 文件中事件、路由和脚本

X3D 文件中的事件，也称为存储/访问类型，即每一个节点一般都有两种事件：入事件和出事件。在多数情况下，事件只是一个要改变域值的请求：入事件请求节点改变自己某个域的值，而出事件则是请求别的节点改变它的某个域值。

X3D 文件中的路由是产生事件和接受事件的节点之间的连接通道。路由不是节点，路由是为了确立被指定的域的事件之间的路径而人为设定的框架。路由可以在 X3D 文件的顶部，

也可以在文件节点的某一个域中。在 X3D 文件中，路由与路径无关，它既可以在源节点之前，也可以在目标节点之后，在一个节点中进行说明，与该节点无任何联系。路由的作用是将各个不同的节点联系在一起，使虚拟空间具有更好的交互性、立体感、动感性和灵活性。

X3D 文件中的脚本是一套程序，是与其他高级语言或数据库的接口。在 X3D 文件中，可以用 Script 节点利用 Java 或 JavaScript 语言编写的脚本程序来扩充 X3D 的功能。脚本通常作为一个事件级联的一部分而执行，脚本可以接受事件、处理事件中的信息，还可以产生基于处理结果的输出事件。

第 3 章

X3D 几何 3D 节点设计

X3D 文件由各种节点组成。节点是 X3D 的核心，节点之间可以并列或层层嵌套使用。X3D 三维立体空间造型就是由许许多多节点构成的。X3D 三维立体节点设计包括 X3D 几何 2D 节点设计和 X3D 几何 3D 节点设计。X3D 几何 2D 节点用于构建三维立体空间中的平面，而 X3D 几何 3D 节点用于在三维立体空间创建三维立体造型。

在 X3D 文件的场景根节点中，添加设计与开发所需要的三维立体场景和造型时，在 Shape 模型节点中包含两个子节点分别为 Appearance 外观节点与 Geometry 几何造型节点。Appearance 节点定义物体造型的外观，包括 Texture 纹理映像、TextureTransform 纹理坐标变换及 Material 外观材料节点，Geometry 节点定义立体空间物体的几何造型，如 Box 立方体节点、Cone 圆锥体节点、Cylinder 圆柱体节点和 Sphere 球体节点等原始的几何结构节点。

3.1 Shape 节点设计

3.1.1 Shape 节点的语法定义

Shape 节点定义了一个 X3D 立体空间造型所具有的几何尺寸、材料、纹理和外观特征等，这些特征定义了 X3D 虚拟空间中创建的空间造型。Shape 节点是 X3D 的核心节点，X3D 的所有立体空间造型均使用 Shape 节点创建。

Shape 节点可以放在 X3D 文件的任何组节点下，Shape 节点可以包含 Appearance 子节点和 Geometry 子节点，可以用符合类型定义的原型 ProtoInstance 来替代。X3D 节点的语法定义包含域名（属性名）、域值（属性值）、域数据类型、存储/访问类型等信息。Shape 节点的语法定义如下。

```
<Shape
    DEF                 ID
    USE                 IDREF
    bboxCenter          0 0 0           SFVec3f     initializeOnly
    bboxSize            -1 -1 -1        SFVec3f     initializeOnly
    containerField      children
    *Appearance         NULL            SFNode      子节点
    *Geometry           NULL            SFNode      子节点
```

```
        class
  />
```

各参数说明如下。Shape 节点包含 DEF、USE、bboxCenter 域、bboxSize 域、containerField 域、appearance 域、geometry 域及 class 域等。其中，"*"表示该节点为子节点。域数据类型为 SFVec3f 域或事件，定义了一个三维向量空间。事件的存储/访问类型包括 inputOnly（输入类型）、outputOnly（输出类型）、initializeOnly（初始化类型）及 inputOutput（输入/输出类型）等，用来描述该节点必须提供该属性值。DEF 为节点定义一个名字，给该节点定义了唯一的 ID，便于在其他节点中引用这个节点。用 DEF 为节点命名时，使用有意义的描述性的名称可以规范文件，提高文件可读性。USE 用来引用 DEF 定义的节点 ID，即引用 DEF 定义的节点名字，同时忽略其他的属性和子对象。使用 USE 来引用其他的节点对象而不是复制节点，可以提高性能和编码效率。

(1) bboxCenter 域用于表示边界盒的中心，默认值为 0 0 0，域数据类型为单值单精度三维向量，包含三个浮点数，数与数之间用空格分隔，该值表示从原点到所给定点的向量。存储/访问类型为初始化类型。

(2) bboxSize 域用于表示边界盒的大小，默认值为 −1 −1 −1，域数据类型为单值单精度三维向量，包含三个浮点数。存储/访问类型为初始化类型。为优化三维立体场景，也可以强制为其赋值。

(3) containerField 域即容器域。ContainerField 节点与 Field 节点之间存在子节点与父节点的关系。该容器域名称为 children，包含 Appearance 子节点和 Geometry 子节点，如 Geometry Box、Children Group、Proxy Shape。containerField 属性只有在 X3D 场景用 XML 编码时才使用。

(4) appearance 域用于定义一个 Appearance 节点。appearance 域的默认值为 NULL，表示其外观呈现白色光。该域值为一个单值节点。

(5) geometry 域用于定义一个几何造型节点，geometry 域的默认值为 NULL，表示没有任何几何造型节点。该域值为一个单值节点。

(6) class 域的域值是用空格分开的类的列表，保留给 XML 样式表使用。只有 X3D 场景用 XML 编码时才支持 class 属性。

3.1.2　Appearance 节点设计

Appearance 节点用来定义物体造型的外观属性，通常作为 Shape 节点的子节点。Appearance 节点指定几何物体造型的外观视觉效果，包含 Material 节点、Texture 节点和 TextureTransform 节点。在增加 Appearance 或 Geometry 节点之前要先创建一个 Shape 节点。

Appearance 节点的语法定义如下。

```
<Appearance
    DEF                 ID
    USE                 IDREF
    containerField      appearance
    material            NULL            SFNode
    texture             NULL            SFNode
    textureTransform    NULL            SFNode
    class
/>
```

Appearance 节点包含 DEF、USE、containerField 域、material 域、texture 域、textureTransform 域及 class 域等。

(1) containerField 域即容器域。ContainerField 节点和 Field 节点之间存在子节点和父节点的关系。该容器域名称为 appearance，包含 Material 子节点、Texture 子节点及 TextureTransform 子节点。containerField 域只有在 X3D 场景用 XML 编码时才使用。

(2) material 域用于定义一个 Material 节点，Material 节点定义了造型外观的材料属性。material 域的默认值为 NULL，表示其外观材料呈现白色光。该域值为一个单值节点。

(3) texture 域用于定义一个将被应用于造型的纹理映像。该域值的默认值为 NULL，表示没有应用纹理映像。该域值为一个单值节点。

(4) textureTransform 域用于定义在纹理映射到一个造型时所使用的二维纹理坐标变换。通常 textureTransform 域值包含 TextureTransform 节点。该域值的默认值为 NULL，表示不对纹理进行坐标变换。该域值为一个单值节点。

(5) class 域的域值是用空格分开的类的列表，保留给 XML 样式表使用。只有 X3D 场景用 XML 编码时才支持 class 域。

3.1.3　Material 节点设计

Material 节点用来指定造型外观材料的属性，有颜色、光的反射、明暗效果及造型的透明度等。该节点指定相关几何节点的表面材料属性，在渲染时用来计算 X3D 光照，通常作为 Appearance 节点和 Shape 节点的子节点。Material 节点的语法定义如下。

```
<Material
    DEF                 ID
    USE                 IDREF
    diffuseColor        0.8 0.8 0.8      SFColor       inputOutput
    emissiveColor       0.0 0.0 0.0      SFColor       inputOutput
    specularColor       0.0 0.0 0.0      SFColor       inputOutput
    shininess           0.2              SFFloat       inputOutput
    ambientIntensity    0.2              SFFloat       inputOutput
    transparency        0.0              SFFloat       inputOutput
```

```
containerField        material
class
/>
```

Material 节点包含 DEF、USE、diffuseColor（材料的漫反射颜色）域、emissiveColor（发光物体产生的光的颜色）域、specularColor（物体镜面反射光线的颜色）域、shininess（造型外观材料的亮度）域、ambientItensify（有多少环境光被该表面反射）域、transparency（透明度）域及 containerField 域、class 域等。

(1) diffuseColor 域用于指定一种材料的漫反射颜色。物体表面相对于光源的角度决定它对来自光源的光的反射。光线越接近于垂直表面，被漫反射的光线就越多。此域用一个三维数组来表示 RGB 颜色，比如 1.0 0.0 0.0 表示红色。该域值的默认值是 0.8 0.8 0.8，表示中强度的白光。

(2) emissiveColor 域用于定义一个发光物体自身产生的光的颜色。发射光的颜色在显示基于辐射度的模型或者显示科学数据时非常有用。该域表示在所有灯关闭的时候，物体自身发出光的颜色。该域的默认值为 0.0 0.0 0.0，表示不发光。另外，该域值对 IndexedLineSet、LineSet 和 PointSet 节点有影响，当该域值较大（较亮）时，物体造型上的纹理可能退色。

(3) specularColor 域用于定义物体镜面反射光线的 RGB 颜色，表示物体镜面反射光的强度。该域的默认值是 0.0 0.0 0.0，表示镜面不反射。在主程序概貌互换时，这个域可能被忽略。

(4) shininess 域用于指定造型外观材料的亮度，其值从漫反射表面的 0.0 到高度抛光表面的 1.0，即该域值较低，提供的软反光较强，反之则提供较弱的锐利高光。该域值的默认值为 0.2，表示选择适当的亮度。在概貌互换时，这个域可能被忽略。

(5) ambientIntensity 域用于定义将有多少环境光被该物体表面反射。环境光是各向同性的，而且仅依赖于光源的数目，不依赖于相对于表面的位置，即环境光反射所有无方向性光源。环境光颜色以 ambientIntensity×diffuseColor 计算。该域的默认值为 0.2，表示对材料产生较弱的环境光效果。在用于概貌互换时，这个域可能被忽略。

(6) transparency 域用于指定物体的透明度，其值的变化范围是从完全不透明表面的 0.0 到完全透明表面的 1.0。其默认值为 0.0，表示不透明。根据物体的透明度不同，可构造出玻璃、屏风及墙壁等空间造型。

(7) containerField 域即容器域。ContainerField 节点和 Field 节点之间存在子节点和父节点的关系。该容器域名称为 material，包含 Material 子节点。containerField 属性只有在 X3D 场景用 XML 编码时才使用。

(8) class 域的域值是用空格分开的类的列表，保留给 XML 样式表使用。只有 X3D 场景用 XML 编码时才支持 class 属性。

3.1.4 Geometry 节点设计

在 X3D 文件中的 Geometry 几何节点贯穿 X3D 设计与开发的全过程，它包括二维空间基本几何节点（如 Arc2D 节点、ArcClose2D 节点、Circle2D 节点、Disk2D 节点、Polyline2D 节点、Rectangle2D 节点、TriangleSet2D 节点等）、三维立体空间的几何节点（如 Box 节点、Cone 节点、Cylinder 节点和 Sphere 节点等）和 X3D 三维立体几何节点（如 Text 节点、PointSet 节点、IndexedLineSet 节点、IndexedFaceSet 节点、ElevationGrid 节点及 Extrusion 挤出造型节点等）。

3.1.5 Shape 节点源程序实例

【实例 3-1】利用 Shape 节点、Appearance 节点、Material 节点、三维立体空间的几何节点、Transform 坐标变换节点等在三维立体空间背景下，创建一个颜色为蓝色的组合圆柱三维立体造型。

本书附带光盘 "X3D 实例源程序/第 3 章实例源程序" 目录下，提供该实例的 X3D 源程序 "px3d3-1.x3d"。

```
<?xml version="1.0" encoding="UTF-8"?>
<X3D profile="Immersive" version="3.1">
  <head>
    <meta content="px3d3-1.x3d" name="filename"/>
    <meta content="zjz-zjr-zjd" name="author"/>
    <meta content="*enter name of original author here*" name="creator"/>
    <meta content="*enter copyright information here* Example: Copyright
(c) Web3D
    Consortium Inc. 2006" name="rights"/>
    <meta content="*enter online Uniform Resource Identifier (URI) or
Uniform Resource
    Locator (URL) address for this file here*" name="identifier"/>
    <meta content="X3D-Edit, http://www.web3d.org/x3d/content/
README.X3D-Edit.html"
    name="generator"/>
      </head>
  <Scene>
    <Background DEF="_Background" skyColor="0.98 0.98 0.98"/>
    <Viewpoint DEF="1_Viewpoint" jump='false' orientation='0 1 0 0'
position='12 0 10'
    description="View1">
        </Viewpoint>
    <Viewpoint DEF="2_Viewpoint" jump='false' orientation='0 1 0 0'
    position='10 0 20' description="View2">
        </Viewpoint>
    <Viewpoint DEF="3_Viewpoint_1" jump='false' orientation='0 1 0 0'
position='10 0 50' description="View3">
    </Viewpoint>
    <Transform translation="12 0 0 ">
      <Shape>
      <Appearance>
```

```
    <Material ambientIntensity="0.1" diffuseColor="0.2 0.2 0.8"
      shininess="0.15" specularColor="0.8 0.8 0.8" transparency="0"/>
   </Appearance>
   <Cylinder height="5" radius="1.2"/>
  </Shape>
 </Transform>
 <Transform rotation="0 0 1 1.571" translation="12 -0.0 0">
  <Shape>
   <Appearance>
    <Material ambientIntensity="0.1" diffuseColor="0.2 0.2 0.8"
      shininess="0.15" specularColor="0.8 0.8 0.8" transparency="0"/>
   </Appearance>
   <Cylinder height="5" radius="1.2"/>
  </Shape>
 </Transform>
 </Scene>
</X3D>
```

在场景根节点下添加 Background 节点和 Shape 节点，Background 节点的颜色取白色，以突出三维立体几何造型的显示效果。利用几何节点可创建三维立体组合圆柱体造型，此外增加了 Appearance 节点和 Material 节点，以便对物体造型的外观颜色、物体发光颜色、外观材料的亮度及透明度进行设计，增强三维空间四面体造型的显示效果。

运行程序时，首先启动 Xj3D 浏览器，然后在该浏览器中按下"Open"按钮，选择"X3D 实例源程序/第 3 章实例源程序/px3d3-1.x3d"路径，或者使用 BS Contact VRML/X3D 7.0/7.2 浏览器，双击"X3D 实例源程序/第 3 章实例源程序/px3d3-1.x3d"，即可运行虚拟现实三维空间立体组合圆柱体造型程序。程序运行结果如图 3-1 所示。

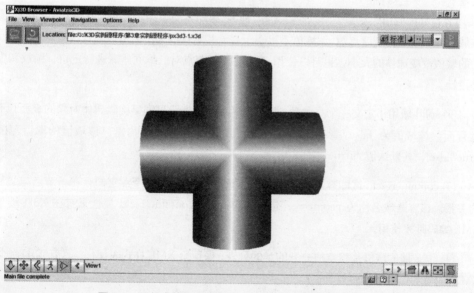

图 3-1　三维立体组合圆柱体 Shape 节点程序运行结果

3.2　Sphere 节点

Shape 节点可以包含 Appearance 子节点和 Geometry 子节点，Sphere 节点则可作为 Shape 节点下 geometry 节点域中的一个子节点，描述了一个球体的几何造型。Appearance 节点和 Material 节点用于描述 Sphere 节点的纹理材质、颜色、发光效果、明暗、光的反射及透明度等。

3.2.1　Sphere 节点的语法定义

Sphere 节点用于定义一个三维立体球体的属性和域值。通过 Sphere 节点的域名、域值、域数据类型及事件的存储/访问权限的定义可以描述一个三维立体空间球体造型。主要利用球体半径（radius）和实心（solid）参数创建 X3D 球体造型。Sphere 节点的语法定义如下。

```
<Sphere
    DEF             ID
    USE             IDREF
    radius          1.0             SFFloat         initializeOnly
    solid           true            SFBool          initializeOnly
    containerField  geometry
    class
/>
```

Sphere 节点包含 DEF、USE、radius 域、solid 域、containerField 域及 class 域等。

（1）radius 域用于定义一个以原点为球心的三维球体的半径。域数据类型为 SFFloat，表示该域包含一个单精度浮点数，该域值不可小于 0.0，其默认值为 1.0。可以通过改变球体的 radius 域的域值改变球体的大小，也可以使用 Transform 节点对三维立体球进行定位、缩放和旋转等设计。

（2）solid 域用于定义一个布尔量。该域值为 true，表示只需要构建球体对象的表面，不构建背面；该域值为 false，表示球体对象的表面和背面均需要构建。该域值的取值范围为 [true|false]，其默认值为 true。

（3）containerField 域即容器域。ContainerField 节点与 Field 节点之间存在子节点与父节点的关系。该容器域名称为 geometry，包含几何节点。containerField 属性只有在 X3D 场景用 XML 编码时才使用。

（4）class 域的域值是用空格分开的类的列表，保留给 XML 样式表使用。只有 X3D 场景用 XML 编码时才支持 class 属性。

3.2.2　Sphere 节点源程序实例

【实例 3-2】利用 Shape 节点、Appearance 节点和 Material 节点及 Sphere 节点在三维立体空间背景下，创建一个三维立体球。

本书附带光盘"X3D 实例源程序/第 3 章实例源程序"目录下，提供该实例的 X3D 源程序"px3d3-2.x3d"。

```
<?xml version="1.0" encoding="UTF-8"?>
<!DOCTYPE X3D PUBLIC "http://www.web3d.org/specifications/x3d-3.1.dtd"
    "file:///www.web3d.org/TaskGroups/x3d/translation/x3d-3.1.dtd">
<!--Warning: transitional DOCTYPE in source .x3d file-->
<X3D profile="Immersive" version="3.1"
 xmlns:xsd="http://www.w3.org/2001/XMLSchema-instance"
xsd:noNamespaceSchemaLocation="http://www.web3d.org/specifications/x3d-
3.1.xsd">
  <head>
    <meta content="px3d3-2.x3d" name="filename"/>
    <meta content="zjz-zjr+zjd" name="author"/>
    <meta content="*enter name of original author here*" name="creator"/>
    <meta content="*enter copyright information here* Example: Copyright
(c) Web3D
    Consortium Inc. 2006" name="rights"/>
    <meta content="*enter online Uniform Resource Identifier (URI) or
Uniform Resource
    Locator (URL) address for this file here*" name="identifier"/>
    <meta content="X3D-Edit, http://www.web3d.org/x3d/content/
README.X3D-Edit.html"
    name="generator"/>
  </head>
  <Scene>
    <Background skyColor="0.98 0.98 0.98"/>
    <Shape>
     <Appearance>
       <Material ambientIntensity="0.1" diffuseColor="0.8 0.2 0.2"
         shininess="0.2" specularColor="0.8 0.8 0.8" transparency="0.15"/>
     </Appearance>
     <Sphere radius="1.5"/>
    </Shape>
  </Scene>
</X3D>
```

在场景根节点下添加 Background 节点和 Shape 节点，Background 节点的颜色取灰白色，以突出三维立体几何造型的显示效果。利用 Sphere 节点可创建一个红色的三维立体球体造型，此外增加了 Appearance 节点和 Material 节点，以便对物体造型的外观颜色、物体发光颜色、外观材料的亮度及透明度进行设计，增强三维空间红球造型的显示效果。

运行程序时，首先启动 Xj3D 浏览器，然后在该浏览器中按下"Open"按钮，选择"X3D实例源程序/第 3 章实例源程序/px3d3-2.x3d"路径，或者使用 BS Contact VRML/X3D 7.0/7.2浏览器，双击"X3D 实例源程序/第 3 章实例源程序/px3d3-2.x3d"，即可运行虚拟现实三维空间球体造型程序。程序运行结果如图 3-2 所示。

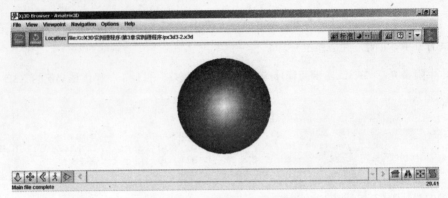

图 3-2　Sphere 节点程序运行结果

3.3　Box 节点

Box 节点用来创建立方体、长方体及立体平面的原始几何造型，该节点一般作为 Shape 节点中 geometry 域的子节点。Box 节点描述了一个立方体的几何造型，尺寸以米为单位。

3.3.1　Box 节点的语法定义

Box 节点用于定义一个三维空间立方体造型的属性名和域值。通过 Box 节点的域名、域值、域数据类型及事件的存储/访问权限的定义可以描述一个三维空间立方体造型。主要利用 Box 节点中的尺寸（size）和实心（solid）参数创建 X3D 立方体造型。Box 节点的语法定义如下。

```
<Box
    DEF                 ID
    USE                 IDREF
    size                2.0 2.0 2.0     SFVec3f     initializeOnly
    solid               true            SFBool      initializeOnly
    containerField      geometry
    class
/>
```

Box 节点包含 DEF、USE、size 域、solid 域、containerField 域、class 域等。

(1) size 域用于指定一个以原点为中心的三维空间立方体的尺寸。该域值为三维数组，第一个数值为立方体在 X 轴方向上的宽度，第二个数值为立方体在 Y 轴方向上的高度，第三个数值为立方体在 Z 轴方向上的深度。size 域的每个数值都必须大于 0.0，其默认值为 2.0 2.0 2.0，即立方体的长、宽、高均为 2.0。

(2) solid 域用于定义一个立方体造型表面和背面绘制的布尔量。该域值为 true，表示只构建立方体对象的表面，不需要构建背面；该域值为 false，表示立方体对象的表面和背面均需要构建。该域值的取值范围为[true|false]，其默认值为 true。

(3) containerField 域即容器域。ContainerField 节点与 Field 节点之间存在子节点与父节点的关系。该容器域名称为 geometry，包含几何节点。containerField 属性只有在 X3D 场景用 XML 编码时才使用。

(4) class 域的域值是用空格分开的类的列表，保留给 XML 样式表使用。只有 X3D 场景用 XML 编码时才支持 class 属性。

3.3.2 Box 节点源程序实例

【实例 3-3】利用 Shape 节点、Appearance 节点、Material 节点及 Box 节点在三维立体空间背景下，创建一个三维空间立方体。

本书附带光盘"X3D 实例源程序/第 3 章实例源程序"目录下，提供该实例的 X3D 源程序"px3d3-3.x3d"。

```
<?xml version="1.0" encoding="UTF-8"?>
<!DOCTYPE X3D PUBLIC "http://www.web3d.org/specifications/x3d-3.1.dtd"
      "file:///www.web3d.org/TaskGroups/x3d/translation/x3d-3.1.dtd">
<!--Warning: transitional DOCTYPE in source .x3d file-->
<X3D profile="Immersive" version="3.1"
  xmlns:xsd="http://www.w3.org/2001/XMLSchema-instance"
xsd:noNamespaceSchemaLocation="http://www.web3d.org/specifications/
x3d-3.1.xsd">
  <head>
    <meta content="px3d3-3.x3d" name="filename"/>
    <meta content="zjz-zjr-zjd" name="author"/>
    <meta content="*enter name of original author here*" name="creator"/>
    <meta content="*enter copyright information here* Example: Copyright
(c) Web3D
    Consortium Inc. 2006" name="rights"/>
    <meta content="*enter online Uniform Resource Identifier (URI) or
Uniform Resource
    Locator (URL) address for this file here*" name="identifier"/>
    <meta content="X3D-Edit, http://www.web3d.org/x3d/content/
README.X3D-Edit.html"
    name="generator"/>
  </head>
  <Scene>
  <Background skyColor="0.98 0:98 0.98"/>
  <Viewpoint orientation="0 1 0 0.524" position="3 0 5"/>
  <Shape>
    <Appearance>
      <Material ambientIntensity="0.1" diffuseColor="0.2 0.8 0.2"
        shininess="0.2" specularColor="0.8 0.8 0.8" transparency="0.15"/>
    </Appearance>
```

```
      <Box size="2 2 2"/>
    </Shape>
  </Scene>
</X3D>
```

在场景根节点下添加 Background 节点和 Shape 节点，Background 节点的颜色取银白色，以突出三维立体几何造型的显示效果。在 Shape 节点下增加 Appearance 节点和 Material 节点，以便对物体造型的外观颜色、物体发光颜色、外观材料的亮度及透明度进行设计，提高三维空间立方体的显示效果。创建 Box 节点，根据设计需求设置立方体的尺寸，调整立方体的旋转角度，也可以设置 solid 域来绘制立方体造型的不同表面。

运行程序时，首先启动 Xj3D 浏览器，然后在该浏览器中按下"Open"按钮，打开"X3D 实例源程序/第 3 章实例源程序/px3d3-3.x3d"路径，或使用 BS Contact VRML/X3D 7.0/7.2 浏览器，双击"X3D 实例源程序/第 3 章实例源程序/px3d3-3.x3d"，即可运行虚拟现实三维空间立体体造型程序。程序运行结果如图 3-3 所示。

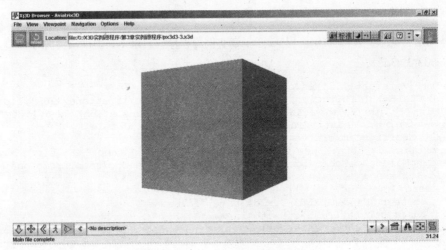

图 3-3 Box 节点程序运行结果

3.4 Cone 节点

Cone 节点描述了一个圆锥体的原始几何造型，一般作为 Shape 节点中 geometry 域的子节点。利用 Shape 节点中 Appearance 子节点和 Material 子节点可描述 Cone 节点的纹理材质、颜色、发光效果、明暗、光的反射及透明度等，以增强设计与开发的效果。

3.4.1 Cone 节点的语法定义

Cone 节点用于定义一个三维圆锥体造型的属性名和域值。利用 Cone 节点的域名、域值、域数据类型及事件的存储/访问权限的定义可以创建一个三维圆锥体造型。主要使用 Cone 节点中的高度（height）、圆锥底半径（bottomRadius）、侧面（side）、底面（bottom）及实心（solid）参数创建 X3D 圆锥体造型。Cone 节点的语法定义如下。

```
<Cone
    DEF                 ID
    USE                 IDREF
    height              2.0             SFFloat         initializeOnly
    bottomRadius        1.0             SFFloat         initializeOnly
    side                true            SFBool          initializeOnly
    bottom              true            SFBool          initializeOnly
    solid               true            SFBool          initializeOnly
    containerField      geometry
    class
/>
```

Cone 节点包含 DEF、USE、height 域、bottomRadius 域、side 域、bottom 域、solid 域、containerField 域及 class 域等。

（1）height 域用于指定圆锥体的高。圆锥体的高位于 Y 轴方向，且以原点为中点。该域值为单精度浮点数，存储/访问类型是初始化类型。该域值必须大于 0.0，其默认值为 2.0，这表示圆锥体底部的中心位于 Y 轴−1.0 处，顶点位于 Y 轴 1.0 处。

（2）bottomRadius 域用于指定以原点为中心，以 Y 轴为中心轴的圆锥体底部圆的半径。该域值为单精度浮点数，存储/访问类型是初始化类型。该域值必须大于 0.0，其默认值为 1.0，这表示该圆锥体底部的半径为 1.0。

（3）side 域用于指定该圆锥体是否有锥面。该域值为单值布尔量，存储/访问类型是初始化类型。如果该域值为 true，则创建锥面；如果该域值为 false，则不创建。该域值的默认值为 true。

（4）bottom 域用于指定是否创建该圆锥体的底部。该域值为单值布尔量，存储/访问类型是初始化类型。如果该域值为 true，则创建底部；如果该域值为 false，则不创建。该域值的默认值为 true。

（5）solid 域用于定义一个圆锥体造型表面和背面绘制的布尔量。该域值为 true，表示只构建圆锥体对象的表面，不构建背面；该域值为 false，表示圆锥体对象的表面和背面均需要构建。该域值的取值范围为[true|false]，其默认值为 true。

（6）containerField 域即容器域。ContainerField 节点与 Field 节点之间存在子节点与父节点的关系。该容器域名称为 geometry，包含几何节点。containerField 属性只有在 X3D 场景用 XML 编码时才使用。

（7）class 域的域值是用空格分开的类的列表，保留给 XML 样式表使用。只有 X3D 场景用

XML 编码时才支持 class 属性。

3.4.2 Cone 节点源程序实例

【实例 3-4】利用 Shape 节点、Appearance 节点、Material 节点及 Cone 节点在三维立体空间背景下，创建一个三维立体蓝色圆锥体。

本书附带光盘"X3D 实例源程序/第 3 章实例源程序"目录下，提供该实例的 X3D 源程序"px3d3-4.x3d"源程序。

```
<?xml version="1.0" encoding="UTF-8"?>
<!DOCTYPE X3D PUBLIC "http://www.web3d.org/specifications/x3d-3.1.dtd"
        "file:///www.web3d.org/TaskGroups/x3d/translation/x3d-3.1.dtd">
<!--Warning: transitional DOCTYPE in source .x3d file-->
<X3D profile="Immersive" version="3.1"
 xmlns:xsd="http://www.w3.org/2001/XMLSchema-instance"
xsd:noNamespaceSchemaLocation="http://www.web3d.org/specifications/x3d-
3.1.xsd">
  <head>
    <meta content="px3d3-4.x3d" name="filename"/>
    <meta content="zjz-zjr-zjd" name="author"/>
    <meta content="*enter name of original author here*" name="creator"/>
    <meta content="*enter copyright information here* Example:Copyright (c)
Web3D
    Consortium Inc. 2006" name="rights"/>
    <meta content="*enter online Uniform Resource Identifier(URI)or Uniform
Resource
    Locator (URL) address for this file here*" name="identifier"/>
    <meta content="X3D-Edit, http://www.web3d.org/x3d/content/
README.X3D-Edit.html"
    name="generator"/>
  </head>
  <Scene>
    <Background skyColor="0.98 0.98 0.98"/>
    <Shape>
     <Appearance>
      <Material ambientIntensity="0.1" diffuseColor="0.2 0.2 0.8"
       shininess="0.15" specularColor="0.8 0.8 0.8" transparency="0"/>
     </Appearance>
     <Cone bottom="true" bottomRadius="1.5" height="3" side="true"/>
    </Shape>
  </Scene>
</X3D>
```

在场景根节点下添加 Background 节点和 Shape 节点，Background 节点的颜色取银白色，以突出三维立体几何造型的显示效果。在 Shape 节点下增加 Appearance 节点和 Material 节点，以便对物体造型的外观颜色、物体发光颜色、外观材料的亮度及透明度进行设计，增强三维空间圆锥体的显示效果。创建 Cone 节点，根据设计需求设置圆锥体的半径和高，更改物体颜色设置，也可以设置 solid 域来绘制立体造型的不同表面。

运行程序时，首先启动 Xj3D 浏览器，然后在该浏览器中按下"Open"按钮，打开"X3D 实例源程序/第 3 章实例源程序/px3d3-4.x3d"路径，或使用 BS Contact VRML/X3D 7.0/7.2 浏览器，双击"X3D 实例源程序/第 3 章实例源程序/px3d3-4.x3d"，即可运行虚拟现实三维空间蓝色圆锥体造型程序。程序运行结果如图 3-4 所示。

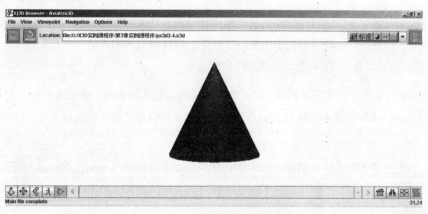

图 3-4 Cone 节点程序运行结果

3.5 Cylinder 节点

Cylinder 节点定义了一个圆柱体的原始几何造型，是 X3D 基本几何造型节点，一般作为 Shape 节点中 geometry 域的子节点，利用 Shape 节点中的 Appearance 子节点和 Material 子节点可描述 Cylinder 节点的纹理材质、颜色、发光效果、明暗、光的反射及透明度等，以增强设计与开发的效果。

3.5.1 Cylinder 节点的语法定义

Cylinder 节点用于定义一个三维圆柱体造型的属性名和域值。利用 Cylinder 节点的域名、域值、域数据类型及事件的存储/访问权限的定义可以创建一个三维圆柱体造型。主要利用 Cylinder 节点中的高度（height）、圆柱底半径（bottomRadius）、侧面（side）、底面（bottom）及实心（solid）参数创建 X3D 圆柱体造型。Cylinder 节点的语法定义如下。

```
<Cylinder
    DEF              ID
    USE              IDREF
    height           2.0              SFFloat          initializeOnly
    radius           1.0              SFFloat          initializeOnly
    top              true             SFBool           initializeOnly
    side             true             SFBool           initializeOnly
    bottom           true             SFBool           initializeOnly
    solid            true             SFBool           initializeOnly
```

```
containerField        geometry
class
/>
```

Cylinder 节点包含 DEF、USE、height 域、radius 域、top 域、side 域、bottom 域、solid 域、containerField 域及 class 域等。

(1) height 域用于指定圆柱体的高。该域值必须大于 0.0，其默认值为 2.0，这表示圆柱体的底部位于 Y 轴-1.0 处，顶部位于 Y 轴的 1.0 处。该域值以米为单位，一旦初始化，就不可以再更改，但可以使用 Transform 来缩放尺寸。

(2) radius 域用于指定以原点为中心，Y 轴为轴的圆柱体的半径。该域值必须大于 0.0，其默认值为 1.0。该域值以米为单位，一旦初始化，就不可以再更改，但可以使用 Transform 来缩放尺寸。

(3) top 域用于指定是否创建该圆柱体的顶部。如果该域值为 true，则创建顶部圆（不画内表面）；如果该域值为 false，则不创建顶部圆。该域的默认值为 true，一旦初始化，就不可以再更改。

(4) side 域用于指定是否创建该圆柱体的曲面。如果该域值为 true，则创建曲面（不画内表面）；如果该域值为 false，则不创建曲面。该域的默认值为 true，一旦初始化，就不可以再更改。

(5) bottom 域用于指定是否创建该圆柱体的底部。如果该域值为 true，则创建底部圆（不画内表面）；如果该域值为 false，则不创建底部圆。该域的默认值为 true，一旦初始化，就不可以再更改。

(6) solid 域用于定义一个圆柱体造型表面和背面绘制的布尔量。该域值为 true，表示只构建圆柱体对象的表面，不构建背面；该域值为 false，表示圆柱体对象的表面和背面均需要构建。该域值的取值范围为[true|false]，其默认值为 true。

(7) containerField 域即容器域。ContainerField 节点与 Field 节点之间存在子节点与父节点的关系。该容器域名称为 geometry，包含几何节点。containerField 属性只有在 X3D 场景用 XML 编码时才使用。

(8) class 域的域值是用空格分开的类的列表，保留给 XML 样式表使用。只有 X3D 场景用 XML 编码时才支持 class 属性。

3.5.2　Cylinder 节点源程序实例

【实例 3-5】利用 Shape 节点、Appearance 节点、Material 节点及 Cylinder 节点在三维立体空间背景下，创建一个三维立体蓝色圆柱体。

本书附带光盘"X3D 实例源程序/第 3 章实例源程序"目录下，提供该实例的 X3D 源程序"px3d3-5.x3d"。

```xml
<?xml version="1.0" encoding="UTF-8"?>
<!DOCTYPE X3D PUBLIC "http://www.web3d.org/specifications/x3d-3.1.dtd"
      "file:///www.web3d.org/TaskGroups/x3d/translation/x3d-3.1.dtd">
<!--Warning: transitional DOCTYPE in source .x3d file-->
<X3D profile="Immersive" version="3.1"
  xmlns:xsd="http://www.w3.org/2001/XMLSchema-instance"
xsd:noNamespaceSchemaLocation="http://www.web3d.org/specifications/
x3d-3.1.xsd">
  <head>
    <meta content="px3d3-5.x3d" name="filename"/>
    <meta content="zjz-zjr-zjd" name="author"/>
    <meta content="*enter name of original author here*" name="creator"/>
    <meta content="*enter copyright information here* Example: Copyright
(c) Web3D
    Consortium Inc. 2006" name="rights"/>
    <meta content="*enter online Uniform Resource Identifier (URI) or
Uniform Resource
    Locator (URL) address for this file here*" name="identifier"/>
    <meta content="X3D-Edit, http://www.web3d.org/x3d/content/
README.X3D-Edit.html"
    name="generator"/>
  </head>
  <Scene>
    <Background skyColor="0.98 0.98 0.98"/>
    <Shape>
      <Appearance>
       <Material ambientIntensity="0.1" diffuseColor="0.8 0.8 0.2"
         shininess="0.15" specularColor="0.8 0.8 0.8" transparency="0"/>
      </Appearance>
      <Cylinder height="3" radius="1.5"/>
    </Shape>
  </Scene>
</X3D>
```

在场景根节点下添加 Background 节点和 Shape 节点，Background 节点的颜色取银白色，以突出三维立体几何造型的显示效果。在 Shape 节点下增加 Appearance 节点和 Material 节点，以便对物体造型的外观颜色、物体发光颜色、外观材料的亮度及透明度进行设计，增强三维空间圆柱体的显示效果。创建 Cylinder 节点，根据设计需求设置圆柱体的高、半径及颜色，也可以设置 solid 域来绘制立体造型的不同表面。

运行程序时，首先启动 Xj3D 浏览器，然后在该浏览器中按下"Open"按钮，打开"X3D 实例源程序/第 3 章实例源程序/px3d3-5.x3d"路径，或使用 BS Contact VRML/X3D 7.0/7.2 浏览器，双击"X3D 实例源程序/第 3 章实例源程序/px3d3-5.x3d"，即可运行虚拟现实三维空间圆柱体造型程序。程序运行结果如图 3-5 所示。

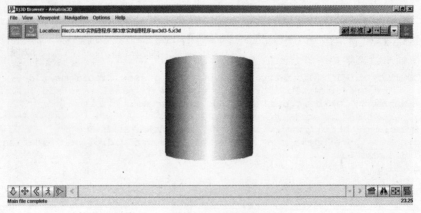

图 3-5 Cylinder 节点程序运行结果

3.6 Text 节点

Text 文本造型节点用来在 X3D 空间中创建文本造型，此时通常需要同时使用 Shape 节点的 geometry 域的子节点。Text 节点用于描述一个文字几何造型。根据文本的文字内容，可以创建一行或多行文本，定义文本造型的长度和文本造型的外观特征等。

3.6.1 Text 节点的语法定义

Text 节点定义了一个三维立体空间文本造型的属性名和域值。利用 Text 节点的域名、域值、域数据类型及事件的存储/访问权限的定义可以创建一个三维文本造型。主要利用 Text 节点中的文本内容（string）、文本长度（length）、文本最大有效长度（maxExtent）及实心（solid）等参数可创建 X3D 文本造型。Text 节点的语法定义如下。

```
<Text
    DEF             ID
    USE             IDREF
    string                          MFString        inputOutput
    length                          MFFloat         inputOutput
    maxExtent       0.0             SFFloat         inputOutput
    solid           true            SFBool          initializeOnly
    lineBounds                      MFVec2f         outputOnly
    textBounds                      SFVec2f         outputOnly
    containerField  geometry
    *FontStyle      NULL            SFNode          子节点
    class
/>
```

Text 节点包含 DEF、USE、string 域、length 域、maxExtent 域、solid 域、lineBounds 域、textBounds 域、containerField 域及 class 域等，其中，"*"表示该节点是 Text 节点的子节点。

(1) string 域用于指定要创建的文本内容，其域值可以是一行文本，也可以是多行文本。这些文本均包含在引号之内。因为引号内的回车符将被忽略，所以不能使用回车键分行，在其域值中同一行文本用引号分隔每个字符串，不同的行用逗号分开。该域值的默认值为 NULL，即不产生文本造型。另外，出现字符串中包含引号套用引号的情况时，在内层的引号前加反斜杠，如"say\"hello\"please"。如果需要，许多 XML 工具可以自动替换涉及的 XML 字符，如将&替换为&#38，将"替换为&#34。

(2) length 域用于指定文本字符串的长度，且以 X3D 单位为计量单位。这里的长度指的是每一行文本的长度，参照局部坐标系。当设定一个值后，浏览器通过改变字符大小或字符间距来进行压缩或扩展，以满足设定长度的要求。length 域的域值是和 string 域的域值一一对应的，即一个数值控制一行文本。所以其实压缩或扩展比例并不是一定的，它与 string 域值有关。该域值的默认值为空列表，表示既不扩展也不压缩。

(3) maxExtent 域用于指定文本造型中所对应的行的最大有效长度，且以 X3D 单位为计量单位，参照局部坐标系。该域值必须大于 0.0，而对那些长度大于所设定长度的行，可通过改变字符大小或字符间距来进行压缩。该域值的默认值为 0.0，表示对文本造型的长度没有限制，可以为任意长度。

(4) solid 域用于定义一个文本造型表面和背面绘制的布尔量。该域值为 true，表示只构建文本造型对象的表面，不构建背面；该域值为 false，表示文本造型对象的表面和背面均需要构建。该域值的取值范围为[true|false]，其默认值为 true。

(5) lineBounds 域用于在局部坐标系中定义由每条线围成的二维区域范围内的文本造型线段。该域数据类型为输出类型，是多值二维向量。

(6) textBounds 域用于在局部坐标系中定义一个二维文本造型区域。该域数据类型为输出类型，是单值二维向量。

(7) containerField 域即容器域。ContainerField 节点与 Field 节点之间存在子节点与父节点的关系。该容器域名称为 geometry，包含几何节点。containerField 属性只有在 X3D 场景用 XML 编码时才使用。

(8) fontStyle 域用于定义文本造型的外观特征。一般情况下，其域值为 FontStyle 子节点，该域值的默认值为 NULL，即没有定义外观特征。默认的外观特征包括：左对齐，从左到右，文本尺寸为 1.0，文本间距为 1.0 等。

(9) class 域的域值是用空格分开的类的列表，保留给 XML 样式表使用。只有 X3D 场景用 XML 编码时才支持 class 属性。

3.6.2 FontStyle 节点的语法定义

FontStyle 文本外观节点是 Text 节点的子节点，用来控制文本造型的外观特征，通过设定 FontStyle 节点可以改变由 Text 节点创建的文本造型的外观，包括字体、字形、风格和大小等。

FontStyle 节点用于定义一个三维立体空间文本外观的属性名和域值。利用文本外观节点的域名、域值、域数据类型及事件的存储/访问权限的定义可以创建一个效果更加理想的三维文本造型。主要利用 FontStyle 节点中的字体（family）、文本风格（style）、摆放方式（justify）、文字大小（size）、文字间距（spacing）、语言（language）、文本排列方式（horizontal）等参数创建 X3D 文本外观造型。FontStyle 节点的语法定义如下。

```
<FontStyle
    DEF             ID
    USE             IDREF
    family          SERIF                   MFString    initializeOnly
    style           "PLAIN"
                    [PLAIN|BOLD|ITALIC|
                    BOLDITALIC]             SFString    initializeOnly
    justify         BEGIN                   MFString    initializeOnly
    size            1.0                     SFFloat     initializeOnly
    spacing         1.0                     SFFloat     initializeOnly
    language                                SFString
    horizontal      true                    SFBool      initializeOnly
    leftToRight     true                    SFBool      initializeOnly
    topToBottom     true                    SFBool      initializeOnly
    containerField  fontStyle
    class
/>
```

FontStyle 节点包含 DEF、USE、family 域、style 域、justify 域、size 域、spacing 域、language 域、horizontal 域、leftToRight 域、topToBottom 域、containerField 域及 class 域等。

(1) family 域用于指定在 X3D 文件中使用的一系列字体，浏览器按排列顺序优先使用第一种可用字体。支持值包括"SERIF"、"SANS"、"TYPEWRITER"。其中，"SERIF"是指 serif 字体，一种变宽的字体，如 Times Roman 字体；"SANS"是指 sans 字体，也是一种变宽的字体，如 Helvetica 字体；"TYPEWRITER"是指 typewriter 字体，是一种等宽字体，如 Coutier 字体。要注意的是，在 X3D 浏览器中实际显示的字体类型是与浏览器本身有关的，例如，当该域值设定为"SERIF"时，浏览器有可能显示的是 New York 字符集，这是由浏览器本身的设置决定的。该域值的默认值为"SERIF"。另外，字符串变量可以是多值，用引号" "分开每一个字符串。

(2) style 域用于指定所显示的文本的风格，如常规体、粗体、斜体或粗斜体等，该域值通常包括"PLAIN"、"BOLD"、"ITALIC"和"BOLDITALIC"，这些都是浏览器所能支持的风格。其中，"PLAIN"表示常规字体，既不加粗又不倾斜；"BOLD"表示粗体；"ITALIC"表示斜体；"BOLDITALIC"表示粗斜体，既加粗又倾斜。该域值的默认值为"PLAIN"。

(3) justify 域用于指定文本造型中文本块的摆放方式，即设置的是左对齐、右对齐，还是居中对齐，这是相对 X 轴或 Y 轴来说的。该域值为一个含有一个或两个值的列表。当含有两个值时，要用逗号将这两个值分开，且都包含在括号中。其中第一个值表示主对齐方式，第二个值表示次对齐方式。这些值可从"FIRST"、"BEGIN"、"MIDDLE"和"END"中选择。当文本造型水平排列时，选择"MIDDLE"，表示该文本造型的中点在 Y 轴上。该域值的默认值为"BEGIN"，这是主对齐方式，次对齐方式按照"FIRST"处理。另外，字符串变量可以是多值，可用引号" "分开每一个字符串。

(4) size 域用于指定所显示的文本字符的高度，单位为 X3D 的单位，参照局部坐标系，也设定了字符的缺省行间距。改变其高度可以进而改变文本字符的尺寸大小，该域值的默认值为 1.0。

(5) spacing 域用于指定所显示的文本字符的间距。当文本是水平排列时，该间距指的是水平间距；当文本是垂直排列时，该间距指的是垂直间距。该域值的默认值为 1.0。

(6) language 域用于指定字符串所使用的语言，如英语、法语、德语等。在 X3D 中可以使用的 language 域值是基于 POSIX 和 RFC1766 等几个国际标准中的规范的。该语言编码包括主编码和一系列子编码（可能是空）。[language-code = primary-code ("-" subcode)*]保留作为主要双字节编码的缩写。

[RFC1766，http://www.ietf.org/rfc/rfc1766.txt]双字节主编码包括 en(英语)、fr(法语)、de(德语)、it(意大利语)、nl(荷兰语)、el(希腊语)、es(西班牙语)、pt(葡萄牙语)、ar(阿拉伯语)、he(希伯来语)、ru (俄语)、zh(中文)、ja(日文)、hi(北印度语)、ur(乌尔都语)和 sa(梵文)，任何双字节字码用国家代码指示。

(7) horizontal 域用于控制文本造型的排列方式，即是水平排列还是垂直排列。该域值的默认值为 true，表示文本为水平排列，如将 horizontal 域值设定为 false，表示该文本造型是垂直排列的。

(8) leftToRight 域用于指定相邻字符在水平方向上的排列方式，即字符是从左到右(true)，还是从右到左(false)排列。当 leftToRight 域值为 true 时，相邻字符沿 X 轴正方向从左到右排列；当 leftToRight 域值为 false 时则从右到左排列。

(9) topToBottom 域用于指定相邻字符在垂直方向上的排列方式，即字符方向是从顶到底(true)，还是从底到顶(false)。当 topToBottom 域值为 true 时，相邻字符沿 Y 轴负方向从上到下排列；当 topToBottom 域值为 false 时，相邻字符沿 Y 轴正方向从下往上排列。

(10) containerField 域即容器域。ContainerField 节点与 Field 节点之间存在子节点与父节点的关系。该容器域名称为 fontStyle，包含几何节点。containerField 属性只有在 X3D 场景用 XML 编码时才使用。

(11) class 域的域值是用空格分开的类的列表，保留给 XML 样式表使用。只有 X3D 场景用 XML 编码时才支持 class 属性。

3.6.3 Text 节点源程序实例

【实例 3-6】利用 Shape 节点、Appearance 节点、Material 节点、Text 节点及 FontStyle 节点等在三维立体空间背景下，显示三行文字。要求：使用 sans 粗斜字体，文本字符高度为 2.0 单位，并且文本造型位于 X、Y 轴的中心点上。

本书附带光盘 "X3D 实例源程序/第 3 章实例源程序" 目录下，提供该实例的 X3D 源程序 "px3d3-6.x3d"。

```xml
<?xml version="1.0" encoding="UTF-8"?>
<!DOCTYPE X3D PUBLIC "http://www.web3d.org/specifications/x3d-3.1.dtd"
     "file:///www.web3d.org/TaskGroups/x3d/translation/x3d-3.1.dtd">
<!--Warning: transitional DOCTYPE in source .x3d file-->
<X3D profile="Immersive" version="3.1"
 xmlns:xsd="http://www.w3.org/2001/XMLSchema-instance"
xsd:noNamespaceSchemaLocation="http://www.web3d.org/specifications/
x3d-3.1.xsd">
  <head>
    <meta content="px3d3-6.x3d" name="filename"/>
    <meta content="zjz-zjr-zjd" name="author"/>
    <meta content="*enter name of original author here*" name="creator"/>
    <meta content="*enter copyright information here* Example: Copyright
(c) Web3D
    Consortium Inc. 2006" name="rights"/>
    <meta content="*enter online Uniform Resource Identifier (URI) or
Uniform Resource
    Locator (URL) address for this file here*" name="identifier"/>
    <meta content="X3D-Edit, http://www.web3d.org/x3d/content/
README.X3D-Edit.html"
    name="generator"/>
  </head>
  <Scene>
  <Background skyAngle="1.571" skyColor="0.2 0.2 1.0&#10;1.0 1.0 1.0"/>
  <Shape>
    <Appearance>
      <Material ambientIntensity="0.1" diffuseColor="0.8 0.2 0.2"
        shininess="0.15" specularColor="0.8 0.8 0.8" transparency="0"/>
    </Appearance>
    <Text length="18.0, 18.0" maxExtent="18.0" string="&quot;X3D Program
Scene&quot;, &#10;&quot; Text FontStyle
&quot;&#10;&quot;Welcome!&quot;">
      <FontStyle family="&quot;SANS&quot;"
        justify="&quot;MIDDLE&quot;, &quot;MIDDLE&quot;" size="2.0"
```

```
      style="BOLDITALIC"/>
        </Text>
      </Shape>
    </Scene>
  </X3D>
```

在场景根节点下添加 Background 节点和 Shape 节点，Background 节点的颜色取淡蓝色，以突出三维立体几何文字造型的显示效果。利用基本三维立体 Text 节点和 FontStyle 节点可共同创建一个淡蓝色背景下的文字造型，此外增加了 Appearance 节点和 Material 节点，以便对物体造型的外观颜色、物体发光颜色、外观材料的亮度及透明度进行设计，增强三维空间文字造型的显示效果。

运行程序时，首先启动 Xj3D 浏览器，然后在该浏览器中按下"Open"按钮，打开"X3D实例源程序/第 3 章实例源程序/px3d3-6.x3d"路径，或使用 BS Contact VRML/X3D 7.0/7.2 浏览器，双击"X3D 实例源程序/第 3 章实例源程序/px3d3-6.x3d"，即可运行虚拟现实三维空间文本造型程序。程序运行结果如图 3-6 所示。

图 3-6　Text 节点程序运行结果

第 4 章

X3D 三维立体复杂节点设计

利用 Shape 节点、基本 Geometry 节点（X3D 几何 3D 节点和几何 2D 节点）等可以创建简单场景、几何造型，但一个虚拟现实空间的内容是丰富多彩的，仅有一些简单场景、造型是不能满足 X3D 设计需要的，必须设计开发出更加复杂多变的场景和造型才能满足人们对虚拟现实空间环境的渴望。

X3D 三维立体复杂几何节点的设计与开发主要涉及 Shape 节点、Appearance 节点和 Geometry 节点，这里着重介绍 PointSet 点节点、IndexedLineSet 线节点、IndexedFaceSet 面节点、IndexedTriangleFanSet 三角扇面节点、Indexed TriangleSet 三角面节点、Indexed TriangleStripeSet 三角条带节点、IndexedQuadSet 多角形节点、ElevationGrid 海拔栅格节点、Extrusion 挤出造型节点及 X3D 顶点坐标节点等三维立体复杂节点。

4.1 PointSet 节点

PointSet 节点用来生成几何点造型，并为其定位、着色和创建复杂造型，通常作为 Shape 节点中 geometry 域的子节点。PointSet 节点包含了 Color 和 Coordinate 子节点，以显现一系列三维色点。Color 值或 Material emissiveColor 值用于指定线或点的颜色。

4.1.1 PointSet 节点的语法定义

PointSet 节点定义了一个点的属性名和域值。利用 PointSet 节点的域名、域值、域数据类型及事件的存储/访问权限的定义可以创建一个效果理想的三维立体空间点造型。主要利用 PointSet 节点中的 Color 和 Coordinate 子节点等参数创建 X3D 三维立体空间点造型。PointSet 节点的语法定义如下。

```
<PointSet
    DEF                 ID
    USE                 IDREF
    containerField      geometry
    *Color              NULL            SFNode          子节点
    *Coordinate         NULL            SFNode          子节点
    class
/>
```

PointSet 节点包含 DEF、USE、Color 子节点、Coordinate 子节点、containerField 域及 class 域等。其中，"*"表示 Color、Coordinate 为子节点。

(1) containerField 域即容器域。ContainerField 节点与 Field 节点之间存在子节点与父节点的关系。该容器域名称为 geometry，包含几何节点。containerField 属性只有在 X3D 场景用 XML 编码时才使用。

(2) class 域的域值是用空格分开的类的列表，保留给 XML 样式表使用。只有 X3D 场景用 XML 编码时才支持 class 属性。

4.1.2 PointSet 节点源程序实例

【实例 4-1】利用 Shape 节点、Appearance 节点、Material 节点、PointSet 节点在三维立体空间背景下，创建一个三维立体点造型。

本书附带光盘"X3D 实例源程序/第 4 章实例源程序"目录下，提供该实例的 X3D 源程序"px3d4-1.x3d"。

```
<?xml version="1.0" encoding="UTF-8"?>
<!DOCTYPE X3D PUBLIC "http://www.web3d.org/specifications/x3d-3.1.dtd"
        "file:///www.web3d.org/TaskGroups/x3d/translation/x3d-3.1.dtd">
<X3D profile="Immersive" version="3.1"
 xmlns:xsd="http://www.w3.org/2001/XMLSchema-instance"
xsd:noNamespaceSchemaLocation="http://www.web3d.org/specifications/x3d-
3.1.xsd">
  <head>
    <meta content="px3d4-1.x3d" name="filename"/>
    <meta content="zjz-zjr-zjd" name="author"/>
    <meta content="*enter name of original author here*" name="creator"/>
    <meta content="*enter copyright information here* Example: Copyright
(c) Web3D
    Consortium Inc. 2006" name="rights"/>
    <meta content="*enter online Uniform Resource Identifier (URI) or
Uniform Resource
    Locator (URL) address for this file here*" name="identifier"/>
    <meta content="X3D-Edit, http://www.web3d.org/x3d/content/
README.X3D-Edit.html"
    name="generator"/>
  </head>
  <Scene>
    <Background skyColor="0.98 0.98 0.98"/>
    <Shape>
     <Appearance>
      <Material diffuseColor="0.2 0.8 0.8"/>
     </Appearance>
     <PointSet>
      <Coordinate point="0 0 0, &#10; -4 0 0, -3 0 0, -2 0 0, -1 0 0,
1 0 0, 2 0 0, 3 0 0, 4 0 0, &#10;0 -4 0, 0 -3 0, 0 -2 0, 0 -1 0, 0 1 0,
0 2 0, 0 3 0, 0 4 0, &#10;-4 -4 0, -3.5 -3.5 0, -3 -3 0, -2.5 -2.5 0,
-2 -2 0, -1.5 -1.5 0, -1 -1 0, -0.5 -0.5 0, 0.5 0.5 0, 1 1 0, 1.5 1.5 0,
```

```
2 2 0, 2.5, 2.5 0, 3 3 0, 3.5 3.5 0, 4 4 0, &#10;-4 4 0, -3.5 3.5 0,
-3 3 0, -2.5 2.5 0, -2 2 0, -1.5 1.5 0, -1 1 0, -0.5 0.5 0, 0.5 -0.5 0,
1 -1 0, 1.5 -1.5 0, 2 -2 0, 2.5 -2.5 0, 3 -3 0, 3.5 -3.5 0, 4 -4 0"/>
        </PointSet>
      </Shape>
    </Scene>
</X3D>
```

在场景根节点下添加 Background 节点和 Shape 节点，Background 节点的颜色取白色，以突出三维立体几何造型的显示效果。利用三维立体 PointSet 节点可创建三维立体点造型，此外增加了 Appearance 节点和 Material 节点，以便对物体造型的外观颜色、物体发光颜色、外观材料的亮度及透明度进行设计，增强三维空间立体点造型的显示效果。

运行程序时，首先启动 Xj3D 浏览器，然后在该浏览器中按下"Open"按钮，选择"X3D实例源程序/第 4 章实例源程序/px3d4-1.x3d"路径，或使用 BS Contact VRML/X3D 7.0/7.2 浏览器，双击"X3D 实例源程序/第 4 章实例源程序/px3d4-1.x3d"，即可运行虚拟现实三维空间点造型程序。在三维立体空间背景下，点是像素点，太小，在图上看不清楚，但在 Xj3D 2.0 浏览器上则清晰可见。程序运行结果如图 4-1 所示。

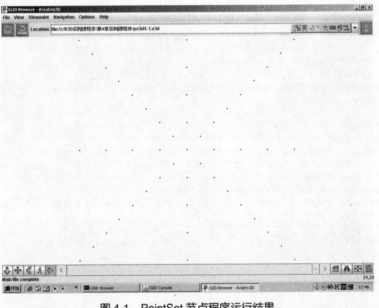

图 4-1　PointSet 节点程序运行结果

4.2　IndexedLineSet 节点

IndexedLineSet 节点使用线来构造空间造型。X3D 文件中的线是虚拟世界中两个端点之间的直线。要想确定一条直线，就必须指定这条线的起点和终点。同样，也可以创建折线。

浏览器是按点的顺序来连接直线的，在列表前面的点先进行连接。IndexedLineSet 节点可将许多线集合在一起，并给每一条线一个索引（index）。将索引 1 的点坐标和索引 2 的点坐标相连，索引 2 的点坐标与索引 3 的点坐标相连，依此类推，就形成了一个空间折线。

4.2.1　IndexedLineSet 节点的语法定义

IndexedLineSet 节点用于定义线的属性名和域值。利用 IndexedLineSet 节点的域名、域值、域数据类型及事件的存储/访问权限的定义可以创建一个效果理想的三维立体空间线造型。利用 IndexedLineSet 节点中的 coordIndex 域、colorPerVertex 域、colorIndex 域、set_coordIndex 域、set_colorIndex 域等参数创建 X3D 三维立体空间线造型。IndexedLineSet 节点的语法定义如下。

```
<IndexedLineSet>
    DEF                 ID
    USE                 IDREF
    coordIndex                              MFInt32        initializeOnly
    colorPerVertex      true                SFBool         initializeOnly
    colorIndex                              MFInt32        initializeOnly
    set_coordIndex                          MFInt32        inputOnly
    set_colorIndex                          MFInt32        initializeOnly
    containerField      geometry
    *Color              NULL                SFNode         子节点
    *Coordinate         NULL                SFNode         子节点
    class
/>
```

IndexedLineSet 节点包含 DEF、USE、coordIndex 域、colorPerVertex 域、colorIndex 域、set_coordIndex 域、set_colorIndex 域、Color 子节点、Coordinate 子节点、containerField 域及 class 域等。其中，"*"表示 Color、Coordinate 为子节点。

(1) coordIndex 域用于指定按照顺序以坐标索引来使用 Coordinates 节点中提供的坐标。编号的起点为 0，每一组设置可以使用逗号分隔，以便阅读代码，使用−1 来分隔每一组线。如果渲染的 Coordinate point 点集是定义用在 IndexedFaceSet 节点中的，则索引值可能需要重复每个起点的值以封闭多边形。

(2) colorPerVertex 域用于指定一个 Color 节点是应用于每一顶点上(true)，还是每一多边形上(false)。默认值为 true。

(3) colorIndex 域用于指定按照顺序以坐标索引来使用颜色。如果渲染的 Coordinate point 点集是定义用在 IndexedFaceSet 节点中的，则索引值可能需要重复每个起点的值以封闭多边形。

(4) set_coordIndex 域用于指定按照顺序以坐标索引来使用 Coordinates 节点中提供的坐标。编号的起点为 0，每一组设置可以使用逗号分隔，以便阅读代码，使用−1 来分隔不同的多边形索引。

(5) set_colorIndex 域用于指定按照顺序以坐标索引来使用颜色。

(6) containerField 域即容器域。ContainerField 节点与 Field 节点之间存在子节点与父节点的关系。该容器域名称为 geometry，包含几何节点。containerField 属性只有在 X3D 场景用 XML 编码时才使用。

(7) class 域的域值是用空格分开的类的列表，保留给 XML 样式表使用。只有 X3D 场景用 XML 编码时才支持 class 属性。

4.2.2　IndexedLineSet 节点源程序实例

【实例 4-2】利用 Shape 节点、Appearance 节点、Material 节点、IndexedLineSet 节点在三维立体空间背景下，创建一个三维空间线造型。

本书附带光盘 "X3D 实例源程序/第 4 章实例源程序" 目录下，提供该实例的 X3D 源程序 "px3d4-2.x3d"。

```
<?xml version="1.0" encoding="UTF-8"?>
<!DOCTYPE X3D PUBLIC "ISO//Web3D//DTD X3D 3.1//EN"
    "http://www.web3d.org/specifications/x3d-3.1.dtd">
<X3D profile="Immersive"
  xmlns:xsd="http://www.w3.org/2001/XMLSchema-instance"
xsd:noNamespaceSchemaLocation="http://www.web3d.org/specifications/x3d-
3.1.xsd">
  <head>
    <meta content="px3d4-2.x3d" name="filename"/>
    <meta content="zjz-zjr-zjd" name="author"/>
    <meta content="*enter name of original author here*" name="creator"/>
    <meta content="*enter copyright information here* Example: Copyright
(c) Web3D
    Consortium Inc. 2006" name="rights"/>
    <meta content="*enter online Uniform Resource Identifier (URI) or
Uniform Resource
    Locator (URL) address for this file here*" name="identifier"/>
    <meta content="X3D-Edit, http://www.web3d.org/x3d/content/
README.X3D-Edit.html"
    name="generator"/>
  </head>
  <Scene>
    <Background skyColor="0.98 0.98 0.98"/>
    <Group>
      <Shape>
        <Appearance>
          <Material diffuseColor="0 0 0" />
        </Appearance>
        <IndexedLineSet coordIndex="0, 1, 2, 3, 0, -1, &#10; 4, 5, 6, 7, 4,
-1, &#10;
        0, 4, -1, &#10; 1, 5, -1, &#10; 2, 6, -1, &#10; 3, 7">
          <Coordinate point="-1.0 1.0 1.0, &#10; 1.0 1.0 1.0, &#10;
1.0 1.0 -1.0, &#10;
```

```
-1.0  1.0 -1.0, &#10;
-1.0 -1.0  1.0, &#10;  1.0 -1.0  1.0, &#10;  1.0 -1.0 -1.0, &#10;
-1.0 -1.0 -1.0"/>
      </IndexedLineSet>
    </Shape>
  </Group>
 </Scene>
</X3D>
```

在场景根节点下添加 Background 节点和 Shape 节点，Background 节点的颜色取白色，以突出三维立体几何线造型的显示效果。利用 IndexedLineSet 节点创建立方体线造型，此外增加了 Appearance 节点和 Material 节点，以便对物体造型的外观颜色、物体发光颜色、外观材料的亮度及透明度进行设计，增强三维空间立体线造型的显示效果。

运行程序时，首先启动 Xj3D 2.0 浏览器，然后在该浏览器中按下"Open"按钮，选择打开"X3D 实例源程序/第 4 章实例源程序/px3d4-2.x3d"路径，或使用 BS Contact VRML/X3D 7.0/7.2 浏览器，双击"X3D 实例源程序/第 4 章实例源程序/px3d4-2.x3d"，即可运行由 IndexedLineSet 节点创建的线造型程序。程序运行结果如图 4-2 所示。

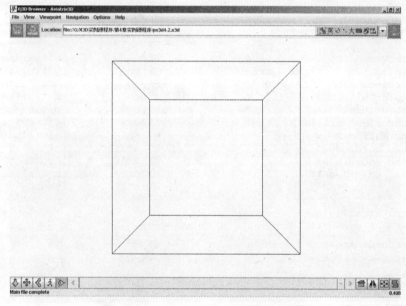

图 4-2　IndexedLineSet 节点程序运行结果

4.3　IndexedFaceSet 节点

IndexedFaceSet 节点是一个三维立体几何节点，用于描述一个由一组顶点构建的一系列平面多边形形成的三维立体造型，也可组成实体模型，并对其进行着色。该节点也常作为 Shape

节点中 geometry 域的子节点。该节点可以包含 Color、Coordinate、Normal 和 TextureCoordinate
节点。

4.3.1　IndexedFaceSet 节点的语法定义

IndexedFaceSet 节点定义了一个几何面,用于创建一个三维立体空间面造型。根据设计与
开发需求设置空间物体面的点坐标和线的颜色来确定空间的面。还可以利用 Appearance 和
Material 节点来描述面的纹理材质、颜色、发光效果、明暗及透明度等。

IndexedFaceSet 节点用于定义面的属性名和域值,利用 IndexedFaceSet 节点的域名、域值、
域数据类型及事件的存储/访问权限的定义来创建一个效果理想的三维立体空间面造型。利用
IndexedFaceSet 节点中的 coordIndex 域、colorPerVertex 域、colorIndex 域、set_coordIndex
域、set_colorIndex 域等参数创建 X3D 三维立体空间面造型。IndexedFaceSet 节点的语法定义
如下。

```
<IndexedFaceSet
    DEF                 ID
    USE                 IDREF
    coordIndex                              MFInt32      initializeOnly
    ccw                 true                SFBool       initializeOnly
    convex              true                SFBool       initializeOnly
    solid               true                SFBool       initializeOnly
    creaseAngle         0                   SFFloat      initializeOnly
    colorPerVertex      true                SFBool       initializeOnly
    colorIndex                              MFInt32      initializeOnly
    normalPerVertex     true                SFBool       initializeOnly
    normalIndex                             MFInt32      initializeOnly
    texCoordIndex                           MFInt32      initializeOnly
    set_coordIndex                          MFInt32      inputOnly
    set_colorIndex                          MFInt32      initializeOnly
    set_normalIndex                         MFInt32      inputOnly
    set_texCoordIndex                       MFInt32      inputOnly
    containerField      geometry
    *Color              NULL                SFNode       子节点
    *Coordinate         NULL                SFNode       子节点
    *Normal             NULL                SFNode       子节点
    *TextureCoordinate  NULL                SFNode       子节点
    class
/>
```

IndexedFaceSet 节点包含 DEF、USE、coordIndex 域、ccw 域、convex 域、solid 域、creaseAngle
域、colorPerVertex 域、colorIndex 域、normalPerVertex 域、normalIndex 域、texCoordIndex
域、set_coordIndex 域、set_colorIndex 域、set_normalIndex 域、set_texCoordIndex 域、Color
子节点、Coordinate 子节点、Normal 子节点、TextureCoordinate 子节点、containerField 域
及 class 域等。其中,"*"表示该节点为子节点。

(1) coordIndex 域用于指定按照顺序以坐标索引来使用 Coordinates 节点中提供的坐标。编号的起点为 0，每一组设置可以使用逗号分隔，以便阅读代码，使用-1 来分隔不同的多边形索引。

(2) ccw 域用于指定一个面是按逆时针方向索引，还是按顺时针方向索引。如果该域值为true，则按逆时针方向索引，如果该域值为 false，则可以翻转 solid（背面裁切）及法线方向。默认值为 true。

(3) convex 域用于指定所有的面都是凸多边形（true），或可能有凹多边形（false）。在凸多边形的平面里，没有自相交的边，所有的内部角都小于 180°。概貌互换注释中可能只支持 convex=true 的 IndexedFaceSets 造型。默认值为 false，此时，凹几何体可能不可见。

(4) solid 域用于定义一个布尔量，该域值为 true，表示只构建面对象的表面，不构建背面；该域值为 false，表示面对象的表面和背面均需要构建。该域值的取值范围为[true|false]，其默认值为 true。

(5) creaseAngle 域用于定义一个决定相邻面渲染方式的角（用弧度值表示）。如果两个相邻面的法线夹角小于该域值，则将两个面的边平滑渲染，反之，则将渲染出两个面的边线。该域值为 0 时，锐利地渲染所有的边，该域值为π时，平滑地渲染所有的边。概貌互换注释中可能只支持弧度值 0 和π。

(6) colorPerVertex 域用于指定一个 Color 节点是应用于每一顶点上（true），还是应用于每一多边形上（false）。默认值为 true。

(7) colorIndex 域用于指定按照顺序以索引来使用颜色。如果渲染的 Coordinate point 点集是定义用在 IndexedFaceSet 节点中的，则索引值可能需要重复每个起点的值以封闭多边形。

(8) normalPerVertex 域用于指定一个 Normal 节点是应用于每一顶点上（true），还是应用于每一多边形上（false），默认值为 true。

(9) normalIndex 域用于指定一个法向量索引列表，通过这个列表来指定要使用的法向量。该域值的默认值为空的法向量索引列表。

(10) texCoordIndex 域用于定义一连串索引，每个索引都对应 TextureCoordinate 节点中的每组坐标值。按照顺序索引纹理坐标以进行贴图，可以使用 3D 创作工具创作。

(11) set_coordIndex 域用于指定按照顺序以坐标索引来使用 Coordinates 节点中提供的坐标。编号的起点为 0，每一组设置可以使用逗号分隔，以便阅读代码，使用-1 来分隔不同的多边形索引。

(12) set_colorIndex 域用于指定按照顺序以索引来使用颜色。

(13) set_normalIndex 域用于指定一个法向量索引列表，通过这个列表来指定要使用的法向量。该域值的默认值为空的法向量索引列表。

(14) set_texCoordIndex 域用于指定按照顺序索引纹理坐标来进行贴图。可以使用 3D 创作工具创作。

(15) containerField 域即容器域。ContainerField 节点与 Field 节点之间存在子节点与父节点的关系。该容器域名称为 geometry，包含几何节点。containerField 属性只有在 X3D 场景用 XML 编码时才使用。

(16) class 域的域值是用空格分开的类的列表，保留给 XML 样式表使用。只有 X3D 场景用 XML 编码时才支持 class 属性。

4.3.2　IndexedFaceSet 节点源程序实例

【实例 4-3】利用 Shape 节点、Appearance 节点、Material 节点、IndexedFaceSet 节点，在三维立体空间背景下，创建一个由面组成的闪电三维立体造型。

本书附带光盘"X3D 实例源程序/第 4 章实例源程序"目录下，提供该实例的 X3D 源程序"px3d4-3.x3d"。

```xml
<?xml version="1.0" encoding="utf-8"?>
<!DOCTYPE X3D PUBLIC "ISO//Web3D//DTD X3D 3.1//EN"
"http://www.web3d.org/specifications/x3d-3.1.dtd">
<X3D profile="Immersive"
  xmlns:xsd="http://www.w3.org/2001/XMLSchema-instance"
xsd:noNamespaceSchemaLocation="http://www.web3d.org/specifications/x3d-
3.1.xsd">
  <head>
  <meta content="px3d4-3.x3d" name="filename"/>
  <meta content="zjz-zjr-zjd" name="author"/>
  <meta content="*enter name of original author here*" name="creator"/>
  <meta content="*enter copyright information here* Example: Copyright
(c) Web3D Consortium Inc. 2006" name="rights"/>
  <meta content="*enter online Uniform Resource Identifier (URI) or
Uniform Resource Locator (URL) address for this file here*"
name="identifier"/>
  <meta content="X3D-Edit, http://www.web3d.org/x3d/content/
README.X3D-Edit.html" name="generator"/>
  </head>
  <Scene>
    <Background skyColor="0.98 0.98 0.98"/>
    <Viewpoint DEF="Viewpoint1" orientation="0 1 0 0" position="0 5 20"/>
    <Group>
      <Shape>
        <Appearance>
          <Material diffuseColor="1 0 0" />
        </Appearance>
        <IndexedFaceSet convex="false" coordIndex="0, 1, 2, 3, 4,
```

```
5, 6, -1, &#xA;0, 12, 11, 10, 9, 8, 7, -1, &#xA;0, 7, 1, -1, &#xA;1,
7, 8, 2, -1, &#xA;2, 8, 9, 3, -1, &#xA;3, 9, 10, 4, -1, &#xA;4, 10,
11, 5, -1, &#xA;5, 11, 12, 6, -1, &#xA;6, 12, 0">
          <Coordinate point="0.0 0.0 0.0, &#xA;&#xA;5.5 5.0 0.88,
&#xA;4.0 5.5 0.968, &#xA;7.0 8.0 1.408, &#xA;4.0 9.0 1.584, &#xA;1.0
5.0 0.88, &#xA;2.5 4.5 0.792, &#xA;&#xA;5.5 5.0 -0.88, &#xA;4.0 5.5
-0.968, &#xA;7.0 8.0 -1.408, &#xA;4.0 9.0 -1.584, &#xA;1.0 5.0 -0.88,
&#xA;2.5 4.5 -0.792"/>
      </IndexedFaceSet>
    </Shape>
  </Group>
  </Scene>
</X3D>
```

在场景根节点下添加 Background 节点和 Shape 节点，Background 节点的颜色取白色，以突出三维立体几何面造型的显示效果。利用 IndexedFaceSet 节点可创建一个闪电三维立体造型，此外增加了 Appearance 节点和 Material 节点，以便对物体造型的外观颜色、物体发光颜色、外观材料的亮度及透明度进行设计，增强三维空间立体面造型的显示效果。

运行程序时，首先启动 Xj3D 或 BS Contact VRML/X3D 7.0/7.2 浏览器，然后打开"X3D 实例源程序/第 4 章实例源程序/px3d4-3.x3d"，即可运行由 IndexedFaceSet 节点创建的三维空间闪电造型程序。程序运行结果如图 4-3 所示。

图 4-3　IndexedFaceSet 节点程序运行结果

4.4　IndexedTriangleFanSet 节点

IndexedTriangleFanSet 节点是一个三维立体几何三角扇面节点，用于描述由一组顶点构建的一系列三角面多边形构成的三维立体造型。该节点可以包含 Color、Coordinate、Normal、TextureCoordinate 节点，也常作为 Shape 节点中 geometry 域的子节点。

4.4.1 IndexedTriangleFanSet 节点的语法定义

IndexedTriangleFanSet 节点用于确定三角扇面的属性名和域值，利用 IndexedTriangleFanSet 节点的域名、域值、域数据类型及事件的存储/访问权限的定义来创建一个效果理想的三维立体空间三角扇面造型。利用 IndexedTriangleFanSet 节点中的 index 域、ccw 域、colorPerVertex 域、normalPerVertex 域、solid 域等参数创建 X3D 三维立体空间三角扇面造型。IndexedTriangleFanSet 节点的语法定义如下。

```
<IndexedTriangleFanSet
    DEF                     ID
    USE                     IDREF
    index                                   MFInt32     initializeOnly
    ccw                     true            SFBool      initializeOnly
    colorPerVertex          true            SFBool      initializeOnly
    normalPerVertex         true            SFBool      initializeOnly
    solid                   true            SFBool      initializeOnly
    containerField          geometry
    *Color                  NULL            SFNode      子节点
    *Coordinate             NULL            SFNode      子节点
    *Normal                 NULL            SFNode      子节点
    *TextureCoordinate      NULL            SFNode      子节点
    class
/>
```

IndexedTriangleFanSet 节点包含 DEF、USE、index 域、ccw 域、colorPerVertex 域、normalPerVertex 域、solid 域、containerField 域、Color 子节点、Coordinate 子节点、Normal 子节点、TextureCoordinate 子节点及 class 域等。其中，"*"表示该节点为子节点。

(1) index 域用于索引连接在 Coordinate 子节点中的坐标顶点以指定三角形。

(2) ccw 域用于指定一个面是按逆时针方向索引，还是按顺时针方向索引。如果该域值为 true，则按逆时针方向索引，如果该域值为 false，则可以翻转 solid（背面裁切）及法线方向。默认值为 true。

(3) colorPerVertex 域用于指定一个 Color 节点是应用于每一顶点上（true），还是应用于每一多边形上（false）。默认值为 true。

(4) normalPerVertex 域用于指定一个 Normal 节点是应用于每一顶点上（true），还是应用于每一多边形上（false）。默认值为 true。

(5) solid 域用于定义一个布尔量，当该域值为 true 时，只构建面对象的表面，不构建背

面；当该域值为"false"时，面对象的表面和背面均需要构建。该域值的取值范围为[true|false]，其默认值为 true。

(6) containerField 域即容器域。ContainerField 节点与 Field 节点之间存在子节点与父节点的关系。该容器域名称为 geometry，包含几何节点。containerField 属性只有在 X3D 场景用 XML 编码时才使用。

(7) class 域的域值是用空格分开的类的列表，保留给 XML 样式表使用。只有 X3D 场景用 XML 编码时才支持 class 属性。

4.4.2 IndexedTriangleFanSet 节点源程序实例

【实例 4-4】利用 Shape 节点、Appearance 节点、Material 节点、IndexedTriangleFanSet 节点在三维立体空间背景下，创建一个三角扇面三维立体造型。

本书附带光盘"X3D 实例源程序/第 4 章实例源程序"目录下，提供该实例的 X3D 源程序"px3d4-4.x3d"。

```
<?xml version="1.0" encoding="UTF-8"?>
<!DOCTYPE X3D PUBLIC "http://www.web3d.org/specifications/x3d-3.1.dtd"
    "file:///www.web3d.org/TaskGroups/x3d/translation/x3d-3.1.dtd">
<!--Warning:transitional DOCTYPE in source .x3d file-->
<X3D profile="Immersive" version="3.1"
 xmlns:xsd="http://www.w3.org/2001/XMLSchema-instance"
xsd:noNamespaceSchemaLocation="http://www.web3d.org/specifications/x3d-
3.1.xsd">
 <head>
   <meta content="px3d4-4.x3d" name="filename"/>
   <meta content="zjz-zjr-zjd" name="author"/>
   <meta content="*enter name of original author here*" name="creator"/>
   <meta content="*enter copyright information here* Example: Copyright
(c) Web3D
   Consortium Inc. 2006" name="rights"/>
   <meta content="*enter online Uniform Resource Identifier (URI) or
Uniform Resource
   Locator (URL) address for this file、here*" name="identifier"/>
   <meta content="X3D-Edit, http://www.web3d.org/x3d/content/
README.X3D-Edit.html"
   name="generator"/>
 </head>
 <Scene>
   <Background skyColor="0.98 0.98 0.98"/>
   <Shape>
    <Appearance>
     <Material diffuseColor="0.1 1. 0.1"/>
    </Appearance>
    <IndexedTriangleFanSet ccw="true" colorPerVertex="true"
    index="0, 1, 2, 0, -1, &#10;3, 4, 5, 3, -1, " normalPerVertex="true"
solid="false">
      <Coordinate point="0 0 0, 3 2.5 0, 3 -2.5 0, &#10;0 0 0, -3 2.5 0,
```

```
   -3 -2.5 0, "/>
      </IndexedTriangleFanSet>
    </Shape>
  </Scene>
</X3D>
```

运行程序时，首先启动 Xj3D 或 BS Contact VRML/X3D 7.0/7.2 浏览器，然后打开"X3D
实例源程序/第 4 章实例源程序/px3d4-4.x3d"，即可运行由 IndexedTriangleFanSet 节点创建的
三维空间三角扇面造型程序。程序运行结果如图 4-4 所示。

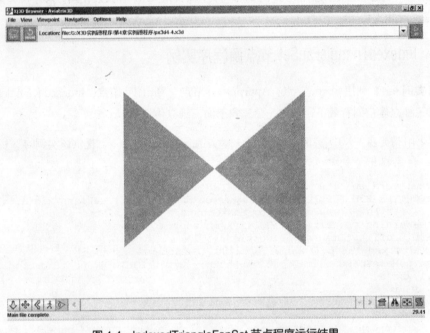

图 4-4　IndexedTriangleFanSet 节点程序运行结果

4.5　IndexedTriangleSet 节点

IndexedTriangleSet 节点是一个三维立体几何三角面节点，用于描述由一组顶点构建的一
系列三角面多边形构成的三维立体造型。该节点也常作为 Shape 节点中 geometry 域的子节点。
该节点可以包含 Color、Coordinate、Normal、TextureCoordinate 等节点。

4.5.1　IndexedTriangleSet 节点的语法定义

IndexedTriangleSet 节点定义了用于确定三角面的属性名和域值，利用 IndexedTriangleSet
节点的域名、域值、域数据类型及事件的存储/访问权限的定义来创建一个效果理想的三维立
体三角面造型。利用 IndexedTriangleSet 节点中的 index 域、ccw 域、colorPerVertex 域、

normalPerVertex 域、solid 域等参数创建 X3D 三维立体空间三角面造型。IndexedTriangleSet
节点的语法定义如下。

```
<IndexedTriangleSet
    DEF                 ID
    USE                 IDREF
    index                               MFInt32      initializeOnly
    ccw                 true            SFBool       initializeOnly
    colorPerVertex      true            SFBool       initializeOnly
    normalPerVertex     true            SFBool       initializeOnly
    solid               true            SFBool       initializeOnly
    containerField      geometry
    *Color              NULL            SFNode       子节点
    *Coordinate         NULL            SFNode       子节点
    *Normal             NULL            SFNode       子节点
    *TextureCoordinate  NULL            SFNode       子节点
    class
/>
</IndexedTriangleSet>
```

关于 IndexedTriangleSet 节点的域参数说明,请参考 4.4.1 小节中有关 IndexedTriangleFanSet
域参数的说明。

4.5.2 IndexedTriangleSet 节点源程序实例

【实例 4-5】利用 Shape 节点、Appearance 节点、Material 节点、IndexedTriangleSet 节
点在三维立体空间背景下,创建一个三角面三维立体造型。

本书附带光盘"X3D 实例源程序/第 4 章实例源程序"目录下,提供该实例的 X3D 源程
序"px3d4-5.x3d"。

```
<?xml version="1.0" encoding="UTF-8"?>
<!DOCTYPE X3D PUBLIC "http://www.web3d.org/specifications/x3d-3.1.dtd"
        "file:///www.web3d.org/TaskGroups/x3d/translation/x3d-3.1.dtd">
<!--Warning: transitional DOCTYPE in source .x3d file-->
<X3D profile="Immersive" version="3.1"
 xmlns:xsd="http://www.w3.org/2001/XMLSchema-instance"
xsd:noNamespaceSchemaLocation="http://www.web3d.org/specifications/x3d-
3.1.xsd">
  <head>
    <meta content="px3d4-5.x3d" name="filename"/>
    <meta content="zjz-zjr-zjd" name="author"/>
    <meta content="*enter name of original author here*" name="creator"/>
    <meta content="*enter copyright information here* Example: Copyright
(c) Web3D Consortium Inc. 2006" name="rights"/>
    <meta content="*enter online Uniform Resource Identifier (URI) or
Uniform Resource Locator (URL) address for this file here*"
name="identifier"/>
    <meta content="X3D-Edit, http://www.web3d.org/x3d/content/
README.X3D-Edit.html" name="generator"/>
  </head>
```

```
<Scene>
  <Background skyColor="0.98 0.98 0.98"/>
  <Shape>
    <Appearance>
      <Material diffuseColor="0.1 0.1 1.0"/>
    </Appearance>
    <IndexedTriangleSet index="0, 1, 2, 0, -1, &#10;3, 4, 5, 3, -1, &#10;"
solid="false">
      <Coordinate point="-3 0 0, 3 0 0, 0 3 0, &#10;-3 0 0, 0 3 0, 0 0 3"/>
    </IndexedTriangleSet>
  </Shape>
</Scene>
</X3D>
```

在场景根节点下添加 Background 节点和 Shape 节点，Background 节点的颜色取白色，以突出三维立体几何三角面造型的显示效果。利用 IndexedTriangleSet 节点可创建一个三角面三维立体造型，此外增加了 Appearance 节点和 Material 节点，以便对物体造型的外观颜色、物体发光颜色、外观材料的亮度及透明度进行设计，增强三维空间立体三角面造型的显示效果。

运行程序时，首先启动 Xj3D 或 BS Contact VRML/X3D 7.0/7.2 浏览器，然后打开"X3D实例源程序/第 4 章实例源程序/px3d4-5.x3d"，即可运行由 IndexedTriangleSet 节点创建的三维空间三角面造型程序。程序运行结果如图 4-5 所示。

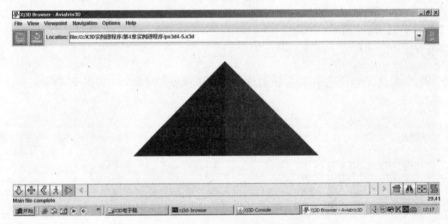

图 4-5　IndexedTriangleSet 节点程序运行结果

4.6　IndexedTriangleStripSet 节点

IndexedTriangleStripSet 节点创建一个由三角条带组成的立体几何造型，用于描述由一组顶点构建的一系列三角条带构成的三维立体造型。该节点也常作为 Shape 节点中 geometry 域的子节点。该节点可以包含 Color、Coordinate、Normal、TextureCoordinate 等节点。

4.6.1 IndexedTriangleStripSet 节点的语法定义

可以利用 Appearance 节点和 Material 节点来描述由 IndexedTriangleStripSet 节点创建的三维立体造型的纹理材质、颜色、发光效果、明暗及透明度等。主要利用 IndexedTriangleStripSet 节点中的 index 域、ccw 域、colorPerVertex 域、normalPerVertex 域、solid 域等参数创建 X3D 三维立体空间三角条带造型。IndexedTriangleStripSet 节点的语法定义如下。

```
<IndexedTriangleStripSet
    DEF                 ID
    USE                 IDREF
    index                               MFInt32      initializeOnly
    ccw                 true            SFBool       initializeOnly
    colorPerVertex      true            SFBool       initializeOnly
    normalPerVertex     true            SFBool       initializeOnly
    solid               true            SFBool       initializeOnly
    containerField      geometry
    *Color              NULL            SFNode       子节点
    *Coordinate         NULL            SFNode       子节点
    *Normal             NULL            SFNode       子节点
    *TextureCoordinate  NULL            SFNode       子节点
    class
/>
</IndexedTriangleStripSet>
```

关于 IndexedTriangleStripSet 节点的域参数说明，请参考 4.4.1 小节中有关 IndexedTriangleFanSet 域参数的说明。

4.6.2 IndexedTriangleStripSet 节点源程序实例

【实例 4-6】利用 Shape 节点、Appearance 节点、Material 节点、IndexedTriangleStripSet 节点在三维立体空间背景下，创建一个三角条带三维立体造型。

本书附带光盘"X3D 实例源程序/第 4 章实例源程序"目录下，提供该实例的 X3D 源程序"px3d4-6.x3d"。

```
<?xml version="1.0" encoding="UTF-8"?>
<!DOCTYPE X3D PUBLIC "http://www.web3d.org/specifications/x3d-3.1.dtd"
        "file:///www.web3d.org/TaskGroups/x3d/translation/x3d-3.1.dtd">
<!--Warning:transitional DOCTYPE in source .x3d file-->
<X3D profile="Immersive" version="3.1"
  xmlns:xsd="http://www.w3.org/2001/XMLSchema-instance"
xsd:noNamespaceSchemaLocation="http://www.web3d.org/specifications/
x3d-3.1.xsd">
  <head>
    <meta content="px3d4-6.x3d" name="filename"/>
    <meta content="zjz-zjr-zjd" name="author"/>
    <meta content="*enter name of original author here*" name="creator"/>
    <meta content="*enter copyright information here* Example: Copyright
(c) Web3D
```

```
         Consortium Inc. 2006" name="rights"/>
      <meta content="*enter online Uniform Resource Identifier (URI) or
Uniform Resource
      Locator (URL) address for this file here*" name="identifier"/>
      <meta content="X3D-Edit, http://www.web3d.org/x3d/content/
README.X3D-Edit.html"
      name="generator"/>
  </head>
  <Scene>
    <Background skyColor="0.98 0.98 0.98"/>
    <Shape>
      <Appearance>
        <Material diffuseColor="1.0 1.0 0.1"/>
      </Appearance>
      <IndexedTriangleStripSet ccw="true" colorPerVertex="true"
        index="0, 1, 2, -1, &#10;" normalPerVertex="true" solid="false">
        <Coordinate point="-2 -2 0, 2 -2 0, 0 2 0, &#10;"/>
      </IndexedTriangleStripSet>
    </Shape>
  </Scene>
</X3D>
```

在场景根节点下添加 Background 节点和 Shape 节点，Background 节点的颜色取白色，以突出三维立体几何三角条带造型的显示效果。利用 IndexedTriangleStripSet 节点可创建一个三角条带三维立体造型，此外增加了 Appearance 节点和 Material 节点，以便对物体造型的外观颜色、物体发光颜色、外观材料的亮度及透明度进行设计，增强三维空间立体三角条带造型的显示效果。

运行程序时，首先启动 Xj3D 或 BS Contact VRML/X3D 7.0/7.2 浏览器，然后打开"X3D 实例源程序/第 4 章实例源程序/px3d4-6.x3d"，即可运行由 IndexedTriangleStripSet 节点创建的三维空间三角条带造型程序。程序运行结果如图 4-6 所示。

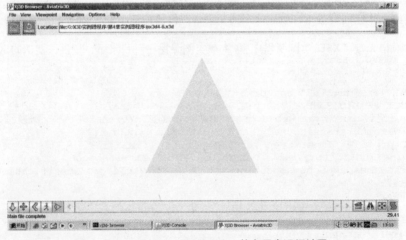

图 4-6　IndexedTriangleStripSet 节点程序运行结果

4.7　IndexedQuadSet 节点

IndexedQuadSet 节点是一个多角形几何节点，用于描述由一组顶点构建的一系列多角形构成的三维立体造型。该节点可以包含 Color、Coordinate、Normal、TextureCoordinate 节点。

可以利用 Appearance 节点和 Material 节点来描述由 IndexedQuadSet 节点创建的三维立体造型的纹理材质、颜色、发光效果、明暗及透明度等。

IndexedQuadSet 节点定义了用于确定多角形的属性名和域值，利用 IndexedQuadSet 节点的域名、域值、域数据类型及事件的存储/访问权限的定义来创建一个效果理想的三维立体空间多角形造型。利用 IndexedQuadSet 节点中的 index 域、ccw 域、colorPerVertex 域、normalPerVertex 域、solid 域等参数创建 X3D 三维立体空间多角形造型。IndexedQuadSet 节点的语法定义如下。

```
<IndexedQuadSet
    DEF                  ID
    USE                  IDREF
    index                              MFInt32      initializeOnly
    ccw                  true          SFBool       initializeOnly
    colorPerVertex       true          SFBool       initializeOnly
    normalPerVertex      true          SFBool       initializeOnly
    solid                true          SFBool       initializeOnly
    containerField       geometry
    *Color               NULL          SFNode       子节点
    *Coordinate          NULL          SFNode       子节点
    *Normal              NULL          SFNode       子节点
    *TextureCoordinate   NULL          SFNode       子节点
    class
/>
</IndexedQuadSet>
```

关于 IndexedQuadSet 节点的域参数说明，请参考 4.4.1 小节中有关 IndexedTriangleFanSet 域参数的说明。

4.8　ElevationGrid 节点

在 X3D 场景中，利用 ElevationGrid 节点可以创建高山、沙丘及不规则地表等空间造型。先在水平平面（X-Z 平面）上创建栅格，再在 X-Z 平面栅格上任选一点，改变这个点在 Y 轴方向上的高度值：如果增大该值则可形成高山，如果减小该值则形成低谷。也可选择任意多个点，改变这些点的高度，创建出崎岖不平的山峦或峡谷造型。ElevationGrid 节点先将某一个地表区域分隔成很多网格，并定义网格的个数，再定义网格的长和宽，最后定义网格的高度，可创建该区域所需的海拔栅格几何造型。该节点通常作为 Shape 节点的 geometry 域的子节点。

4.8.1 ElevationGrid 节点的语法定义

ElevationGrid 节点定义了用于确定海拔栅格的属性名和域值。利用 ElevationGrid 节点的域名、域值、域数据类型及事件的存储/访问权限的定义来创建一个效果理想的三维立体空间海拔栅格造型。利用 ElevationGrid 节点中的 xDimension 域、zDimension 域、xSpacing 域、zSpacing 域、height 域、ccw 域、colorPerVertex 域、normalPerVertex 域、solid 域等参数创建 X3D 三维立体空间海拔栅格造型。ElevationGrid 节点的语法定义如下。

```
<ElevationGrid
    DEF                 ID
    USE                 IDREF
    xDimension          0.0         SFInt32     initializeOnly
    zDimension          0.0         SFInt32     initializeOnly
    xSpacing            1.0         SFFloat     initializeOnly
    zSpacing            1.0         SFFloat     initializeOnly
    height                          MFFloat     initializeOnly
    set_height          " "         MFFloat     inputOnly
    ccw                 true        SFBool      initializeOnly
    creaseAngle         0.0         SFFloat     initializeOnly
    solid               true        SFBool      initializeOnly
    colorPerVertex      true        SFBool      initializeOnly
    normalPerVertex     true        SFBool      initializeOnly
    containerField      geometry
    *Color              NULL        SFNode      子节点
    *Normal             NULL        SFNode      子节点
    *TextureCoordinate  NULL        SFNode      子节点
    class
/>
```

ElevationGrid 节点包含 DEF、USE、xDimension 域、zDimension 域、xSpacing 域、zSpacing 域、height 域、set_height 域、ccw 域、creaseAngle 域、solid 域、colorPerVertex 域、normalPerVertex 域、containerField 域、Color 子节点、Normal 子节点、TextureCoordinate 子节点及 class 域等。其中，"*"表示该节点为子节点。

(1) xDimension 域和 zDimension 域用于定义 X 轴和 Z 轴方向上（水平面）的栅格点的数量，其域值必须大于或等于 0.0，而所创建的海拔栅格中点的总体数量为 xDimension × zDimension。这两个域的默认值均为 0.0，表示没有创建栅格。

(2) xSpacing 域和 zSpacing 域用于定义栅格中行和列间的距离。xSpacing 域值为 X 轴方向上计算的列间的距离，zSpacing 域值为 Z 轴方向上计算的行间的距离。它们的域值必须大于或等于 0.0，其默认值为 0.0。其中，水平 X 轴的总长等于(xDimension−1) × xSpacing；垂直 Z 轴的总长等于(zDimension−1) × zSpacing。

(3) height 域用于定义海拔高度，也就是在 Y 轴方向上计算的海拔高度。该域值中的一个值对应一个栅格点。为了形成 zDimension 行，height 域值是一行一行列出来的，并且每一行都有 xDimension 个高度值。此高度既可以是绝对高度，也可以是相对高度。该域值的默认值为空的列表，表示没有创建海拔栅格。

(4) set_height 域用于对 height 值进行控制。

(5) ccw 域用于指定一个布尔量。该域值指定了由 ElevationGrid 节点创建的表面是按逆时针方向索引，还是按顺时针方向或者未知方向索引。如果该域值为 true，则按逆时针方向索引；如果该域值为 false，则按顺时针或未知方向索引。该域值的默认值为 true。

(6) creaseAngle 域用于定义一个用弧度表示的折痕角。若该值较小，那么整个表面看起来棱角分明；若该值较大，那么整个表面比较平滑。该域值必须大于或等于 0.0，取值范围为[0.0，1.0]，其默认值为 0.0。

(7) solid 域用于指定一个布尔量。该域值为 true，表示只创建正面，不创建反面；该域值为 false，表示正反两面都需要创建。当 ccw 的域值为 true，solid 的域值为 true 时，只创建面向 Y 轴正方向的一面；若 ccw 为 false，而 solid 为 true 时，只会创建 Y 轴负方向的一面。该域值的默认值为 true。

(8) colorPerVertex 用于指定一个 Color 节点是应用于每一顶点颜色(true)，还是应用于每一四边形颜色(false)。默认值为 true。

(9) normalPerVertex 域用于指定一个 Normal 节点是应用于每一顶点法线(true)，还是应用于每一四边形法线(false)。默认值为 true。

(10) containerField 域即容器域。ContainerField 节点与 Field 节点之间存在子节点与父节点的关系。该容器域名称为 geometry，包含几何节点。containerField 属性只有在 X3D 场景用 XML 编码时才使用。

(11) class 域的域值是用空格分开的类的列表，保留给 XML 样式表使用。只有 X3D 场景用 XML 编码时才支持 class 属性。

4.8.2 ElevationGrid 节点源程序实例

【实例 4-7】利用 Shape 节点、Appearance 节点、Material 节点、ElevationGrid 节点在三维立体空间背景下，创建一个海拔栅格三维立体山脉造型。

本书附带光盘"X3D 实例源程序/第 4 章实例源程序"目录下，提供该实例的 X3D 源程序"px3d4-7.x3d"。

```
<?xml version="1.0" encoding="UTF-8"?>
<!DOCTYPE X3D PUBLIC "http://www.web3d.org/specifications/x3d-3.1.dtd"
        "file:///www.web3d.org/TaskGroups/x3d/translation/x3d-3.1.dtd">
<!--Warning:  transitional DOCTYPE in source .x3d file-->
<X3D profile="Immersive" version="3.1"
  xmlns:xsd="http://www.w3.org/2001/XMLSchema-instance"
xsd:noNamespaceSchemaLocation="http://www.web3d.org/specifications/x3d-
3.1.xsd">
  <head>
    <meta content="px3d4-7.x3d" name="filename"/>
    <meta content="zjz-zjr-zjd" name="author"/>
    <meta content="*enter name of original author here*" name="creator"/>
    <meta content="*enter copyright information here* Example:  Copyright
(c) Web3D
    Consortium Inc. 2006" name="rights"/>
    <meta content="*enter online Uniform Resource Identifier (URI) or
Uniform Resource
    Locator (URL) address for this file here*" name="identifier"/>
    <meta content="X3D-Edit, http://www.web3d.org/x3d/content/
README.X3D-Edit.html"
    name="generator"/>
  </head>
  <Scene>
    <Viewpoint DEF="Viewpoint1" orientation="0 1 0 0" position="4 2 15"/>
    <Background skyColor="0.98 0.98 0.98"/>
    <Shape>
      <Appearance>
        <Material diffuseColor="0.4 0.4 0.1"/>
      </Appearance>
      <ElevationGrid creaseAngle="5.0"
        height="0.0 0.0 0.0 0.0 0.0 0.0 0.0 0.0 0.0 0.0 0.0 0.0 2.5 0.5
0.0 0.0 0.0
0.0 0.0 0.5 0.5 3.0 1.0 0.5 0.0 1.0 0.0 0.0 0.5 2.0 4.5 2.5 1.0 1.5 0.5 1.0
2.5 3.0 4.5 5.5 3.5 3.0 1.0 0.0 0.5 2.0 2.0 2.5 3.5 4.0 2.0 0.5 0.0 0.0 0.0
0.5 1.5 1.0 2.0 3.0 1.5 0.0 0.0 0.0 0.0 0.0 0.0 0.0 2.0 1.5 0.5 0.0 0.0 0.0
0.0 0.0 0.0 0.0 0.0 0.0"
        solid="false" xDimension="9" zDimension="9"/>
    </Shape>
  </Scene>
</X3D>
```

在场景根节点下添加 Background 节点和 Shape 节点，Background 节点的颜色取白色，以突出三维立体山脉几何造型的显示效果。利用 ElevationGrid 节点可创建一个三维立体山脉造型，此外，增加了 Appearance 节点和 Material 节点，以便对物体造型的外观颜色、物体发光颜色、外观材料的亮度及透明度进行设计，以增强三维立体山脉造型的显示效果。

运行程序时，首先启动 Xj3D 或 BS Contact VRML/X3D 7.0/7.2 浏览器，然后打开"X3D 实例源程序/第 4 章实例源程序/px3d4-7.x3d"，即可运行由 ElevationGrid 节点创建的三维空间山脉造型程序。程序运行结果如图 4-7 所示。

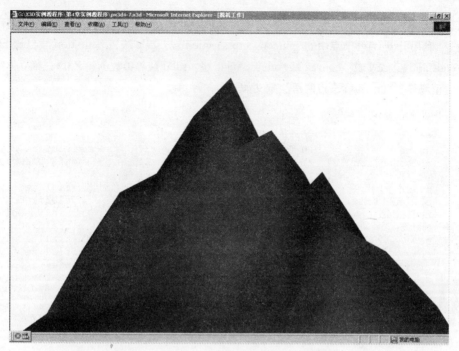

图 4-7　ElevationGrid 节点程序运行结果

4.9　Extrusion 节点

Extrusion 节点用于创建挤出造型,创建挤出造型的过程类似工业生产制造中的挤出过程,即一种加工流体材料通过一个金属板模型孔的造型过程,按照模型孔的设计,将材料挤压成为一个新的造型,如铁丝就是铁水通过挤压模型挤出来的。Extrusion 节点可视为更具变化的 Cylinder 节点。Extrusion 节点主要由 crossSection 域和 spine 域的域值决定。crossSection 域控制断面形状,是一系列的二维轮廓线,可以组成圆形、正方形、三角形、菱形及多边形等。

Extrusion 节点是一个三维立体几何节点,该节点通过挤出过程创建物体表面的几何形状,通常作为 Shape 节点的 geometry 域的域值。

4.9.1　Extrusion 节点的语法定义

Extrusion 节点是一个几何节点,用于在局部坐标系中,用指定的二维图形沿着一个三维线的路径,拉伸出一个三维物体。利用缩放、旋转路径上不同部分的截面可以建立复杂的形体。

Extrusion 节点定义了用于确定挤出造型的属性名和域值,利用 Extrusion 节点的域名、域值、域数据类型及事件的存储/访问权限的定义来创建一个效果理想的三维立体空间挤出造型场景。利用 Extrusion 节点中的 spine 域、crossSection 域、scale 域、orientation 域、beginCap 域、endCap 域、ccw 域、convex 域、creaseAngle 域、solid 域等参数创建 X3D 三维立体空间挤出造型场景。Extrusion 节点的语法定义如下。

```
<Extrusion
    DEF               ID
    USE               IDREF
    spine             [0 0 0, 0 1 0]        MFVec3f       initializeOnly
    crossSection      [1 1, 1 -1, -1 -1,    MFVec2f       initializeOnly
                      -1 1, 1 1]
    scale             1.0 1.0               MFVec2f       initializeOnly
    orientation       0.0 0.0 1.0 0.0       MFRotation    initializeOnly
    beginCap          true                  SFBool        initializeOnly
    endCap            true                  SFBool        initializeOnly
    ccw               true                  SFBool        initializeOnly
    convex            true                  SFBool        initializeOnly
    creaseAngle       0.0                   SFFloat       initializeOnly
    solid             true                  SFBool        initializeOnly
    set_crossSection  " "                   MFVec2f       inputOnly
    set_orientation   " "                   MFRotation    inputOnly
    set_scale         " "                   MFVec2f       inputOnly
    set_spine         " "                   MFVec3f       inputOnly
    containerField    geometry
    class
/>
```

Extrusion 节点包含 DEF、USE、spine 域、crossSection 域、scale 域、orientation 域、beginCap 域、endCap 域、ccw 域、convex 域、creaseAngle 域、solid 域、set_crossSection 域、set_orientation 域、set_scale 域、set_spine 域、containerField 域及 class 域等。

(1) spine 域用于定义一系列三维坐标，而这些坐标定义了一个封闭或开放的轨迹，造型是沿着这个轨迹被拉动，从而创建挤出过程的。该域值的默认值为沿着 Y 轴指向正上方的直线轨迹。

(2) crossSection 域用于定义一系列二维坐标，这些坐标定义了沿着挤出过程的脊线进行挤出的一个封闭或开放的轮廓。该域值中的第一个值表示沿 X 轴方向上的距离，第二个值表示沿 Z 轴方向上的距离。该域的默认值为一个正方形。

(3) scale 域用于指定一系列挤出孔的比例因数对。每一个比例因数对的第一个值为挤出孔指定了一个 X 轴方向上的缩放比例因数，第二个值为挤出孔指定了一个 Z 轴方向上的缩放比例因数。它们被使用在沿脊线的每一个坐标处。该域的每个数值都必须大于或等于 0.0，其默认值为 1.0 1.0，表示缩放比例在 X 轴方向和 Z 轴方向上都为 1.0，即挤出孔的大小不变。

(4) orientation 域用于指定沿脊线坐标的挤出孔的旋转情况。和 rotation 域一样，orientation 域的每一个域值都包括旋转轴和旋转角度。该域值的默认值为 0.0 0.0 1.0 0.0，即不产生旋转。

(5) beginCap 域和 endCap 域用于指定在挤出完成后，是否加顶盖和底盖。如果域值为 true，则利用 crossSection 域中的二维坐标创建一个盖子表面，如果域值为 false，则不创建。其默认值为 true。

(6) ccw 域用于指定挤出孔是按顺时针方向的坐标来定义，还是按逆时针方向的坐标来定义。如果该域值为 true，则按逆时针方向的坐标定义；如果该域值为 false，则按顺时针方向的坐标定义。其默认值为 true。

(7) convex 域用于指定挤出孔是否都是凸面。当该域值为 true 时，X3D 浏览器不需要对这些面进行分隔；当该域值为 false 时，X3D 浏览器自动将这些凹陷的挤出孔面分隔为许多较小的凸面。该域值的默认值为 true，表示挤出孔都是凸面，而不必进行分隔。

(8) creaseAngle 域用于指定一个用弧度表示的折痕角。如果挤出造型中两个相邻面间的夹角大于所设定的阈值，那么这两个面的边界就会模糊，也就是进行了平滑绘制。如果两个相邻面间的夹角小于所设定的阈值，那么这两个面的边界就会保持原来的样子，不再进行平滑绘制。该域值必须大于或等于 0.0 。其默认值为 0.0。

(9) solid 域用于指定一个布尔量，当该域值为 true 时，只会创建正面，不创建反面；当该域值为 false 时，正反两面均需要创建。该域值的默认值为 true。

(10) set_crossSection 域用于设置具有顺序的二维点坐标线性分段曲线。由一系列连接的顶点组成一个平面，提供几何造型外表面的轮廓。

(11) set_orientation 域用于设置每个截面的 4 值轴角方位。spine 值、scale 值和 orientation 值的数量必须相同。

(12) set_scale 域用于设置一系列二维比例参数，用来缩放每一段截面。该域值不允许为 0 或负值。

(13) set_spine 域用于设置由一系列连接的顶点组成的开放或封闭的一个三维点坐标线性分段曲线，沿着这个曲线用截面 crossSection 挤压出几何造型。

(14) containerField 域即容器域。ContainerField 节点与 Field 节点之间存在子节点与父节点的关系。该容器域名称为 geometry，包含几何节点。containerField 属性只有在 X3D 场景用 XML 编码时才使用。

(15) class 域的域值是用空格分开的类的列表，保留给 XML 样式表使用。只有 X3D 场景用 XML 编码时才支持 class 属性。

4.9.2 Extrusion 节点源程序实例

【实例 4-8】利用 Shape 节点、Appearance 节点、Material 节点、Extrusion 节点在三维立体空间背景下，创建一个三维立体几何挤压造型。

本书附带光盘"X3D 实例源程序/第 4 章实例源程序"目录下，提供该实例的 X3D 源程序"px3d4-8.x3d"。

```
<?xml version="1.0" encoding="UTF-8"?>
<!DOCTYPE X3D PUBLIC "http://www.web3d.org/specifications/x3d-3.1.dtd"
        "file:///www.web3d.org/TaskGroups/x3d/translation/x3d-3.1.dtd">
<!--Warning:transitional DOCTYPE in source .x3d file-->
<X3D profile="Immersive" version="3.1"
  xmlns:xsd="http://www.w3.org/2001/XMLSchema-instance"
xsd:noNamespaceSchemaLocation="http://www.web3d.org/specifications/x3d-
3.1.xsd">
  <head>
    <meta content="px3d4-8.x3d" name="filename"/>
    <meta content="zjz-zjr-zjd" name="author"/>
    <meta content="*enter name of original author here*" name="creator"/>
    <meta content="*enter copyright information here* Example: Copyright
(c) Web3D
    Consortium Inc. 2006" name="rights"/>
    <meta content="*enter online Uniform Resource Identifier (URI) or
Uniform Resource
    Locator (URL) address for this file here*" name="identifier"/>
    <meta content="X3D-Edit, http://www.web3d.org/x3d/content/
README.X3D-Edit.html"
    name="generator"/>
  </head>
  <Scene>
    <Background skyColor="0.98 0.98 0.98"/>
    <Shape>
      <Appearance>
        <Material diffuseColor="1 0.5 0"/>
      </Appearance>
      <Extrusion crossSection="-1 1, 1 1, 1 -1, -1 -1, -1 1" scale="1 1,
0.01 0.01"
    spine="0 0 0  0 1 0"/>
    </Shape>
  </Scene>
</X3D>
```

在场景根节点下添加 Background 节点和 Shape 节点，Background 节点的颜色取白色，以突出三维立体挤出造型的显示效果。利用 Extrusion 节点可创建一个立体几何挤出造型，此外增加了 Appearance 节点和 Material 节点，以便对物体造型的外观颜色、物体发光颜色、外观材料的亮度及透明度进行设计，增强三维空间立体造型的显示效果。

运行程序时，首先启动 Xj3D 或 BS Contact VRML/X3D 7.0/7.2 浏览器，然后打开"X3D实例源程序/第 4 章实例源程序/px3d4-8.X3D"，即可运行由 Extrusion 节点创建的三维立体挤出造型程序。程序运行结果如图 4-8 所示。

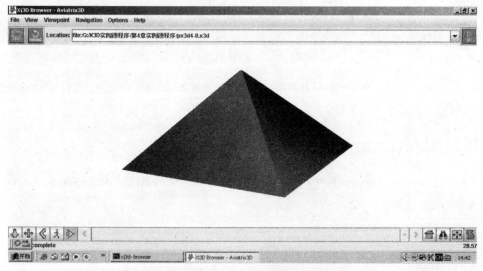

图 4-8　Extrusion 节点程序运行结果

4.10　X3D 顶点坐标节点

X3D 顶点坐标节点包含 FloatVertexAttribute 浮点数顶点节点、Matrix3VertexAttribute 3×3 矩阵顶点节点、Matrix4VertexAttribute 4×4 矩阵顶点节点及 XvlShell 节点。

4.10.1　FloatVertexAttribute 节点

FloatVertexAttribute 节点定义了顶点的属性。FloatVertexAttribute 节点的语法定义如下。

```
<FloatVertexAttribute
    DEF                 ID
    USE                 IDREF
    name                                SFString        inputOutput
    value               " "             MFFloat         inputOutput
    numComponents       4               SFFloat         initializeOnly
    containerField      " "
    class
/>
```

FloatVertexAttribute 节点包含 DEF、USE、name 域、value 域、numComponents 域、containerField 域及 class 域等。

(1) name 域用于指定一个事项顶点属性的名字。

(2) value 域用于指定一个特制收集流动点的值，将遮挡过去的每一个顶点信息（值）。

(3) numComponents 域用于指定多个连续流动点的值，造型将会由每一个顶点共同组成。

(4) containerField 域即容器域。ContainerField 节点与 Field 节点之间存在子节点与父节点的关系。该容器域名称为" "，包含几何节点。containerField 属性只有在 X3D 场景用 XML 编码时才使用。

(5) class 域的域值是用空格分开的类的列表，保留给 XML 样式表使用。只有 X3D 场景用 XML 编码时才支持 class 属性。

4.10.2　Matrix3VertexAttribute 节点

Matrix3VertexAttribute 节点定义了一组 3×3 矩阵顶点的属性。Matrix3VertexAttribute 节点的语法定义如下。

```
<Matrix3VertexAttribute
   DEF                    ID
   USE                    IDREF
   name                                   SFString      inputOutput
   value                  " "             MFMatrix3f    inputOutput
   containerField         " "
   class
/>
```

Matrix3VertexAttribute 节点包含 DEF、USE、name 域、value 域、containerField 域及 class 域等。

(1) name 域用于指定一个事项顶点属性的名字。

(2) value 域用于指定一个特制收集矩阵的值，将遮挡过去的每一个顶点信息（值）。

(3) containerField 域表示容器域是 field 域标签的前缀，表示了子节点和父节点的关系。该容器域名称为" "，包含几何节点。containerField 属性只有在 X3D 场景用 XML 编码时才使用。

(4) class 域的域值是用空格分开的类的列表，保留给 XML 样式表使用。只有 X3D 场景用 XML 编码时才支持 class 属性。

4.10.3　Matrix4VertexAttribute 节点

Matrix4VertexAttribute 节点定义了一组 4×4 矩阵顶点的属性。Matrix4VertexAttribute 节点的语法定义如下。

```
<Matrix4VertexAttribute
   DEF                    ID
   USE                    IDREF
```

```
      name                                    SFString      inputOutput
      value                     " "           MFMatrix4f    inputOutput
      containerField            " "
      class
    />
```

Matrix4VertexAttribute 节点包含 DEF、USE、name 域、value 域、containerField 域及 class 域等。

(1) name 域用于指定一个事项顶点属性的名字。

(2) value 域用于指定一个特制收集矩阵的值, 将遮挡过去的每一个顶点信息 (值)。

(3) containerField 域即容器域。ContainerField 节点与 Field 节点之间存在子节点与父节点的关系。该容器域名称为" ", 包含几何节点。containerField 属性只在 X3D 场景用 XML 编码时才使用。

(4) class 域的域值是用空格分开的类的列表, 保留给 XML 样式表使用。只有 X3D 场景用 XML 编码时才支持 class 属性。

4.10.4　XvlShell 节点

XvlShell 节点描述了一个三维立体几何网格表面, 该节点网格由面、边和顶点构成, 这些成分对 LatticeXVL 的表面产生相应的影响。该节点可以作为 Shape 节点下 geometry 域中的一个子节点。可以使用三维创作工具建立 XvlShell 节点。XvlShell 节点是一个商业扩展 X3D。

XvlShell 节点定义了一个 LatticeXVL shell 的属性名和域值, 利用 XvlShell 节点的域名、域值、域数据类型及事件的存储/访问权限的定义来创建一个三维立体空间网格的平滑表面造型场景。XvlShell 节点的语法定义如下。

```
<XvlShell
   DEF                        ID
   USE                        IDREF
   shellType                  [ POLYGON_MESH |
                              LATTICE_MESH ]
   numberOfDivisions          正偶数             SFInt32
   vertexRound                [0.0, 2.0]        MFFloat
   edgeBeginCoordIndex                          MFInt32
   edgeEndCoordIndex                            MFInt32
   edgeRound                  [0.0, 2.0]        MFFloat
   edgeBeginVector                              MFVec3f
   edgeEndVector                                MFVec3f
   faceCoordIndex                               MFInt32
   faceTexCoordIndex                            MFInt32
   faceEmpty                  [true|false]      MFBool
   faceHidden                 [true|false]      MFBool
```

```
containerField        geometry
class
/>
```

XvlShell 节点包含 DEF、USE、shellType 域、numberOfDivisions 域、vertexRound 域、edgeBeginCoordIndex 域、edgeEndCoordIndex 域、edgeRound 域、edgeBeginVector 域、edgeEndVector 域、faceCoordIndex 域、faceTexCoordIndex 域、faceEmpty 域、faceHidden 域、containerField 域及 class 域等。

(1) shellType 域用于指定一个整体几何体的外壳。该域值包含两个选项，分别为 POLYGON_MESH 和 LATTICE_MESH，其中，POLYGON_MESH 表示用一系列多边形来模拟 IndexedFaceSet，LATTICE_MESH 表示用包含权重的网格来模拟一个平滑面。

(2) numberOfDivisions 域用于指定外壳每个面的细分数量。域值通常为正偶数。

(3) vertexRound 域用于指定每个顶点影响表面的强度。其取值范围为[0.0，2.0]。当域值为 0.0 时产生最大吸引（造型尽可能地接近顶点），当域值为 2.0 时产生最大排斥（造型尽可能地推离顶点）。

(4) edgeBeginCoordIndex 域用于指定索引每个边的开始点。

(5) edgeEndCoordIndex 域用于指定索引每个边的结束点。

(6) edgeRound 域用于指定每个边影响表面的强度。其取值范围为[0.0，2.0]，当域值为 0.0 时产生最大吸引（造型尽可能地接近顶点），当域值为 2.0 时产生最大排斥（造型尽可能地推离顶点）。

(7) edgeBeginVector 域用于指定每个边开始点的切线向量。

(8) edgeEndVector 域用于指定每个边结束点的切线向量。

(9) faceCoordIndex 域类似于 IndexedFaceSet:coordIndex，用来指定每个面的坐标。编号的起点为 0，每一组设置可以使用逗号分隔，以便阅读代码，使用–1 标明每一组分隔的面。

(10) faceTexCoordIndex 域类似于 IndexedFaceSet:texCoordIndex，用来指定每个面的纹理坐标，可以使用三维创作工具创作。

(11) faceEmpty 域用于指定表面上是否存在相应面。域值为 false 表示存在，域值为 true 表示不存在。

(12) faceHidden 域用于指定是否显示相应面。域值为 false 表示显示面，域值为 true 表示不显示面。

(13) containerField 域即容器域。ContainerField 节点与 Field 节点之间存在子节点与父节点的关系。该容器域名称为 geometry，包含几何节点。containerField 属性只有在 X3D 场景用 XML 编码时才使用。

(14) class 域的域值是用空格分开的类的列表，保留给 XML 样式表使用。只有 X3D 场景用 XML 编码时才支持 class 属性。

第 5 章

X3D 渲染效果节点设计

在进行 X3D 空间设计时，要想设计与开发更完美、更逼真的三维立体场景和造型，还需要对 X3D 场景进行渲染和升华。

5.1　X3D 效果节点

X3D 效果节点设计涉及 Coordinate 坐标节点、CoordinateDouble 双精度节点、Normal 法向量节点、Color 颜色节点及 ColorRGBA 颜色节点等。

5.1.1　Coordinate 节点

Coordinate 节点提供建立几何对象使用的一系列的三维坐标，通常可以作为 IndexedFaceSet 节点、IndexedLineSet 节点、LineSet 节点、PointSet 节点的子节点。

Coordinate 节点提供了建立几何对象使用的一系列三维坐标的属性名和域值，利用 Coordinate 的域名、域值、域数据类型及事件的存储/访问权限的定义可以创建一个效果理想的 IndexedFaceSet、IndexedLineSet、LineSet、PointSet 节点造型。Coordinate 节点的语法定义如下。

```
<Coordinate
    DEF                 ID
    USE                 IDREF
    point               [ ]                 MFVec3f         inputOutput
    containerField      coord
    class
/>
```

Coordinate 节点包含 DEF、USE、point 域、containerField 域及 class 域等。

(1) point 域用于指定一系列的三维坐标点。许多三维坐标点组成一个 IndexedFaceSet、IndexedLineSet、LineSet 或 PointSet 节点立体几何造型。定义每个点的三维坐标为单精度浮点数组成的数据，初始值为[ ]，取值范围为$(-\infty, +\infty)$。

(2) containerField 域即容器域。ContainerField 节点与 Field 节点之间存在子节点与父节点的关系。该容器域名称为 coord，包含几何节点。containerField 属性只有在 X3D 场景用 XML 编码时才使用。

(3) class 域的域值是用空格分开的类的列表，保留给 XML 样式表使用。只有 X3D 场景用 XML 编码时才支持 class 属性。

5.1.2 CoordinateDouble 节点

CoordinateDouble 节点提供建立几何对象使用的一系列三维坐标。CoordinateDouble 节点可提供给 IndexedFaceSet 节点、IndexedLineSet 节点、LineSet 节点、PointSet 节点、NurbsPositionInterpolator 节点和 NurbsOrientationInterpolator 节点使用。

CoordinateDouble 节点提供了建立几何对象使用的一系列三维坐标的属性名和域值，利用 CoordinateDouble 的域名、域值、域数据类型及事件的存储/访问权限的定义可以创建一个效果理想的 IndexedFaceSet、IndexedLineSet、LineSet、PointSet、NurbsPositionInterpolator、NurbsOrientationInterpolator 节点造型。CoordinateDouble 节点的语法定义如下。

```
<CoordinateDouble
    DEF             ID
    USE             IDREF
    point           [ ]                 MFVec3d         inputOutput
    containerField  coord
    class
/>
```

CoordinateDouble 节点包含 DEF、USE、point 域、containerField 域及 class 域等。

(1) point 域包含所指定的一系列三维坐标点。许多三维坐标点组成一个 IndexedFaceSet、IndexedLineSet、LineSet 或 PointSet、NurbsPositionInterpolator、NurbsOrientationInterpolator 节点立体几何造型。定义每个点的三维坐标为双精度浮点数组成的数据，初始值为[ ]，取值范围为(−∞，+∞)。

(2) containerField 域即容器域。ContainerField 节点与 Field 节点之间存在子节点与父节点的关系。该容器域名称为 coord，包含几何节点。containerField 属性只在 X3D 场景用 XML 编码时才使用。

(3) class 域的域值是用空格分开的类的列表，保留给 XML 样式表使用。只有 X3D 场景用 XML 编码时才支持 class 属性。

5.1.3 Normal 节点

Normal 节点用来生成一个法向量列表，计算光照和阴影，可作为基于坐标的几何节点的子节点，即该节点在 IndexedFaceSet 节点和 ElevationGrid 节点中使用。当法向量索引被几何节点使用时，Normal 节点列表中的第一个法向量的索引为 0，第二个索引为 1，依此类推。

Normal 节点定义了一个几何对象的属性名和域值，利用 Normal 节点的域名、域值、域数据类型及事件的存储/访问权限的定义可以创建一个效果理想的几何造型。Normal 节点的语法定义如下。

```
<Normal
   DEF                  ID
   USE                  IDREF
   vector                                    MFVec3f      inputOutput
   containerField       normal
   class
/>
```

Normal 节点包含 DEF、USE、vector 域、containerField 域及 class 域等。

(1) vector 域用于指定一个法向量列表。该域值包含三个浮点数，这三个浮点数分别为 X、Y、Z 轴的分量。其默认值为空的法向量列表。

(2) containerField 域即容器域。ContainerField 节点与 Field 节点之间存在子节点与父节点的关系。该容器域名称为 normal，包含几何节点。containerField 属性只有在 X3D 场景用 XML 编码时才使用。

(3) class 域的域值是用空格分开的类的列表，保留给 XML 样式表使用。只有 X3D 场景用 XML 编码时才支持 class 属性。

5.1.4　Color 节点

Color 节点用于指定一系列的 RGB 颜色值。Color 节点通常在 ElevationGrid 节点、IndexedFaceSet 节点、IndexedLineSet 节点、LineSet 节点、PointSet 节点中使用，其中颜色也经常由 Material 节点决定。

Color 节点定义了一个几何颜色对象的属性名和域值，利用 Color 节点的域名、域值、域数据类型及事件的存储/访问权限的定义可以创建一个效果理想的几何造型。Color 节点的语法定义如下。

```
<Color
   DEF                  ID
   USE                  IDREF
   color                                     MFColor      inputOutput
   containerField       color
   class
/>
```

Color 节点包含 DEF、USE、color 域、containerField 域及 class 域等。

(1) color 域用于指定立体空间点、线、面等几何造型中的 RGB 颜色值。它是一个多值域，定义了一系列的 RGB 色彩值。

(2) containerField 域即容器域。ContainerField 节点与 Field 节点之间存在子节点与父节点的关系。该容器域名称为 color，包含几何节点。containerField 属性只有在 X3D 场景用 XML 编码时才使用。

(3) class 域的域值是用空格分开的类的列表，保留给 XML 样式表使用。只有 X3D 场景用 XML 编码时才支持 class 属性。

5.1.5 ColorRGBA 节点

ColorRGBA 节点指定了一系列的 RGBA 色彩值。ColorRGBA 节点通常在 ElevationGrid 节点、IndexedFaceSet 节点、IndexedLineSet 节点、LineSet 节点、PointSet 节点中使用。

ColorRGBA 节点定义了一个几何颜色对象的属性名和域值，利用 ColorRGBA 节点的域名、域值、域数据类型及事件的存储/访问权限的定义可以创建一个效果理想的几何造型。ColorRGBA 节点的语法定义如下。

```
<ColorRGBA
    DEF             ID
    USE             IDREF
    color                           MFColorRGBA   inputOutput
    containerField  color
    class
/>
```

ColorRGBA 节点包含 DEF、USE、color 域、containerField 域及 class 域等。

(1) color 域用于指定立体空间点、线、面等几何造型中的 RGBA 颜色值。它是一个多值域，定义了一系列的 RGBA 色彩值。

(2) containerField 域即容器域。ContainerField 节点与 Field 节点之间存在子节点与父节点的关系。该容器域名称为 color，包含几何节点。containerField 属性只有在 X3D 场景用 XML 编码时才使用。

(3) class 域的域值是用空格分开的类的列表，保留给 XML 样式表使用。只有 X3D 场景用 XML 编码时才支持 class 属性。

5.2 Background 节点

Background 节点可以通过对背景设定空间角、地面角及空间颜色、地面颜色来产生天空和地面效果，也可以在空间背景上添加背景图像来创建城市、原野、楼房、山脉等场景。X3D 中使用的背景图像可以是 JPEF、GIF 和 PNG 等格式的文件。

Background 节点使用一组垂直排列的颜色值来模拟地面和天空。Background 节点也可以在六个面上使用背景纹理，纹理子节点的域名按照字母顺序有 backTexture、bottomTexture、frontTexture、leftTexture、rightTexture、topTexture。另外，Background 节点、Fog 节点、NavigationInfo 节点、TextureBackground 节点、Viewpoint 节点都是可绑定节点。

Background 节点可以放置在场景根节点下的任何地方或位置上，与各种组节点平行使用。

5.2.1 Background 节点的语法定义

Background 节点用来生成 X3D 的背景，其生成的背景是三维立体式的，能够产生一种空间立体层次感效果，可用于设计室内和室外三维立体空间效果，使设计更加生动、逼真。

Background 节点定义了用于确定天空、地面及应用纹理的属性名和域值，利用 Background 节点的域名、域值、域数据类型及事件的存储/访问权限的定义可以创建一个效果理想的三维立体空间背景场景和造型。Background 节点的语法定义如下。

```
<Background
    DEF                 ID
    USE                 IDREF
    skyColor            0 0 0           MFColor      inputOutput
    skyAngle                            MFFloat      inputOutput
    groundColor         0 0 0           MFColor      inputOutput
    groundAngle                         MFFloat      inputOutput
    frontUrl                            MFString     inputOutput
    backUrl                             MFString     inputOutput
    leftUrl                             MFString     inputOutput
    rightUrl                            MFString     inputOutput
    topUrl                              MFString     inputOutput
    bottomUrl                           MFString     inputOutput
    set_bind            " "             SFBool       inputOnly
    bindTime            " "             SFTime       outputOnly
    isBound             " "             SFBool       outputOnly
    containerField      children
    class
/>
```

Background 节点包含 DEF、USE、skyColor 域、skyAngle 域、groundColor 域、groundAngle 域、frontUrl 域、backUrl 域、leftUrl 域、rightUrl 域、topUrl 域、bottomUrl 域、set_bind 域、bindTime 域、isBound 域、containerField 域及 class 域等。

(1) skyColor 域用于对立体空间背景天空的颜色进行着色，该域值由一系列 RGB 颜色值组合而成。其默认值为 0 0 0。

(2) skyAngle 域用于指定空间背景上需要着色的位置的天空角。X3D 浏览器就是在这些空间角所指位置进行着色的。第一个天空颜色着色于天空背景的正上方，第二个天空颜色着色于第一个天空角所指定的位置，第三个天空颜色着色于第二个天空角所指定的位置，依此类推。这样可使天空角之间的颜色慢慢过渡，形成颜色梯度。该域值必须以升序的方式排列。

默认值为空。

(3) groundColor 域用于对地面背景颜色进行着色,该域值由一系列 RGB 颜色值组合而成。其默认值为 0 0 0。

(4) groundAngle 域用于指定地面背景上需要着色的位置的地面角。第一个地面颜色着色于地面背景的正下方,第二个地面颜色着色于第一个地面角所指定的位置,第三个地面颜色着色于第二个地面角所指定的位置,依此类推。该域值中地面角必须以升序的方式排列。默认值为空。

(5) frontUrl 域、backUrl 域、leftUrl 域、rihgtUrl 域、topUrl 域和 bottomUrl 域分别用于在 6 个不同的立体空间方位添加天空、地面背景图像,形成室内外三维立体空间场景。

(6) set_bind 域用于指定一个输入事件 set_bind 为 true 时激活这个节点,输入事件 set_bind 为 false 时禁止这个节点。

(7) bindTime 域用于指定当节点被激活/禁止时发送事件。

(8) isBound 域用于指定当节点激活时发送 true 事件,当节点转到另一个节点时发送 false 事件。

(9) containerField 域即容器域。ContainerField 节点与 Field 节点之间存在子节点与父节点的关系。该容器域名称为 children,包含几何节点。containerField 属性只在 X3D 场景用 XML 编码时才使用。

(10) class 域的域值是用空格分开的类的列表,保留给 XML 样式表使用。只有 X3D 场景用 XML 编码时才支持 class 属性。

5.2.2 Background 节点源程序实例

利用 Background 节点可以通过设计三维立体空间背景的颜色来创建蓝天、白云和绿地等背景效果,也可以在空间背景上添加背景图像,创建室内与室外场景效果,使 X3D 文件中的场景和造型更加逼真与生动,给 X3D 程序设计带来更大的方便。

【实例 5-1】利用场景根节点、Background 节点在三维立体空间背景下,创建一个蓝天、白云和绿地三维立体空间场景造型。

本书附带光盘"X3D 实例源程序/第 5 章实例源程序"目录下,提供该实例的 X3D 源程序"px3d5-1.x3d"。

```
<?xml version="1.0" encoding="UTF-8"?>
<!DOCTYPE X3D PUBLIC "http://www.web3d.org/specifications/x3d-3.1.dtd"
    "file:///www.web3d.org/TaskGroups/x3d/translation/x3d-3.1.dtd">
```

```
<X3D profile="Immersive" version="3.1"
  xmlns:xsd="http://www.w3.org/2001/XMLSchema-instance"
xsd:noNamespaceSchemaLocation="http://www.web3d.org/specifications/
x3d-3.1.xsd">
  <head>
    <meta content="px3d5-1.x3d" name="filename"/>
    <meta content="zjz-zjr-zjd" name="author"/>
    <meta content="*enter name of original author here*" name="creator"/>
    <meta content="*enter copyright information here* Example: Copyright
(c) Web3D Consortium Inc. 2006" name="rights"/>
    <meta content="*enter online Uniform Resource Identifier (URI) or
Uniform Resource Locator (URL) address for this file here*"
name="identifier"/>
    <meta content="X3D-Edit, http://www.web3d.org/x3d/content/
README.X3D-Edit.html" name="generator"/>
  </head>
  <Scene>
    <Background
    skyAngle="1.309 1.571" skyColor="0.0 0.0 0.8, &#10;0.2 0.5 0.7, &#10;1.0
1.0 1.0, "
       groundAngle="1.396 1.571"
       groundColor="0.0 0.0 0.0, &#10;0.6 0.7 0.1, &#10;1.0 1.0 1.0, "/>
  </Scene>
</X3D>
```

在场景根节点下添加 Background 节点。利用 Background 节点可创建一个三维立体空间背景的颜色，使用蓝天、白云等各种突出三维立体空间背景场景的显示效果。

运行程序时，首先启动 Xj3D 或 BS Contact VRML/X3D 7.0/7.2 浏览器，然后打开"X3D 实例源程序/第 5 章实例源程序/px3d5-1.x3d"，即可运行由 Background 节点创建的三维立体蓝天、白云和绿地背景场景程序。程序运行结果如图 5-1 所示。

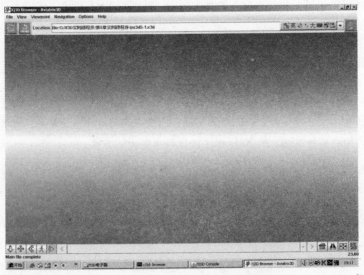

图 5-1　Background 节点程序运行结果

5.3　X3D 空间大气效果节点

空间大气效果就是通常所说的雾效果，利用 Fog 雾化节点可以实现空间大气效果。

5.3.1　Fog 节点

Fog 节点可用于定义可见度递减的区域来模拟雾或烟雾，还可以为雾着色。X3D 浏览器将雾的颜色与被绘制的物体的颜色相混合。Fog 节点通过混合远处物体的颜色和雾的颜色来模拟大气效果。Background 节点、Fog 节点、NavigationInfo 节点、TextureBackground 节点、Viewpoint 节点都是可绑定节点。Fog 节点通常与 Transform 节点或 Group 节点中的子节点或与 Background 节点平行使用。

1. Fog 节点的语法定义

Fog 节点定义了用于确定大气空间雾及雾的颜色的属性名和域值，利用 Fog 节点的域名、域值、域数据类型及事件的存储/访问权限的定义可以创建一个效果理想的三维立体空间自然景观场景和造型。Fog 节点的语法定义如下。

```
<Fog
    DEF                 ID
    USE                 IDREF
    color               1.0 1.0 1.0        SFColor       inputOutput
    fogType             "LINEAR"           SFString      inputOutput
                        [LINEAR|
                        EXPONENTIAL]
    visibilityRange     0.0                SFFloat       inputOutput
    set_bind            " "                SFBool        inputOnly
    bindTime            " "                SFTime        outputOnly
    isBound             " "                SFBool        outputOnly
    containerField      children
    class
/>
```

Fog 节点包含 DEF、USE、color 域、fogType 域、visibilityRange 域、set_bind 域、bindTime 域、isBound 域、containerField 域及 class 域等。

(1) color 域用于定义雾的颜色。可以任意设定雾的颜色，以产生不同的视觉效果。该域值的默认值为 1.0 1.0 1.0。

(2) fogType 域用于定义雾的类型。当域值为 LINEAR 时，雾的浓度将随观察距离的增加而线性增大；当域值为 EXPONENTIAL 时，雾的浓度将随观察距离的增加而指数增大。该域值的默认值为 LINEAR。

（3）visibilityRange 域用于设置在多远的距离外物体完全消失在雾中，使用局部坐标系并以米为单位。在浏览者的距离超过可见度范围时，造型完全被雾挡住而看不见了。当该域值比较大时，雾是逐步变浓的，会产生薄雾的效果；当该域值比较小时，雾是突然变浓的，会产生浓雾的效果。该域值的默认值为 0.0，即没有雾的效果。

（4）set_bind 域用于指定一个输入事件 set_bind 为 true 时激活这个节点，输入事件 set_bind 为 false 时禁止这个节点。

（5）bindTime 域用于指定当节点被激活/禁止时发送事件。

（6）isBound 域用于指定当节点激活时发送 true 事件，当节点转到另一个节点时发送 false 事件。

（7）containerField 域即容器域。ContainerField 节点与 Field 节点之间存在子节点与父节点的关系。该容器域名称为 children，包含几何节点。containerField 属性只在 X3D 场景用 XML 编码时才使用。

（8）class 域的域值是用空格分开的类的列表，保留给 XML 样式表使用。只有 X3D 场景用 XML 编码时才支持 class 属性。

2. Fog 节点源程序实例

在 X3D 场景中添加雾气，使其具有自然界雾气效果。控制雾化效果有两个重要因素：一是雾的浓度，二是雾的颜色。雾的浓度与观察者的能见度相反，距离观察者越远的虚拟现实景物的能见度越低，即雾越浓；距离观察者越近的虚拟现实景物的能见度越高，即雾越淡。当模拟雾时，需要改变雾的颜色，但通常情况下，雾为白色。

【实例 5-2】利用 Background 节点、Transform 节点、Fog 节点及 Inline 内联节点创建一个三维立体空间雾场景造型。

本书附带光盘"X3D 实例源程序/第 5 章实例源程序"目录下，提供该实例的 X3D 源程序"px3d5-2.x3d"。

```
<?xml version="1.0" encoding="UTF-8"?>
<!DOCTYPE X3D PUBLIC "http://www.web3d.org/specifications/x3d-3.1.dtd"
    "file:///www.web3d.org/TaskGroups/x3d/translation/x3d-3.1.dtd">
<!--Warning: transitional DOCTYPE in source .x3d file-->
<X3D profile="Immersive" version="3.1"
  xmlns:xsd="http://www.w3.org/2001/XMLSchema-instance"
xsd:noNamespaceSchemaLocation="http://www.web3d.org/specifications/x3d-
3.1.xsd">
  <head>
    <meta content="px3d5-2.x3d" name="filename"/>
    <meta content="zjz-zjr-zjd" name="author"/>
    <meta content="*enter name of original author here*" name="creator"/>
```

```
    <meta content="*enter copyright information here* Example:  Copyright
(c) Web3D
    Consortium Inc. 2006" name="rights"/>
    <meta content="*enter online Uniform Resource Identifier (URI) or
Uniform Resource
    Locator (URL) address for this file here*" name="identifier"/>
    <meta content="X3D-Edit, http://www.web3d.org/x3d/content/
README.X3D-Edit.html"
    name="generator"/>
  </head>
  <Scene>
    <Background skyColor="0.98 0.98 0.98"/>
    <Fog fogType="LINEAR" visibilityRange="60"/>
    <Transform rotation="0 0 1 0" scale="1 1 1" translation="0 -10 -60">
      <Shape>
        <Appearance>
          <ImageTexture url="road1.png"/>
        </Appearance>
        <Box size="20 0.5 80"/>
      </Shape>
    </Transform>
    <Transform rotation="0 0 1 0" scale="1 1 1" translation="-10 -7 -80">
      <Inline url="px3d5-2-1.x3d"/>
    </Transform>
    <Transform translation="-10 -7 -60">
      <Inline url="px3d5-2-1.x3d"/>
    </Transform>
    <Transform translation="-10 -7 -40">
      <Inline url="px3d5-2-1.x3d"/>
    </Transform>
    <Transform translation="-10 -7 -20">
      <Inline url="px3d5-2-1.x3d"/>
    </Transform>
    <Transform translation="-10 -7 -100">
      <Inline url="px3d5-2-1.x3d"/>
    </Transform>
    <Transform translation="10 -7 -100">
      <Inline url="px3d5-2-1.x3d"/>
    </Transform>
    <Transform translation="10 -7 -80">
      <Inline url="px3d5-2-1.x3d"/>
    </Transform>
    <Transform translation="10 -7 -60">
      <Inline url="px3d5-2-1.x3d"/>
    </Transform>
    <Transform translation="10 -7 -40">
      <Inline url="px3d5-2-1.x3d"/>
    </Transform>
    <Transform translation="10 -7 -20">
      <Inline url="px3d5-2-1.x3d"/>
    </Transform>
  </Scene>
</X3D>
```

在场景根节点下添加 Background 节点、Transform 节点、Inline 节点及 Fog 节点等。利用 Fog 节点可创建一个三维立体公路和树木在大雾中的场景，突出三维立体空间场景雾的显示效果。

运行程序时，首先启动 Xj3D 或 BS Contact VRML/X3D 7.0/7.2 浏览器，然后打开"X3D实例源程序/第 5 章实例源程序/px3d5-2.x3d"，即可运行由 Fog 节点创建的三维立体公路和树木在大雾中的场景造型程序。程序运行结果如图 5-2 所示。

图 5-2　Fog 节点程序运行结果

5.3.2　LocalFog 节点

LocalFog 本地雾节点用于模拟大气层效果，混合较远的物体造型和雾颜色。该节点产生的效果是以本地坐标变换为中心的，而不是从观测视点来模拟大气效果的。最近的 LocalFog节点在该范围内产生的浓度大于其他 LocalFog 节点及 Fog 节点产生的浓度。

LocalFog 节点定义了用于确定本地大气空间雾及雾的颜色的属性名和域值，利用LocalFog 节点的域名、域值、域数据类型及事件的存储/访问权限的定义可以创建一个效果理想的三维立体空间自然景观场景和造型。LocalFog 节点的语法定义如下。

```
<LocalFog
    DEF                 ID
    USE                 IDREF
    enabled             true            SFBool      inputOutput
    color               1.0 1.0 1.0     SFColor     inputOutput
```

```
fogType                "LINEAR"
                       [LINEAR|
                       EXPONENTIAL]     SFString        inputOutput
visibilityRange        0.0              SFFloat         inputOutput
set_bind               " "              SFBool          inputOnly
bindTime               " "              SFTime          outputOnly
isBound                " "              SFBool          outputOnly
containerField         children
class
/>
```

LocalFog 节点包含 DEF、USE、enabled 域、color 域、fogType 域、visibilityRange 域、set_bind 域、bindTime 域、isBound 域、containerField 域及 class 域等。

(1) enabled 域用于定义一个节点动作开关，指定了一个输入/输出的单值布尔量，其默认值为 true。

(2) color 域用于定义雾的颜色，可以任意设定雾的颜色，以产生不同的视觉效果。该域值的默认值为 1.0 1.0 1.0。

(3) fogType 域用于定义雾的类型。当域值为 LINEAR 时，雾的浓度将随观察距离的增加而线性增大；当域值为 EXPONENTIAL 时，雾的浓度将随观察距离的增加而指数增大。该域值的默认值为 LINEAR。

(4) visibilityRange 域用于设置在多远的距离外物体完全消失在雾中，使用局部坐标系并以米为单位。在浏览者的距离超过可见度范围时，造型完全被雾挡住而看不见了。当该域值比较大时，雾是逐步变浓的，会产生薄雾的效果；当该域值比较小时，雾是突然变浓的。该域值的默认值为 0.0，即没有雾的效果。

(5) set_bind 域用于指定一个输入事件 set_bind 为 true 时激活这个节点，输入事件 set_bind 为 false 时禁止这个节点。

(6) bindTime 域用于指定当节点被激活/禁止时发送事件。

(7) isBound 域用于指定当节点激活时发送 true 事件，当节点转到另一个节点时发送 false 事件。

(8) containerField 域即容器域。ContainerField 节点与 Field 节点之间存在子节点与父节点的关系。该容器域名称为 children，包含几何节点。containerField 属性只在 X3D 场景用 XML 编码时才使用。

(9) class 域的域值是用空格分开的类的列表，保留给 XML 样式表使用。只有 X3D 场景用 XML 编码时才支持 class 属性。

5.3.3 FogCoordinate 节点

FogCoordinate 雾坐标节点定义了一组顶点中的每一个顶点上雾的浓度（深度），拒绝 Fog 节点中的 visibilityRange 域值。

FogCoordinate 节点定义了用于确定大气空间雾坐标的属性名和域值，利用 FogCoordinate 节点的域名、域值、域数据类型及事件的存储/访问权限的定义可以创建一个效果理想的三维立体空间自然景观场景和造型。FogCoordinate 节点的语法定义如下。

```
<FogCoordinate
    DEF                 ID
    USE                 IDREF
    depth                                    MFVec3f        inputOutput
    containerField      coord
    class
/>
```

FogCoordinate 雾坐标节点包含 DEF、USE、depth 域、containerField 域及 class 域等。

(1) depth 域用于定义一个输入/输出类型，包含一组 3D 坐标。该域值是一个包含任意数量三维向量的多值域。

(2) containerField 域即容器域。ContainerField 节点与 Field 节点之间存在子节点与父节点的关系。该容器域名称为 coord，包含几何节点。containerField 属性只有在 X3D 场景用 XML 编码时才使用。

(3) class 域的域值是用空格分开的类的列表，保留给 XML 样式表使用。只有 X3D 场景用 XML 编码时才支持 class 属性。

5.4 X3D 视点效果节点

X3D 文件中的视点就是一个所浏览的立体空间中预先定义的观察位置和空间朝向，在这个位置上通过这个朝向，浏览者可以观察到虚拟世界中的场景。视点及导航在 X3D 设计与开发中起着重要作用。在 X3D 虚拟世界中可以创建多个观测点，以供浏览者选择。浏览者在任何时候、在任何虚拟空间中只有一个观测点可用，也就是说，不允许同时使用几个观测点，这与人只有一双眼睛是相符合的，但视点可以切换。导航就是在 X3D 虚拟世界中使用一个三维造型作为浏览者在虚拟世界中的替身，并可使用替身在虚拟世界中移动、行走或飞行等。浏览者可以通过替身来观看虚拟世界，也可以通过替身与虚拟现实的景物和造型进行交流、互动等。

5.4.1 ViewPoint 节点

Viewpoint 视点节点用于确定一个 X3D 空间坐标系中的观察位置，指定了这个观察位置在 X3D 立体空间中的三维坐标、立体空间朝向及视野范围等参数。该节点既可作为独立的节点，也可作为其他组节点的子节点。Viewpoint 节点为可绑定节点。

1. ViewPoint 节点的语法定义

Viewpoint 节点定义了用于确定浏览者的朝向和距离的属性名和域值，利用 Viewpoint 节点的域名、域值、域数据类型及事件的存储/访问权限的定义可以创建一个效果理想的三维立体空间自然景观场景和造型的浏览效果。Viewpoint 节点的语法定义如下。

```
<Viewpoint
    DEF                 ID
    USE                 IDREF
    description                         SFString     initializeOnly
    position            0.0 0.0 10.0    SFVec3f      inputOutput
    orientation         0 0 1 0         SFRotation   inputOutput
    fieldOfView         0.785398        SFFloat      inputOutput
    jump                true            SFBool       inputOutput
    centerOfRotation    0 0 0           SFVec3f      inputOutput
    set_bind            " "             SFBool       inputOnly
    bindTime            " "             SFTime       outputOnly
    isBound             " "             SFBool       outputOnly
    containerField      children
    class
/>
```

Viewpoint 节点包含 DEF、USE、description 域、position 域、orientation 域、fieldOfView 域、jump 域、centerOfRotation 域、set_bind 域、bindTime 域、isBound 域、containerField 域及 class 域等。

(1) description 域用于定义一个用于描述视点的字符串，也可以称为该视点的名字，即对这个视点的文字描述或导航提示。这些文字描述会出现在空间视点列表中，即 X3D 浏览器主窗口的左下角。该域值的默认值为空字符。

(2) position 域用于指定一个三维坐标，说明这个 Viewpoint 节点在 X3D 场景中所创建的空间视点的空间位置。其默认值为 0.0 0.0 10.0，即将视点放在 Z 轴正方向距离坐标原点 10.0 个单位的位置上。

(3) orientation 域用于指定一个空间朝向，即浏览者在虚拟世界中面对的方向，但不是直接给出方向，而是提供了一个观测点的位置和绕其旋转的旋转轴，旋转角度指定了绕此轴旋转的数值。初始化的视点与 Z 轴负方向对齐，X 轴正方向指向右，Y 轴正方向指向正上方。orientation 域给出的域值是相对初始化的空间朝向的旋转角度。该域值的前三个值说明了一个三维向量，即在 X 轴、Y 轴和 Z 轴上的分量，最后一个值为弧度度量，说明了旋转角度的正负。该值域的默认值为 0 0 1 0，即没有发生旋转。

(4) fieldOfView 域用于定义观测点视角的大小，用弧度单位表示。大视角产生类似广角镜头的效果，而小视角产生类似远焦镜头的效果。该域值的取值范围为 0°~180°，即 0.0~3.142 弧度。其默认值为 45°，即 0.785398 弧度。

(5) jump 域用于指定一个布尔量，定义了视点是跳跃型还是非跳跃型。如果该域值为 true，则该视点空间为跳跃型的视点空间，X3D 浏览器将从某一个观测点转到另一个新的观测点上。如果该域值为 false，则该视点空间为非跳跃型的视点空间，视点将一直维持在当前的观测点位置上。

(6) centerOfRotation 域用于指定一个输入/输出类型的三维向量，被提议加入 NavigationInfo EXAMINE Mode。

(7) set_bind 域用于指定输入事件 set_bind 为 true 时激活这个节点，输入事件 set_bind 为 false 时禁止这个节点。

(8) bindTime 域用于指定当节点被激活/禁止时发送事件。

(9) isBound 域用于指定当节点激活时发送 true 事件，当节点转到另一个节点时发送 false 事件。

(10) containerField 域即容器域。ContainerField 节点与 Field 节点之间存在子节点与父节点的关系。该容器域名称为 children，包含几何节点。containerField 属性只有在 X3D 场景用 XML 编码时才使用。

(11) class 域的域值是用空格分开的类的列表，保留给 XML 样式表使用。只有 X3D 场景用 XML 编码时才支持 class 属性。

2. ViewPoint 节点源程序实例

Viewpoint 节点确定了一个 X3D 空间坐标系中的观察位置，指定了这个观察位置在 X3D 立体空间中的三维坐标、立体空间朝向及视野距离等参数。该节点既可作为独立的节点，也可作为其他组节点的子节点。

【实例 5-3】利用 Background 节点、Transform 节点、Viewpoint 节点及 Inline 节点创建一个三维立体空间视点浏览程序。

本书附带光盘"X3D 实例源程序/第 5 章实例源程序"目录下，提供该实例的 X3D 源程序"px3d5-3.x3d"。

```xml
<?xml version="1.0" encoding="UTF-8"?>
<!DOCTYPE X3D PUBLIC "http://www.web3d.org/specifications/x3d-3.1.dtd"
    "file:///www.web3d.org/TaskGroups/x3d/translation/x3d-3.1.dtd">
<!--Warning: transitional DOCTYPE in source .x3d file-->
<X3D profile="Immersive" version="3.1"
  xmlns:xsd="http://www.w3.org/2001/XMLSchema-instance"
xsd:noNamespaceSchemaLocation="http://www.web3d.org/specifications/x3d-
3.1.xsd">
  <head>
    <meta content="px3d5-3.x3d" name="filename"/>
    <meta content="zjz-zjr-zjd" name="author"/>
    <meta content="*enter name of original author here*" name="creator"/>
    <meta content="*enter copyright information here* Example: Copyright
(c) Web3D
    Consortium Inc. 2006" name="rights"/>
    <meta content="*enter online Uniform Resource Identifier (URI) or
Uniform Resource
    Locator (URL) address for this file here*" name="identifier"/>
    <meta content="X3D-Edit, http://www.web3d.org/x3d/content/
README.X3D-Edit.html"
    name="generator"/>
  </head>
  <Scene>
    <Background skyColor="0.98 0.98 0.98"/>
    <Viewpoint description="viewpoint1" orientation="0 0 1 0" position="5
5 120"/>
    <Viewpoint description="viewpoint2" orientation="0 1 0 1.571"
position="70 10 -60"/>
    <NavigationInfo type="&quot;EXAMINE&quot; &quot;ANY&quot;"/>
    <Transform rotation="0 1 0 1.571" scale="1 1 1" translation="120 0 -10">
      <Inline url="px3d5-3-1.x3d"/>
    </Transform>
    <Transform rotation="0 1 0 1.571" scale="1 1 1" translation="20 0 -10">
      <Inline url="px3d5-3-1.x3d"/>
    </Transform>
    <Transform scale="1 1 1" translation="10 0 0">
      <Inline url="px3d5-3-1.x3d"/>
    </Transform>
    <Transform scale="1 1 1" translation="10 0 100">
      <Inline url="px3d5-3-1.x3d"/>
    </Transform>
  </Scene>
</X3D>
```

在场景根节点下添加 Background 节点、Group 节点、Transform 节点、Inline 节点及 ViewPoint 节点,利用 ViewPoint 节点可产生一个三维立体公路和树林视点浏览效果。

运行程序时,首先启动 Xj3D 或 BS Contact VRML/X3D 7.0/7.2 浏览器,然后打开"X3D 实例源程序/第 5 章实例源程序/px3d5-3.x3d",即可运行由 Viewpoint 节点创建的三维立体公路和树林视点浏览的场景造型程序。程序运行结果如图 5-3 所示。

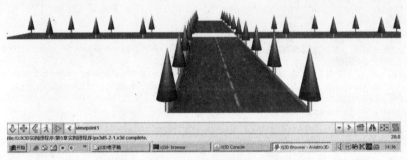

图 5-3　Viewpoint 节点程序运行结果

5.4.2　NavigationInfo 节点

1. NavigationInfo 节点的语法定义

　　NavigationInfo 视点导航节点定义了用于确定浏览者导航、浏览的属性名和域值,利用 NavigationInfo 节点的域名、域值、域数据类型及事件的存储/访问权限的定义可以创建一个效果理想的三维立体空间自然景观场景和造型的导航浏览效果。NavigationInfo 节点的语法定义如下。

```
<NavigationInfo
    DEF                 ID
    USE                 IDREF
    type                "EXAMINE" "ANY"   MFString        inputOutput
    speed               1.0               SFFloat         inputOutput
    headlight           true              SFBool          inputOutput
    avatarSize          0.25 1.6 0.75     MFFloat         inputOutput
    visibilityLimit     0.0               SFFloat         inputOutput
    transitionType      "ANIMATE"         MFString        inputOutput
    transitionTime      1.0               MFFloat         inputOutput
    transitionComplete  " "               MFFloat         inputOutput
    set_bind            " "               SFBool          inputOnly
    bindTime            " "               SFTime          outputOnly
    isBound             " "               SFBool          outputOnly
    containerField      children
    class
/>
```

NavigationInfo 节点包含 DEF、USE、type 域、speed 域、headlight 域、avatarSize 域、visibilityLimit 域、transitionType 域、transitionTime 域、transitionComplete 域、set_bind 域、bindTime 域、isBound 域、containerField 域及 class 域等。

(1) type 域用于指定浏览者替身的漫游（浏览）类型。该域值可在 ANY、WALK、FLY、EXAMINE、LOOKAT、NONE 这 6 种类型中进行转换。观察简单物体时设置 type="EXAMINE" "ANY"可以提高操控性。WALK 表示浏览者以行走方式浏览虚拟世界，替身会受到重力影响。FLY 表示浏览者以飞行方式浏览虚拟世界，替身不会受到重力影响。EXAMINE 表示替身不能移动，为改变替身与物体之间的距离，只能移动物体去靠近或远离替身，甚至可以围绕替身旋转。LOOKAT 表示注视。NONE 表示不提供替身导航方式。ANY 表示 X3D 浏览器支持以上 5 种浏览方式。其默认值为 WALK。

(2) speed 域用于指定替身在虚拟场景中行进的速度，单位为 units/s。其默认值为 1.0。漫游的速度会受到 X3D 浏览器设置的影响。

如果采用 EXAMINE 导航方式，则 speed 域不会影响观察旋转的速度。如果采用 NONE 导航方式，则漫游速度将变为 0，浏览者的位置将被固定，但浏览者改变视角将不受影响。

(3) headlight 域用于定义打开或关闭替身的头顶灯。若该域值为 true，则打开替身的头顶灯；若该域值为 false，则关闭替身的头顶灯。替身的头顶灯是由 DirectionalLight 节点创建的，它相当于强度值为 1.0 的方向（平行）光。

(4) avatarSize 域用于定义三维空间中浏览者替身的尺寸。在运行 X3D 程序时，可以假设三维空间中有一个不可见的浏览者替身，通常利用该替身来进行碰撞检查。avatarSize 域值有三个参数。第一个参数 width 指定了替身与其他几何物体发生碰撞的最小距离。第二个参数 height 定义了替身距离地面的高度。第三个参数 step height 指定替身能够跨越的最大高度，即步幅高度。默认值为 0.25 1.6 0.75。

(5) visibilityLimit 域用于指定浏览者能够观察到的最远距离。该域值必须大于 0.0。其默认值为 0.0，表示最远可以观察到无穷远处。如果浏览者在最远观察距离之内没有观察到任何对象，则将显示背景图。在构造一个大的三维立体空间场景时，其运算量是很大的，如虚拟城市，如果远景看不到或可忽略，则可以用 visibilityLimit 域来定义浏览者能够观察到的最大距离。

(6) transitionType 域用于指定输入一个或多个配额，其域值可为 ANIMATE、LINEAR 和 TELEPORT。该域可以省略。

(7) transitionTime 域用于指定一个视点持续进行坐标变换，如果 transitionType= "ANIMATE"，则该域将为 X3D 浏览器提供一个 animation 参数。该域可以省略。

(8) transitionComplete 域用于指定一个事件发生并完成视点坐标变换。该域可以省略。

(9) set_bind 域用于指定输入事件 set_bind 为 true 时激活这个节点，输入事件 set_bind 为 false 时禁止这个节点。

(10) bindTime 域用于指定当节点被激活/禁止时发送事件。

(11) isBound 域用于指定当节点激活时发送 true 事件，当节点转到另一个节点时发送 false 事件。

(12) containerField 域即容器域。ContainerField 节点与 Field 节点之间存在子节点与父节点的关系。该容器域名称为 children，包含几何节点。containerField 属性只在 X3D 场景用 XML 编码时才使用。

(13) class 域的域值是用空格分开的类的列表，保留给 XML 样式表使用。只有 X3D 场景用 XML 编码时才支持 class 属性。

2. NavigationInfo 节点源程序实例

【实例 5-4】利用 Background 背景、Transform 节点、NavigationInfo 节点及 Inline 节点创建一个三维立体空间视点导航浏览效果。

本书附带光盘"X3D 实例源程序/第 5 章实例源程序"目录下，提供该实例的 X3D 源程序"px3d5-4.x3d"。

```
<?xml version="1.0" encoding="UTF-8"?>
<!DOCTYPE X3D PUBLIC "http://www.web3d.org/specifications/x3d-3.1.dtd"
      "file:///www.web3d.org/TaskGroups/x3d/translation/x3d-3.1.dtd">
<!--Warning: transitional DOCTYPE in source .x3d file-->
<X3D profile="Immersive" version="3.1"
  xmlns:xsd="http://www.w3.org/2001/XMLSchema-instance"
xsd:noNamespaceSchemaLocation="http://www.web3d.org/specifications/x3d-
3.1.xsd">
  <head>
    <meta content="px3d5-4.x3d" name="filename"/>
    <meta content="zjz-zjr-zjd" name="author"/>
    <meta content="*enter name of original author here*" name="creator"/>
    <meta content="*enter copyright information here* Example: Copyright
(c) Web3D
    Consortium Inc. 2006" name="rights"/>
    <meta content="*enter online Uniform Resource Identifier (URI) or
Uniform Resource
    Locator (URL) address for this file here*" name="identifier"/>
    <meta content="X3D-Edit, http://www.web3d.org/x3d/content/
README.X3D-Edit.html"
    name="generator"/>
  </head>
  <Scene>
    <Background skyColor="0.98 0.98 0.98"/>
    <Viewpoint description="viewpoint1" orientation="0 0 1 0" position="15
0 100"/>
    <NavigationInfo avatarSize="0.25 1.6 0.75" headlight="true"
```

```
              speed="5" type="&quot;WALK&quot; &quot;ANY&quot;"/>
         <Transform scale="1 1 1" translation="10 0 0">
           <Inline url="px3d5-3.x3d"/>
         </Transform>
       </Scene>
   </X3D>
```

在场景根节点下添加 Background 节点、Group 节点、Transform 节点、Inline 节点及 NavigationInfo 节点,利用 NavigationInfo 节点可产生三维立体公路和树林视点导航浏览效果。

运行程序时,首先启动 Xj3D 或 BS Contact VRML/X3D 7.0/7.2 浏览器,然后打开"X3D 实例源程序/第 5 章实例源程序/px3d5-4.x3d",即可运行由 NavigationInfo 节点创建的三维立体公路和树林视点导航浏览的场景造型程序。程序运行结果如图 5-4 所示。

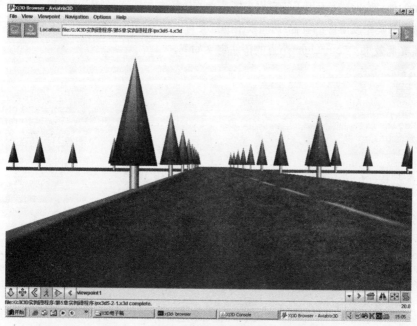

图 5-4   NavigationInfo 节点程序运行结果

5.5   X3D 光照效果节点

人类能看到自然界的万物,主要是由于光线的作用,光线的产生需要光源。光源可分为自然界光源和人造光源,又可分为点光源、定向光源和聚光源。

X3D 对现实世界中光源的模拟实质上是一种对光影的计算。现实世界的光源是指各种能发光的物体,但是,在 X3D 虚拟世界中,你看不到这样的光源。X3D 是通过对物体表面的明暗分布的计算,使物体同环境产生明暗对比的,这样物体看起来就像是在发光。另外,在 X3D

的光源系统中不会自动产生阴影，如果要对静态物体作阴影渲染，则必须先人工计算出阴影的范围，再模拟阴影。

5.5.1 PointLight 节点

PointLight 点光源节点用于创建一个点光源。点光源是往所有方向发射光线的，光线照亮所有的几何对象，并不限制于场景图的层级，光线自身没有可见的形状，也不会被几何形体阻挡而形成阴影。HeadLight 头顶灯由 NavigationInfo 节点控制。

1. PointLight 节点的语法定义

PointLight 节点定义了用于确定点光源节点的属性名和域值，利用 PointLight 节点的域名、域值、域数据类型及事件的存储/访问权限的定义可以创建一个效果理想的三维立体空间自然景观场景光照效果。PointLight 节点的语法定义如下。

```
<PointLight
    DEF                 ID
    USE                 IDREF
    on                  true        SFBool      inputOutput
    color               1.0 1.0 1.0 SFColor     inputOutput
    location            0.0 0.0 0.0 SFVec3f     inputOutput
    intensity           1.0         SFFloat     inputOutput
    ambientIntensity    0.0         SFFloat     inputOutput
    radius              100         SFFloat     inputOutput
    attenuation         1.0 0.0 0.0 SFVec3f     inputOutput
    global              false       SFBool      inputOutput
    containerField      children
    class
/>
```

PointLight 点光源节点包含 DEF、USE、on 域、color 域、location 域、intensity 域、ambientIntensity 域、radius 域、attenuation 域、global 域、containerField 域及 class 域等。

(1) on 域用于指定一个布尔量，表示该点光源是处于打开状态，还是处于关闭状态。域值为 true 表示打开点光源；域值为 false 表示关闭点光源。其默认值为 true。

(2) color 域用于指定光源的 RGB 颜色值。其默认值为 1.0 1.0 1.0，表示生成一个白色的光源。

(3) location 域用于指定局部坐标系中光源所在位置的三维坐标。其默认值为 0.0 0.0 0.0。

(4) intensity 域用于指定光源的明亮程度。取值范围为[0.0，1.0]。域值为 0.0 表示光源最弱，域值为 1.0 表示光源最强。其默认值为 1.0。

(5) ambientIntensity 域用于定义点光源对在该光源照明球体中造型的环境光线的影响。域值为 0.0 表示该光源对环境光线没有影响，域值为 1.0 表示该光源对环境光线的影响很大。其默认值为 0.0。

(6) radius 域用于指定一个半径值。光源所能照亮的范围是以该光源为中心的照明球体，其域值即为该球体的半径。

(7) attenuation 域用于指定在光照范围内光线的衰减方式。该域值由三个控制参数组成。第一个值表示光线保持一定，不会衰减；第二个值控制光线按线性方式衰减，即随着距离的增加光线亮度逐渐减弱；第三个值表示采用二次衰减方式，这是最接近现实世界状况的方式，也是最耗费内存的情况。其默认值为 1.0 0.0 0.0，表示照明球体中亮度保持不变。

(8) global 域用于指定球面光照到所有物体上。

(9) containerField 域即容器域。ContainerField 节点与 Field 节点之间存在子节点与父节点的关系。该容器域名称为 children，包含几何节点。containerField 属性只在 X3D 场景用 XML 编码时才使用。

(10) class 域的域值是用空格分开的类的列表，保留给 XML 样式表使用。只有 X3D 场景用 XML 编码时才支持 class 属性。

2. PointLight 节点实例源程序

【实例 5-5】 利用 Background 节点、ViewPoint 节点、NavigationInfo 节点、Inline 节点及 PointLight 节点创建一个三维立体空间点光源发光效果。

本书附带光盘"X3D 实例源程序/第 5 章实例源程序"目录下，提供该实例的 X3D 主程序的源程序"px3d5-5.x3d"。

```
<?xml version="1.0" encoding="utf-8"?>
<!DOCTYPE X3D PUBLIC "ISO//Web3D//DTD X3D 3.1//EN"
"http://www.web3d.org/specifications/x3d-3.1.dtd">
<X3D profile="Immersive"
 xmlns:xsd="http://www.w3.org/2001/XMLSchema-instance"
xsd:noNamespaceSchemaLocation="http://www.web3d.org/specifications/x3d-
3.1.xsd">
  <head>
   <meta content="px3d5-5.x3d" name="filename"/>
   <meta content="zjz-zjr-zjd" name="author"/>
   <meta content="*enter name of original author here*" name="creator"/>
   <meta content="*enter copyright information here* Example: Copyright
(c) Web3D
   Consortium Inc. 2009" name="rights"/>
   <meta content="*enter online Uniform Resource Identifier (URI) or
Uniform Resource
   Locator (URL) address for this file here*" name="identifier"/>
   <meta content="X3D-Edit, http://www.web3d.org/x3d/content/
README.X3D-Edit.html"
   name="generator"/>
  </head>
   <Scene>
     <Viewpoint description="PointLight at center of spheres.  Note that
```

```
light rays pass
    through geometry." position="0 0 30"/>
      <NavigationInfo headlight="false" type='"EXAMINE" "ANY"'/>
      <Background skyColor="0.58 0.58 0.58"/>
      <Group>
        <PointLight radius="12"/>
        <Inline bboxSize="16 16 16" url="px3d5-5-1.x3d"/>
      </Group>
    </Scene>
</X3D>
```

光照效果节点利用场景造型来衬托各种光照效果，其中可使用 ViewPoint 节点、Transform 节点、Shape 节点、DEF 节点及 USE 节点等来设计各种光照效果。以上主程序引用的衬托造型子节点的源程序"px3d5-5-1.x3d"如下。

```
<?xml version="1.0" encoding="UTF-8"?>
<!DOCTYPE X3D PUBLIC "ISO//Web3D//DTD X3D 3.1//EN"
    "http://www.web3d.org/specifications/x3d-3.1.dtd">
<X3D profile="Immersive"
  xmlns:xsd="http://www.w3.org/2001/XMLSchema-instance"
xsd:noNamespaceSchemaLocation="http://www.web3d.org/specifications/x3d-
3.1.xsd">
  <head>
    <meta content="px3d5-5-1.x3d" name="filename"/>
    <meta content="zjz-zjr-zjd" name="author"/>
    <meta content="*enter name of original author here*" name="creator"/>
    <meta content="*enter copyright information here* Example:  Copyright
(c) Web3D Consortium Inc. 2009" name="rights"/>
    <meta content="*enter online Uniform Resource Identifier (URI) or
Uniform Resource Locator (URL) address for this file here*"
name="identifier"/>
    <meta content="X3D-Edit, http://www.web3d.org/x3d/content/
README.X3D-Edit.html" name="generator"/>
  </head>
  <Scene>
    <Viewpoint description="Spheres" position="0 0 30"/>
    <NavigationInfo type='"EXAMINE" "ANY"'/>
    <Transform translation="-7.5 -7.5 0.0">
      <Group DEF="BallRow">
        <Shape DEF="Ball">
          <Appearance>
            <Material diffuseColor="1 0.0 1.0"/>
          </Appearance>
          <Sphere/>
        </Shape>
        <Transform translation="3 0 0">
          <Shape USE="Ball"/>
        </Transform>
        <Transform translation="6 0 0">
          <Shape USE="Ball"/>
        </Transform>
        <Transform translation="9 0 0">
          <Shape USE="Ball"/>
        </Transform>
        <Transform translation="12 0 0">
          <Shape USE="Ball"/>
```

```
          </Transform>
          <Transform translation="15 0 0">
            <Shape USE="Ball"/>
          </Transform>
        </Group>
        <Transform translation="0 3 0">
          <Group USE="BallRow"/>
        </Transform>
        <Transform translation="0 6 0">
          <Group USE="BallRow"/>
        </Transform>
        <Transform translation="0 9 0">
          <Group USE="BallRow"/>
        </Transform>
        <Transform translation="0 12 0">
          <Group USE="BallRow"/>
        </Transform>
        <Transform translation="0 15 0">
          <Group USE="BallRow"/>
        </Transform>
      </Transform>
    </Scene>
</X3D>
```

在场景根节点下添加 Background 节点、Group 节点、Inline 节点、NavigationInfo 节点及 PointLight 节点。利用 PointLight 节点可创建一个三维立体空间中的点光源。

运行程序时，首先启动 Xj3D 或 BS Contact VRML/X3D 7.0/7.2 浏览器，然后打开"X3D 实例源程序/第 5 章实例源程序/px3d5-5.x3d"，即可运行由 PointLight 节点创建的三维立体点光源发光的场景造型程序。程序运行结果如图 5-5 所示。

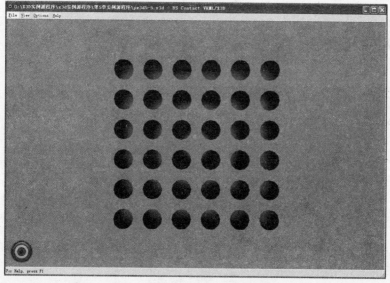

图 5-5　PointLight 节点程序运行结果

5.5.2 DirectionLight 节点

DirectionalLight 定向光源节点用于创建一束平行光线来照亮几何体。这种光线只照亮同一组内所有节点及当前组的深层子节点，对同组以外的物体无影响。这种光线从无限远处平行照射，不需要考虑光源的位置。DirectionalLight 节点的光不随距离变化而衰减，光线自身没有可见的形状，也不会被几何形体阻挡而形成阴影，可以动态改变光线的方向来模拟太阳光线一天的变化。

1. DirectionLight 节点的语法定义

DirectionalLight 节点定义了用于确定定向光源节点的属性名和域值，利用 DirectionalLight 节点的域名、域值、域数据类型及事件的存储/访问权限的定义可以创建一个效果理想的三维立体空间自然景观场景定向光源光照效果。DirectionalLight 节点的语法定义如下。

```
<DirectionalLight
    DEF                 ID
    USE                 IDREF
    on                  true            SFBool          inputOutput
    color               1.0 1.0 1.0     SFColor         inputOutput
    direction           0 0 -1          SFVec3f         inputOutput
    intensity           1.0             SFFloat         inputOutput
    ambientIntensity    0.0             SFFloat         inputOutput
    global              false           SFBool          inputOutput
    containerField      children
    class
/>
```

DirectionalLight 节点包含 DEF、USE、on 域、color 域、direction 域、intensity 域、ambientIntensity 域、global 域、containerField 域及 class 域等。

(1) on 域用于指定一个布尔量，表示该定向光源是处于打开状态，还是处于关闭状态。该域值为 true 表示打开定向光源；该域值为 false 表示关闭定向光源。其默认值为 true。

(2) color 域用于定义定向光源的 RGB 颜色值。其默认值为 1.0 1.0 1.0，表示生成一个白色的光源。

(3) direction 域用于定义一个三维向量，表示光源的照射方向。该域值的三个向量分别表示 X 轴、Y 轴、Z 轴的坐标值。如果 1 0 0 表示平行光线朝向 X 轴正方向，则 -1 0 0 表示平行光线朝向 X 轴负方向。其默认值为 0 0 -1，即方向光源的照射方向是沿 Z 轴的负方向的。

(4) intensity 域用于定义光源的光线强度。取值范围为[0.0，1.0]。该域值为 0.0 表示光源最弱，该域值为 1.0 表示光源最强。其默认值为 1.0。

(5) ambientIntensity 域用于定义光源对该光源照射物体中造型的环境光线的影响。该域值为 0.0 表示该光源对环境光线没有影响，该域值为 1.0 表示该光源对环境光线的影响很大。其默认值为 0.0。

(6) global 域用于指定定向光照到所有物体上。

(7) containerField 域即容器域。ContainerField 节点与 Field 节点之间存在子节点与父节点的关系。该容器域名称为 children，包含几何节点。containerField 属性只有在 X3D 场景用 XML 编码时才使用。

(8) class 域的域值是用空格分开的类的列表，保留给 XML 样式表使用。只有 X3D 场景用 XML 编码时才支持 class 属性。

2. DirectionLight 节点源程序实例

【实例 5-6】利用 Background、ViewPoint 节点、NavigationInfo 节点、Inline 节点及 DirectionalLight 节点创建一个三维立体空间定向光源发光效果。

本书附带光盘"X3D 实例源程序/第 5 章实例源程序"目录下，提供该实例的 X3D 源程序"px3d5-6.x3d"。

```
<?xml version="1.0" encoding="utf-8"?>
<!DOCTYPE X3D PUBLIC "ISO//Web3D//DTD X3D 3.0//EN"
"http://www.web3d.org/specifications/x3d-3.0.dtd">
<X3D profile="Immersive"
  xmlns:xsd="http://www.w3.org/2001/XMLSchema-instance"
xsd:noNamespaceSchemaLocation="http://www.web3d.org/specifications/x3d-
3.0.xsd">
  <head>
   <meta content="px3d5-6.x3d" name="filename"/>
   <meta content="zjz-zjr-zjd" name="author"/>
   <meta content="*enter name of original author here*" name="creator"/>
   <meta content="*enter copyright information here* Example: Copyright
(c) Web3D
   Consortium Inc. 2009" name="rights"/>
   <meta content="*enter online Uniform Resource Identifier (URI) or
Uniform Resource
   Locator (URL) address for this file here*" name="identifier"/>
   <meta content="X3D-Edit, http://www.web3d.org/x3d/content/
README.X3D-Edit.html"
   name="generator"/>
  </head>
  <Scene>
    <Viewpoint description="DirectionalLight shining parallel rays to
right.  No
   location, light source is infinitely distant." position="0 0 30"/>
    <NavigationInfo headlight="false" type='"EXAMINE" "ANY"'/>
    <Background skyColor="0.58 0.58 0.58"/>
    <Group>
      <DirectionalLight direction="1 0 0"/>
      <Inline bboxSize="16 16 16" url="px3d5-6-1.x3d"/>
    </Group>
```

```
    </Scene>
  </X3D>
```

在场景根节点下添加 Background 节点、Group 节点、Inline 节点、NavigationInfo 节点及 DirectionalLight 节点。利用 DirectionalLight 节点可创建一个三维立体空间定向光源。

运行程序时，首先启动 Xj3D 或 BS Contact VRML/X3D 7.0/7.2 浏览器，然后打开"X3D 实例源程序/第 5 章实例源程序/px3d5-6.x3d"，即可运行由 DirectionalLight 节点创建的三维立体定向光源发光的场景造型程序。程序运行结果如图 5-6 所示。

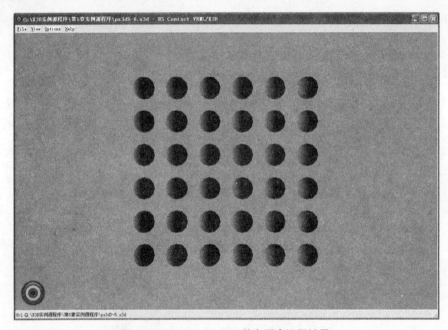

图 5-6　DirectionalLight 节点程序运行结果

5.5.3　SpotLight 节点

使用 SpotLight 聚光源节点，可以在 X3D 虚拟现实立体空间创建一些具有特别光照特效的场景，如舞台灯光、艺术摄影及其他一些特效虚拟场景等。SpotLight 节点可创建一个聚光源，即光线从一个光点位置呈圆锥体状朝向一个特定的方向照射的光源。圆锥体的顶点就是光源的位置，光线被限制在一个圆锥体空间里，只有在此圆锥体空间内的造型才会被照亮，其他部分不会被照亮。SpotLight 节点可作为独立节点，也可作为其他节点的子节点。

1. SpotLight 节点的语法定义

SpotLight 节点定义了用于确定聚光源节点的属性名和域值，利用 SpotLight 节点的域名、域值、域数据类型及事件的存储/访问权限的定义可以创建一个效果理想的三维立体空间自然景观场景光照效果。SpotLight 节点的语法定义如下。

```
<SpotLight
    DEF                 ID
    USE                 IDREF
    on                  true            SFBool          inputOutput
    color               1.0 1.0 1.0     SFColor         inputOutput
    location            0.0 0.0 0.0     SFVec3f         inputOutput
    direction           0 0 -1          SFVec3f         inputOutput
    intensity           1.0             SFFloat         inputOutput
    ambientIntensity    0.0             SFFloat         inputOutput
    radius              100             SFFloat         inputOutput
    attenuation         1.0 0.0 0.0     SFVec3f         inputOutput
    beamWidth           1.571           SFFloat         inputOutput
    cutOffAngle         0.785           SFFloat         inputOutput
    global              false           SFBool          inputOutput
    containerField      children
    class
/>
```

SpotLight 节点包含 DEF、USE、on 域、color 域、location 域、direction 域、intensity 域、ambientIntensity 域、radius 域、attenuation 域、beamWidth 域、cutOffAngle 域、global 域、containerField 域及 class 域等。

(1) on 域用于定义一个布尔量，表示该聚光源是处于打开状态，还是处于关闭状态。该域值为 true 表示打开聚光源；该域值为 false 表示关闭聚光源。其默认值为 true。

(2) color 域用于定义聚光源的 RGB 颜色值。其默认值为 1.0 1.0 1.0，表示生成一个白色的光源。

(3) location 域用于定义当前坐标系中光源所在位置的三维坐标。该点是聚光源的起点。其默认值为 0.0 0.0 0.0。

(4) direction 域用于定义一个三维向量，表示光源的照射方向。该域值的三个向量分别表示 X 轴、Y 轴、Z 轴的坐标值。如果 1 0 0 表示平行光线朝向 X 轴正方向，则-1 0 0 表示聚光源朝向 X 轴负方向。其默认值为 0 0 -1，即光源的照射方向是沿 Z 轴的负方向的。

(5) intensity 域用于指定聚光源的光线强度。取值范围为[0.0，1.0]。该域值为 0.0 表示光源最弱，该域值为 1.0 表示光源最强。其默认值为 1.0。

(6) ambientIntensity 域用于定义聚光源对该光源照射物体中造型的环境光线的影响。该域值为 0.0 表示该光源对环境光线没有影响，该域值为 1.0 表示该光源对环境光线的影响很大。其默认值为 0.0。

(7) radius 域用于指定聚光源的照射半径值（距离）。这个半径值决定了该光源所能照亮的范围，是聚光源的照射距离。

(8) attenuation 域用于指定在光照范围内光线的衰减方式。该域值由三个控制参数组成。

第一个值表示光线保持一定，不会衰减；第二个值控制光线按线性方式衰减，即随着距离的增加光线亮度逐渐减弱；第三个值表示采用二次衰减方式，这是最接近现实世界状况的方式，也是最耗费内存的情况。该域的默认值为 1.0 0.0 0.0，表示照明范围内亮度保持一致。

(9) beamWidth 域用于定义圆锥体的中心轴到圆锥体的边的角度，用弧度单位计量，在这个范围内光照保持不变。取值范围为[0.0，1.571] ([0，$\pi/2$])，其默认值为 1.571 ($\pi/2$)。

(10) cutOffAngle 域用于表示圆锥体中心轴到圆锥体的边的角度，即光照锥体的扩散角，用弧度单位计量。在 beamWidth 和 cutOffAngle 域值之间的部分是光线的衰减区。取值范围为[0.0，1.571] ([0，$\pi/2$])，其默认值为 0.785 ($\pi/4$)。

(11) global 域用于指定聚光源照到所有物体上。

(12) containerField 域即容器域。ContainerField 节点与 Field 节点之间存在子节点与父节点的关系。该容器域名称为 children，包含几何节点。containerField 属性只有在 X3D 场景用 XML 编码时才使用。

(13) class 域的域值是用空格分开的类的列表，保留给 XML 样式表使用。只有 X3D 场景用 XML 编码时才支持 class 属性。

2. SpotLight 聚光灯光源节点源程序实例

【实例 5-7】利用 Background 节点、ViewPoint 节点、NavigationInfo 节点、Inline 节点及 SpotLight 节点创建一个三维立体空间聚光源发光效果。

本书附带光盘"X3D 实例源程序/第 5 章实例源程序"目录下，提供该实例的 X3D 源程序"px3d5-7.x3d"。

```
<?xml version="1.0" encoding="utf-8"?>
<!DOCTYPE X3D PUBLIC "ISO//Web3D//DTD X3D 3.1//EN"
"http://www.web3d.org/specifications/x3d-3.1.dtd">
<X3D profile="Immersive"
  xmlns:xsd="http://www.w3.org/2009/XMLSchema-instance"
xsd:noNamespaceSchemaLocation="http://www.web3d.org/specifications/x3d-
3.1.xsd">
  <head>
   <meta content="px3d5-7.x3d" name="filename"/>
   <meta content="zjz-zjr-zjd" name="author"/>
   <meta content="*enter name of original author here*" name="creator"/>
   <meta content="*enter copyright information here* Example: Copyright
(c) Web3D
   Consortium Inc. 2010" name="rights"/>
   <meta content="*enter online Uniform Resource Identifier (URI) or
Uniform Resource
   Locator (URL) address for this file here*" name="identifier"/>
   <meta content="X3D-Edit, http://www.web3d.org/x3d/content/
README.X3D-Edit.html"
   name="generator"/>
```

```
  </head>
  <Scene>
     <Viewpoint description="SpotLight shining a cone of light rays to
right." position="0
  0 30"/>
     <NavigationInfo headlight="false" type='"EXAMINE" "ANY"'/>
     <Background skyColor="0.58 0.58 0.58"/>
     <Group>
        <SpotLight ambientIntensity="0.5" cutOffAngle="0.393"
direction="1 0 0"
  location="-9 0 0" radius="16" beamWidth="1.570796"/>
        <DirectionalLight intensity="0.4"/>
        <Inline bboxSize="16 16 16" url="px3d5-7-1.x3d"/>
     </Group>
  </Scene>
</X3D>
```

在场景根节点下添加 Background 节点、Group 节点、Inline 节点、NavigationInfo 节点及 SpotLight 节点，利用 SpotLight 节点可创建一个三维立体空间聚光源。

运行程序时，首先启动 Xj3D 或 BS Contact VRML/X3D 7.0/7.2 浏览器，然后打开"X3D 实例源程序/第 5 章实例源程序/px3d5-7.x3d"，即可运行由 SpotLight 节点创建的三维立体聚光源发光的场景造型程序。程序运行结果如图 5-7 所示。

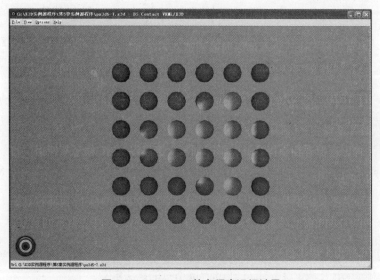

图 5-7　SpotLight 节点程序运行结果

5.6　X3D 阴影节点设计

X3D 场景中只有光照没有阴影，如果要制造出阴影，通常需要一些小技巧仿真出阴影的感觉。在阴影节点中，通过程序语言，如 OpenGL Shader Language、NVIDIA Cg Shader

Language 或 Microsoft High-Level Shader Language 可计算出阴影的效果。

阴影节点设计涉及 ShaderPart 节点、ShaderProgram 节点、ComposedShader 节点、ProgramShader 节点、PackagedShader 节点等。

5.6.1 X3D 阴影节点的语法定义

1. ShaderPart 节点

ShaderPart 节点定义了一个由单一物体遮挡形成的遮挡源。ShaderPart 节点包含 IS/connect 及域定义。ShaderPart 节点的语法定义如下。

```
<ShaderPart
    DEF             ID
    USE             IDREF
    url                                MFString        inputOutput
    type            "VERTEX"
                    [VERTEX|FRAGMENT]  SFString        initializeOnly
    containerField  " "
    class
/>
```

ShaderPart 节点包含 DEF、USE、url 域、type 域、containerField 域及 class 域等。

(1) url 域用于指定一个可替换的网络地址，单击 Anchor 锚节点可连接几何造型。

(2) type 域用于指定一个类型，即是一个顶点或是一个像素点的阴影。

(3) containerField 域即容器域。ContainerField 节点与 Field 节点之间存在子节点与父节点的关系。该容器域名称为空，包含几何节点。containerField 属性只有在 X3D 场景用 XML 编码时才使用。

(4) class 域的域值是用空格分开的类的列表，保留给 XML 样式表使用。只有 X3D 场景用 XML 编码时才支持 class 属性。

2. ShaderProgram 节点

ShaderProgram 节点提供阴影源和接口，包含遮挡描述部分的程序部分。ShaderProgram 节点包含 IS/connect 及域定义。ShaderProgram 节点的语法定义如下。

```
<ShaderProgram
    DEF             ID
    USE             IDREF
    url                                MFString        inputOutput
    type            "VERTEX"
                    [VERTEX|FRAGMENT]  SFString        initializeOnly
    containerField  " "
    class
/>
```

3. ComposedShader 节点

ComposedShader 节点定义了一个阴影，单独的阴影源文件不是独立的程序。ComposedShader 节点包括 IS/connect、阴影节点及域定义。ComposedShader 节点的语法定义如下。

```
<ComposedShader
    DEF                 ID
    USE                 IDREF
    activate                            SFBool      inputOutput
    isSelected                          SFBool      outputOnly
    isValid                             SFBool      outputOnly
    language            " "             SFString    initializeOnly
    containerField      " "
    class
/>
```

ComposedShader 节点包含 DEF、USE、activate 域、isSelected 域、isValid 域、language 域、containerField 域及 class 域等。

(1) activate 域用于指定一个已激活的物体，阴影包含激活的物体。

(2) isSelected 域用于指定一个指示物。

(3) isValid 域用于指定是否通用物体的阴影，能够运行阴影程序。

(4) language 域用于指定浏览器使用阴影表达式。

(5) containerField 域即容器域。ContainerField 节点与 Field 节点之间存在子节点与父节点的关系。该容器域名称为空，包含几何节点。containerField 属性只有在 X3D 场景用 XML 编码时才使用。

(6) class 域的域值是用空格分开的类的列表，保留给 XML 样式表使用。只有 X3D 场景用 XML 编码时才支持 class 属性。

4. ProgramShader 节点

ProgramShader 节点定义了一个阴影，包括一个或更多个单独程序。ProgramShader 节点包含节点及域的定义。ProgramShader 节点的语法定义如下。

```
<ProgramShader
    DEF                 ID
    USE                 IDREF
    activate                            SFBool      inputOnly
    isSelected                          SFBool      outputOnly
    isValid                             SFBool      outputOnly
    language            " "             SFString    initializeOnly
    containerField      " "
    class
/>
```

PackagedShader 节点描述了一个简单文件，该文件能够包含许多阴影和组合效果。PackagedShader 节点包含 IS/connect 及域定义。PackagedShader 节点的语法定义如下。

```
<PackagedShader
    DEF                  ID
    USE                  IDREF
    activate                              SFBool      inputOnly
    isSelected                            SFBool      outputOnly
    isValid                               SFBool      outputOnly
    language             " "              SFString    initializeOnly
    containerField       " "
    class
/>
```

5.6.2 X3D 阴影节点源程序实例

【实例 5-8】利用 Shape 节点、Appearance 节点、Material 节点、几何节点在三维立体空间背景下，创建一个三维立体模拟阴影造型。

本书附带光盘"X3D 实例源程序/第 5 章实例源程序"目录下，提供该实例的 X3D 源程序"px3d5-8.x3d"。

```
<?xml version="1.0" encoding="UTF-8"?>
<X3D profile="Immersive" version="3.1">
    <head>
    <meta content="px3d5-8.x3d" name="filename"/>
    <meta content="zjz-zjr-zjd" name="author"/>
    <meta content="*enter name of original author here*" name="creator"/>
    <meta content="*enter copyright information here* Example:  Copyright
(c) Web3D
    Consortium Inc. 2006" name="rights"/>
    <meta content="*enter online Uniform Resource Identifier (URI) or
Uniform Resource
    Locator (URL) address for this file here*" name="identifier"/>
<meta content="X3D-Edit, http://www.web3d.org/x3d/content/
README.X3D-Edit.html"
    name="generator"/>
    </head>
    <Scene>
        <Background DEF="_Background" skyColor='0.98 0.98 0.98'>
        </Background>
        <Transform DEF="_Transform" rotation='0 1 0 -0.758'>
            <Viewpoint DEF="_Viewpoint" orientation='1 0 0 -0.52'
position='0 8 12' description="Fake showdows in simple sphere scene">
            </Viewpoint>
        </Transform>
        <Transform DEF="_Transform_1" rotation='0 1 0 1.57'>
            <Viewpoint DEF="_Viewpoint_1" orientation='1 0 0 -0.52'
position='0 8 12' description="Simple sphere scene seen from +X axis">
            </Viewpoint>
        </Transform>
        <NavigationInfo DEF="_NavigationInfo" headlight='false'
    type='"EXAMINE", "ANY"'>
```

```
        </NavigationInfo>
        <Group DEF="_Group">
            <DirectionalLight DEF="_DirectionalLight" direction='0 -1 0'
    intensity='0.7'>
            </DirectionalLight>
            <Shape DEF="_Shape">
                <Appearance>
                    <Material diffuseColor='0.9 0.9 0.9'>
                    </Material>
                </Appearance>
                <Box DEF="_Box" size='10 0.01 10'>
                </Box>
            </Shape>
            <Transform translation='0 4 2'>
                <Shape>
                    <Appearance>
                        <ImageTexture repeatS="true" repeatT="true"
url="earth-map.png"/>
                    </Appearance>
                    <Sphere>
                    </Sphere>
                </Shape>
                <Transform translation='0 -4 0'>
                    <Shape>
                        <Appearance DEF="ShadowAppearance">
                            <Material diffuseColor='0 0 0' transparency='0.5'>
                            </Material>
                        </Appearance>
                        <Cylinder bottom='false' height='0.05' side='false'>
                        </Cylinder>
                    </Shape>
                </Transform>
            </Transform>
            <Transform translation='2 2 -2'>
                <Shape>
                    <Appearance>
                        <Material diffuseColor='0.8 0.2 0.2'
ambientIntensity='0.1' specularColor='1 0.8 0.8' shininess='0.15' />
                    </Appearance>
                    <Sphere radius='2'>
                    </Sphere>
                </Shape>
                <Transform translation='0 -2 0'>
                    <Shape>
                        <Appearance USE="ShadowAppearance"/>
                        <Cylinder bottom='false' height='0.05' radius='2'
side='false'>
                        </Cylinder>
                    </Shape>
                </Transform>
            </Transform>
            <Transform translation='-2 2.5 0'>
                <Shape>
                    <Appearance>
                        <ImageTexture repeatS="true" repeatT="true" url=
"mount.jpg"/>
                    </Appearance>
```

```
                    <Sphere radius='0.75'>
                    </Sphere>
                </Shape>
                <Transform translation='0 -2.5 0'>
                    <Shape>
                        <Appearance USE="ShadowAppearance"/>
                            <Cylinder bottom='false' height='0.05'
radius='0.75' side='false'>
                            </Cylinder>
                    </Shape>
                </Transform>
            </Transform>
        </Group>
    </Scene>
</X3D>
```

在场景根节点下添加 Background 节点和 Shape 节点，Background 节点的颜色取白色，以突出三维立体几何造型的显示效果。利用三维立体几何节点和阴影节点可创建三维立体模拟阴影造型，此外增加了 Appearance 节点和 Material 节点，以便对物体造型的外观颜色、物体发光颜色、外观材料的亮度及透明度进行设计，增强三维空间立体模拟阴影造型的显示效果。

运行程序时，首先启动 Xj3D 或 BS Contact VRML/X3D 7.0/7.2 浏览器，然后打开"X3D实例源程序/第 5 章实例源程序/px3d5-8.x3d"，即可运行虚拟现实模拟阴影三维立体空间场景程序。程序运行结果如图 5-8 所示。

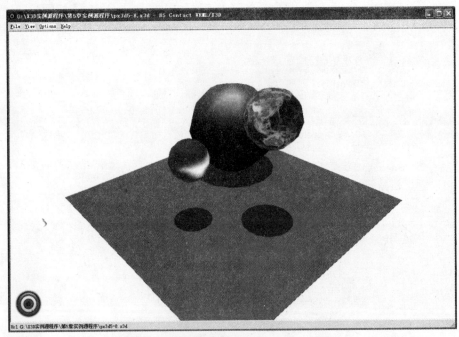

图 5-8　模拟阴影三维立体造型程序运行结果

5.7 WorldInfo 节点

WorldInfo 信息化节点用于提供 X3D 程序的标题和认证信息。标题可以表达程序的含义，而认证信息则可以提供软件开发作者、完成时间、版本、版权等信息。

WorldInfo 节点有利于软件开发规范化、信息化、工程化。在软件开发中应该经常使用 WorldInfo 节点与程序注释，以便开发者与读者都能很流畅地阅读和理解 X3D 程序，有利于软件开发文件的形成与规范。

WorldInfo 节点定义了用于确定标题和认证信息的属性名和域值，利用 WorldInfo 节点的域名、域值、域数据类型及事件的存储/访问权限的定义可以创建一个效果理想的 X3D 信息化节点效果。WorldInfo 节点的语法定义如下。

```
<WorldInfo
   DEF                    ID
   USE                    IDREF
   title                            SFString    initializeOnly
   info                             MFString    initializeOnly
   containerField    children
   class
/>
```

WorldInfo 节点包含 DEF、USE、title 域、info 域、containerField 域及 class 域等。

(1) title 域用于定义一个用于展示 X3D 场景的标题，默认值为空字符串。

(2) info 域用于定义 X3D 场景中该程序的相关信息，如版本、作者、完成时间等信息。

(3) containerField 域即容器域。ContainerField 节点与 Field 节点之间存在子节点与父节点的关系。该容器域名称为 children，包含几何节点。containerField 属性只有在 X3D 场景用 XML 编码时才使用。

(4) class 域的域值是用空格分开的类的列表，保留给 XML 样式表使用。只有 X3D 场景用 XML 编码时才支持 class 属性。

第 6 章

X3D 图像纹理绘制节点设计

纹理贴图是一种位图，即二维图像。把纹理贴图按一定规则粘贴到 X3D 立体空间造型表面的过程称为纹理映射。纹理映射能使立体空间造型更具真实感，纹理图能增强浏览者的视觉效果，提高渲染的质量，如可将物体造型映射成大理石纹理形成地砖，映射成木纹形成地板，映射成墙砖形成墙壁的效果等。在 X3D 文件中，浏览器支持的纹理贴图格式有 JPEG、GIF、PNG 及 MPEG 等。X3D 文件提供多种纹理节点。

6.1　ImageTexture 节点

ImageTexture 图像纹理节点用于创建一个三维立体几何体表面的纹理贴图，使 X3D 三维立体场景和造型具有更加逼真和生动的设计效果，该节点常作为 Shape 节点中 Appearance 节点的子节点。

6.1.1　ImageTexture 节点的语法定义

ImageTexture 节点映射一个二维图像到一个几何体的表面。纹理贴图使用一个水平-垂直二维坐标系 (s, t)，s 和 t 分别对应图像上相对边角的距离。当使用太亮的自发光材质 (Material emissiveColor 值较大) 时，会破坏一些纹理的效果。

ImageTexture 节点定义了用于确定图像纹理节点的属性名和域值，利用 ImageTexture 节点的域名、域值、域数据类型及事件的存储/访问权限的定义可以创建一个效果理想的三维立体空间造型。ImageTexture 节点的语法定义如下。

```
<ImageTexture
    DEF                 ID
    USE                 IDREF
    url                                 MFString    inputOutput
    repeatS             true            SFBool      initializeOnly
    repeatT             true            SFBool      initializeOnly
    containerField      texture
    class
/>
```

ImageTexture 节点包含 DEF、USE、url 域、repeatS 域、repeatT 域、containerField 域及 class 域等。

(1) url 域指定一个由高优先级到低优先级的 URL 排序表，用于粘贴图像文件名及来源位置，图像必须是 JPEG、GIF 或 PNG 文件格式的文件。X3D 浏览器从地址列表中第一个 URL 指定位置试起，如果没有找到或不能打开图像文件，X3D 浏览器就尝试打开第二个 URL 指定的文件，依此类推，当找到一个可打开的图像文件时，该图像文件被读入，作为纹理映射造型。如果找不到任何一个可以打开的图像文件，则不能进行纹理映射。

(2) repeatS 域用于指定一个布尔量，沿 S 轴水平重复纹理。如果域值为 true，则纹理贴图会沿水平方向重复填满这个几何对象表面，此为默认值；如果域值为 false，则纹理贴图只会被限制在[0.0，1.0]范围内，在水平方向重复填满几何对象表面。

(3) repeatT 域用于指定一个布尔量，沿 T 轴垂直重复纹理。如果域值为 true，则纹理贴图会沿垂直方向重复填满这个几何对象表面，此为默认值；如果域值为 false，则纹理贴图只会被限制在[0.0，1.0]范围内，在垂直方向重复填满几何对象表面。

(4) containerField 域即容器域。ContainerField 节点与 Field 节点之间存在子节点与父节点的关系。该容器域名称为 texture，包含几何节点。containerField 属性只有在 X3D 场景用 XML 编码时才使用。

(5) class 域的域值是用空格分开的类的列表，保留给 XML 样式表使用。只有 X3D 场景用 XML 编码时才支持 class 属性。

6.1.2　ImageTexture 节点源程序实例

【实例 6-1】利用 Shape 节点、Appearance 节点、Material 节点、Transform 节点、ImageTexture 节点及几何节点在三维立体空间背景下，创建一个纹理贴图的三维立体造型。

本书附带光盘"X3D 实例源程序/第 6 章实例源程序"目录下，提供该实例的 X3D 源程序"px3d6-1.x3d"。

```
<?xml version="1.0" encoding="UTF-8"?>
<!DOCTYPE X3D PUBLIC "http://www.web3d.org/specifications/x3d-3.1.dtd"
     "file:///www.web3d.org/TaskGroups/x3d/translation/x3d-3.1.dtd">
<X3D profile="Immersive" version="3.1"
 xmlns:xsd="http://www.w3.org/2001/XMLSchema-instance"
xsd:noNamespaceSchemaLocation="http://www.web3d.org/specifications/x3d-
3.1.xsd">
 <head>
   <meta content="px3d6-1.x3d" name="filename"/>
   <meta content="zjz-zjr-zjd" name="author"/>
   <meta content="*enter name of original author here*" name="creator"/>
   <meta content="*enter copyright information here* Example: Copyright
(c) Web3D
   Consortium Inc. 2006" name="rights"/>
   <meta content="*enter online Uniform Resource Identifier (URI) or
Uniform Resource
```

```
    Locator (URL) address for this file here*" name="identifier"/>
    <meta content="X3D-Edit, http://www.web3d.org/x3d/content/
README.X3D-Edit.html"
    name="generator"/>
  </head>
  <Scene>
    <Background skyColor="0.98 0.98 0.98"/>
    <Shape>
      <Appearance>
        <ImageTexture repeatS="true" repeatT="true" url="3698.jpg"/>
      </Appearance>
      <Box size="2 2 2"/>
    </Shape>
  </Scene>
</X3D>
```

在场景根节点下添加 Background 节点、Group 节点、Transform 节点、Shape 节点及 ImageTexture 节点，Background 节点的颜色取白色，以突出三维立体几何造型的显示效果。利用几何节点 ImageTexture 节点组合可创建一个三维立体场景，以增强三维空间立体造型的显示效果。

运行程序时，首先启动 Xj3D 或 BS Contact VRML/X3D 7.0/7.2 浏览器，然后打开"X3D 实例源程序/第 6 章实例源程序/px3d6-1.x3d"，即可运行由 ImageTexture 节点创建的三维立体场景造型程序。程序运行结果如图 6-1 所示。

图 6-1   ImageTexture 节点程序运行结果

6.2 Image3DTexture 节点

Image3DTexture 图像 3D 纹理节点定义了一个 3D 基本纹理图像，用于对一个单一图像文件进行详细说明，并且包含一个完整 3D 数据。纹理贴图使用三维坐标系（s, t, r），s、t、r 的取值范围均为[0.0, 1.0]。Image3DTexture 节点常作为 Shape 节点中 Appearance 节点的子节点。

Image3DTexture 节点定义了用于确定 3D 图像纹理节点的属性名和域值，利用 Image3DTexture 节点的域名、域值、域数据类型及事件的存储/访问权限的定义可以创建一个效果理想的三维立体空间造型。Image3DTexture 节点的语法定义如下。

```
<Image3DTexture
    DEF                 ID
    USE                 IDREF
    url                                 MFString        inputOutput
    repeatS             false           SFBool          initializeOnly
    repeatT             false           SFBool          initializeOnly
    repeatR             false           SFBool          initializeOnly
    containerField      texture
    class
/>
```

Image3DTexture 节点包含 DEF、USE、url 域、repeatS 域、repeatT 域、repeatR 域、containerField 域及 class 域等。

（1）url 域指定一个由高优先级到低优先级的 URL 排序表，用于粘贴图像文件名及来源位置，图像必须是 JPEG、GIF 或 PNG 文件格式的文件。X3D 浏览器从地址列表中第一个 URL 指定位置试起，如果没有找到或不能打开图像文件，则 X3D 浏览器就尝试打开第二个 URL 指定的文件，依此类推，当找到一个可打开的图像文件时，该图像文件被读入，作为纹理映射造型。如果找不到任何一个可以打开的图像文件，则不能进行纹理映射。

（2）repeatS 域用于指定一个布尔量，沿 S 轴水平重复纹理。如果域值为 true，则纹理贴图会沿水平方向重复填满这个几何对象表面，此为默认值；如果域值为 false，则纹理贴图只会被限制在[0.0, 1.0]范围内，在水平方向重复填满几何对象表面。

（3）repeatT 域用于指定一个布尔量，沿 T 轴垂直重复纹理。如果域值为 true，则纹理贴图会沿垂直方向重复填满这个几何对象表面，此为默认值；如果域值为 false，则纹理贴图只会被限制在[0.0, 1.0]范围内，在垂直方向重复填满几何对象表面。

（4）repeatR 域用于指定一个布尔量，沿 R 轴垂直重复纹理。

（5）containerField 域即容器域。ContainerField 节点与 Field 节点之间存在子节点与父节点的关系。该容器域名称为 texture，包含几何节点。containerField 属性只有在 X3D 场景用 XML

编码时才使用。

(6) class 域的域值是用空格分开的类的列表，保留给 XML 样式表使用。只有 X3D 场景用 XML 编码时才支持 class 属性。

6.3 ImageCubeMapTexture 节点

ImageCubeMapTexture 立方体图像纹理节点用于指定一个立方体，该立方体环绕单一文件格式的源图像，包含每一个侧面的多个图像，根据 URL 指定图像路径进行纹理绘制。

ImageCubeMapTexture 节点定义了用于确定立方体图像纹理节点的属性名和域值，利用 ImageCubeMapTexture 节点的域名、域值、域数据类型及事件的存储/访问权限的定义可以创建一个效果理想的三维立方体图像纹理造型。ImageCubeMapTexture 节点的语法定义如下。

```
<ImageCubeMapTexture
    DEF             ID
    USE             IDREF
    url                                 MFString        inputOutput
    containerField  children
    class
/>
```

ImageCubeMapTexture 节点包含 DEF、USE、url 域、containerField 域及 class 域等。

(1) url 域用于指定一个由高优先级到低优先级的 URL 排序表。在进行纹理贴图地址替换时，可通过激活锚节点来调用相应的几何纹理贴图节点。url 域用于粘贴图像文件名及来源位置，图像必须是 JPEG、GIF 或 PNG 文件格式的文件。X3D 浏览器从地址列表中第一个 URL 指定位置试起，如果没有找到或不能打开图像文件，则浏览器尝试打开第二个 URL 指定的文件，依此类推，当找到一个可打开的图像文件时，该图像文件被读入，作为纹理映射造型。如果找不到任何一个可以打开的图像文件，则不能进行纹理映射。

(2) containerField 域即容器域。ContainerField 节点与 Field 节点之间存在子节点与父节点的关系。该容器域名称为 children，包含几何节点。containerField 属性只在 X3D 场景用 XML 编码时才使用。

(3) class 域的域值是用空格分开的类的列表，保留给 XML 样式表使用。只有 X3D 场景用 XML 编码时才支持 class 属性。

6.4 PixelTexture 节点

PixelTexture 像素纹理节点指定了纹理映射的属性，定义了一个包含像素值的数组，用于创建一个二维纹理贴图。纹理贴图使用二维坐标系（s，t），s、t 的取值范围为[0.0，1.0]。该节点常作为 Shape 节点中 Appearance 节点的子节点。

PixelTexture 节点定义了用于确定像素纹理节点的属性名和域值，利用 PixelTexture 节点的域名、域值、域数据类型及事件的存储/访问权限的定义可以创建一个效果理想的三维立体造型。PixelTexture 节点的语法定义如下。

```
<PixelTexture
    DEF            ID
    USE            IDREF
    image          0 0 0          SFImage        inputOutput
    repeatS        true           SFBool         initializeOnly
    repeatT        true           SFBool         initializeOnly
    containerField texture
    class
/>
```

PixelTexture 节点包含 DEF、USE、image 域、repeatS 域、repeatT 域、containerField 域及 class 域等。

(1) image 域用于定义一个图像，指定了用来对造型进行纹理映射的纹理映像的大小和像素值。该域值包含宽（width）、高（height）、像素值组的数量（number_of_components）和像素值（pixel_values）。

(2) repeatS 域用于指定一个布尔量，沿 S 轴水平重复纹理。如果域值为 true，则纹理贴图会沿水平方向重复填满这个几何对象表面，此为默认值；如果域值为 false，则纹理贴图只会被限制在[0.0，1.0]范围内，在水平方向重复填满几何对象表面。

(3) repeatT 域用于指定一个布尔量，沿 T 轴垂直重复纹理。如果域值为 true，则纹理贴图会沿垂直方向重复填满这个几何对象表面，此为默认值；如果域值为 false，则纹理贴图只会被限制在[0.0，1.0]范围内，在垂直方向重复填满几何对象表面。

(4) containerField 域即容器域。ContainerField 节点与 Field 节点之间存在子节点与父节点的关系。该容器域名称为 texture，包含几何节点。containerField 属性只有在 X3D 场景用 XML 编码时才使用。

(5) class 域的域值是用空格分开的类的列表，保留给 XML 样式表使用。只有 X3D 场景用 XML 编码时才支持 class 属性。

6.5 Pixel3DTexture 节点

Pixel3DTexture 像素 3D 纹理节点指定了一个 3D 纹理图像，可以直接描述一个像素数组值（图像域）。该节点使用三维坐标系（s，t，r），s、t、r 的取值范围均为[0.0，1.0]。该节点常作为 Shape 节点中 Appearance 节点的子节点。

Pixel3DTexture 节点定义了用于确定 3D 像素纹理节点的属性名和域值，利用 Pixel3DTexture 节点的域名、域值、域数据类型及事件的存储/访问权限的定义可以创建一个效果理想的三维立体像素 3D 纹理造型。Pixel3DTexture 节点的语法定义如下。

```
<Pixel3DTexture
    DEF             ID
    USE             IDREF
    image           0 0 0 0      MFInt32      inputOutput
    repeatS         false        SFBool       initializeOnly
    repeatT         false        SFBool       initializeOnly
    repeatR         false        SFBool       initializeOnly
    containerField  texture
    class
/>
```

Pixel3DTexture 节点包含 DEF、USE、image 域、repeatS 域、repeatT 域、repeatR 域、containerField 域及 class 域等。

（1）image 域用于描述 3D 纹理数据。3D 纹理数据包含三部分——宽（width）、高（height）及深（depth）的像素纹理值，像素纹理格式为 width×height×depth。

（2）repeatS 域用于指定一个布尔量，沿 S 轴水平重复纹理。如果域值为 true，则纹理贴图会沿水平方向重复填满这个几何对象表面，此为默认值；如果域值为 false，则纹理贴图只会被限制在[0.0，1.0]范围内，在水平方向重复填满几何对象表面。

（3）repeatT 域用于指定一个布尔量，沿 T 轴垂直重复纹理。如果域值为 true，则纹理贴图会沿垂直方向重复填满这个几何对象表面，此为默认值；如果域值为 false，则纹理贴图只会被限制在[0.0，1.0]范围内，在垂直方向重复填满几何对象表面。

（4）repeatR 域用于指定一个布尔量，沿 R 轴垂直重复纹理。

（5）containerField 域即容器域。ContainerField 节点与 Field 节点之间存在子节点与父节点的关系。该容器域名称为 texture，包含几何节点。containerField 属性只有在 X3D 场景用 XML 编码时才使用。

（6）class 域的域值是用空格分开的类的列表，保留给 XML 样式表使用。只有 X3D 场景用 XML 编码时才支持 class 属性。

6.6 TextureBackground 节点

TextureBackground 纹理背景节点用于定义 X3D 世界中的天空颜色、地面颜色及空间角、地面角，产生天空和地面效果。利用该节点可以在天空和地面之间设定一幅三维立体空间图像，并可以在其中放置各种三维立体造型和场景。

TextureBackground 节点定义了用于确定天空、地面及应用纹理的属性名和域值，利用 TextureBackground 节点的域名、域值、域数据类型及事件的存储/访问权限的定义可以创建一个效果理想的背景纹理三维立体空间造型。TextureBackground 节点的语法定义如下。

```
<TextureBackground
    DEF                 ID
    USE                 IDREF
    skyColor            0 0 0              MFColor        inputOutput
    skyAngle            0 0 0              MFFloat        inputOutput
    groundColor         0 0 0              MFColor        inputOutput
    groundAngle                            MFFloat        inputOutput
    transparency        0                  MFFloat        inputOutput
    set_bind            " "                SFBool         inputOnly
    bindTime            " "                SFTime         outputOnly
    isBound             " "                SFBool         outputOnly
    containerField      children
    class
/>
```

TextureBackground 节点包含 DEF、USE、skyColor 域、skyAngle 域、groundColor 域、groundAngle 域、transparency 域、set_bind 域、bindTime 域、isBound 域、containerField 域及 class 域等。

(1) skyColor 域用于对立体空间背景天空的颜色进行着色，该域值由一系列 RGB 颜色值组合而成。其默认值为 0 0 0。

(2) skyAngle 域用于指定空间背景上需要着色的位置的天空角。X3D 浏览器就是在这些空间角所指位置进行着色的。第一个天空颜色着色于天空背景的正上方，第二个天空颜色着色于第一个天空角所指定的位置，第三个天空颜色着色于第二个天空角所指定的位置，依此类推。这样可使天空角之间的颜色慢慢过渡，形成颜色梯度。该域值必须以升序的方式排列。默认值为 0 0 0。

(3) groundColor 域用于对地面背景颜色进行着色，该域值由一系列 RGB 颜色值组合而成。其默认值为 0 0 0。

(4) groundAngle 域用于指定地面背景上需要着色的位置的地面角。第一个地面颜色着色于地面背景的正下方，第二个地面颜色着色于第一个地面角所指定的位置，第三个地面颜色着色于第二个地面角所指定的位置，依此类推。该域值中地面角必须以升序的方式排列。默认值为 NULL。

(5) transparency 域用于指定一个应用到纹理的透明度，其默认值为 0。

(6) set_bind 域用于指定一个输入事件 set_bind 为 true 时激活这个节点,输入事件 set_bind 为 false 时禁止这个节点。

(7) bindTime 域用于指定当节点被激活/禁止时发送事件。

(8) isBound 域用于指定当节点激活时发送 true 事件,当焦点转到另一个节点时发送 false 事件。

(9) containerField 域即容器域。ContainerField 节点与 Field 节点之间存在子节点与父节点的关系。该容器域名称为 children,包含几何节点。containerField 属性只有在 X3D 场景用 XML 编码时才使用。

(10) class 域的域值是用空格分开的类的列表,保留给 XML 样式表使用。只有 X3D 场景用 XML 编码时才支持 class 属性。

6.7 TextureCoordinate 节点

X3D 中提供了 TextureCoordinate 纹理坐标节点和 TextureTransform 纹理坐标变换节点来控制纹理的坐标及坐标变换,使空间纹理造型达到更佳的效果。TextureCoordinate 节点定义了一组纹理坐标,用于为基于顶点的几何体(如 ElevationGrid、IndexedFaceSet)指定二维纹理坐标点(s,t),以便在基于顶点的多边形片面上进行纹理贴图。

6.7.1 TextureCoordinate 节点的语法定义

TextureCoordinate 节点定义了用于确定几何纹理坐标节点的属性名和域值,利用 TextureCoordinate 节点的域名、域值、域数据类型及事件的存储/访问权限的定义可以创建一个效果理想的三维立体坐标纹理图像场景。TextureCoordinate 节点的语法定义如下。

```
<TextureCoordinate
    DEF                 ID
    USE                 IDREF
    point                                   MFVec2f          inputOutput
    containerField      texCoord
    class
/>
```

TextureCoordinate 节点包含 DEF、USE、point 域、containerField 域及 class 域等。

(1) point 域用于指定纹理贴图在纹理坐标系中的位置。与造型坐标不同的是,纹理坐标是由两个浮点数来指定的,分别表示自坐标原点起 S 轴(水平)和 T 轴(垂直)方向上的距离值。其默认值为 NULL。通过 TextureCoordinate 节点可以指定纹理贴图中的一部分来绘制纹理图像。

(2) containerField 域即容器域。ContainerField 节点与 Field 节点之间存在子节点与父节点的关系。该容器域名称为 texCoord，包含几何节点。containerField 属性只有在 X3D 场景用 XML 编码时才使用。

(3) class 域的域值是用空格分开的类的列表，保留给 XML 样式表使用。只有 X3D 场景用 XML 编码时才支持 class 属性。

6.7.2 TextureCoordinate 节点源程序实例

【实例 6-2】利用 Shape 节点、Appearance 节点、Material 节点、Transform 节点、TextureCoordinate 节点及几何节点在三维立体空间背景下，创建一个三维立体纹理坐标图像造型。

本书附带光盘"X3D 实例源程序/第 6 章实例源程序"目录下，提供该实例的 X3D 源程序"px3d6-2.x3d"。

```
<?xml version="1.0" encoding="UTF-8"?>
<!DOCTYPE X3D PUBLIC "http://www.web3d.org/specifications/x3d-3.1.dtd"
      "file:///www.web3d.org/TaskGroups/x3d/translation/x3d-3.1.dtd">
<X3D profile="Immersive" version="3.1"
 xmlns:xsd="http://www.w3.org/2001/XMLSchema-instance"
xsd:noNamespaceSchemaLocation="http://www.web3d.org/specifications/x3d-
3.1.xsd">
  <head>
    <meta content="px3d6-2.x3d" name="filename"/>
    <meta content="zjz-zjr-zjd" name="author"/>
    <meta content="*enter name of original author here*" name="creator"/>
    <meta content="*enter copyright information here* Example:Copyright (c)
Web3D
    Consortium Inc. 2006" name="rights"/>
    <meta content="*enter online Uniform Resource Identifier (URI) or
Uniform Resource
    Locator (URL) address for this file here*" name="identifier"/>
    <meta content="X3D-Edit, http://www.web3d.org/x3d/content/
README.X3D-Edit.html"
    name="generator"/>
  </head>
  <Scene>
    <Background skyColor="0.98 0.98 0.98"/>
    <Transform rotation="1 0 0 6.284">
     <Shape>
      <Appearance>
       <ImageTexture url="1398.jpg"/>
      </Appearance>
      <IndexedFaceSet coordIndex="0, 1, 2, 3" solid="false">
       <Coordinate point="3.0 3.0 0.0, 3.0 -3.0 0.0, &#10;-3.0 -3.0 0.0,
-3.0 3.0 0.0, "/>
       <TextureCoordinate point="1.0 1.0, 1.0 0.0, &#10;0.0 0.0, 0.0 1.0, "/>
      </IndexedFaceSet>
     </Shape>
```

```
    </Transform>
  </Scene>
</X3D>
```

在场景根节点下添加Background节点、Shape节点及TextureCoordinate节点，Background
节点的颜色取白色，以突出三维立体几何造型的显示效果。

运行程序时，首先启动 Xj3D 或 BS Contact VRML/X3D 7.0/7.2 浏览器，然后打开"X3D
实例源程序/第 6 章实例源程序/px3d6-2.x3d"，即可运行由 TextureCoordinate 节点创建的三
维立体纹理坐标造型。程序运行结果如图 6-2 所示。

图 6-2　TextureCoordinate 节点程序运行结果

6.8　TextureCoordinate3D 节点

TextureCoordinate3D 纹理 3D 坐标节点定义了一组 3D 纹理坐标，为基于顶点的几何体
（如 ElevationGrid、IndexedFaceSet）指定 3D 纹理图像，以便在基于顶点的多边形片面上进
行纹理贴图。在添加 TextureCoordinate3D 节点前应先添加 Shape 节点和基于多边形/平面的
几何节点。

TextureCoordinate3D 节点定义了用于确定几何 3D 纹理坐标节点的属性名和域值，利用
TextureCoordinate3D 节点的域名、域值、域数据类型及事件的存储/访问权限的定义可以创

建一个效果理想的 3D 坐标纹理图像场景。TextureCoordinate3D 节点的语法定义如下。

```
<TextureCoordinate3D
   DEF              ID
   USE              IDREF
   point                              MFVec3f       inputOutput
   containerField   texCoord
   class
/>
```

TextureCoordinate3D 节点包含 DEF、USE、point 域、containerField 域及 class 域等。

(1) point 域用于指定 3D 纹理贴图在纹理坐标系中的位置。与造型坐标不同的是，纹理坐标是由三个浮点数来指定的，分别表示自坐标原点起 S 轴、T 轴和 R 轴方向上的距离值。其默认值为 NULL。

(2) containerField 域即容器域。ContainerField 节点与 Field 节点之间存在子节点与父节点的关系。该容器域名称为 texCoord，包含几何节点。containerField 属性只有在 X3D 场景用 XML 编码时才使用。

(3) class 域的域值是用空格分开的类的列表，保留给 XML 样式表使用。只有 X3D 场景用 XML 编码时才支持 class 属性。

6.9 TextureCoordinate4D 节点

TextureCoordinate4D 纹理 4D 坐标节点定义了一组 4D 纹理坐标，为基于顶点的几何体（如 ElevationGrid、IndexedFaceSet）指定 4D 纹理图像，以便在基于顶点的多边形片面上进行纹理贴图。该节点通常作为 IndexedFaceSet 节点和 ElevationGrid 节点的子节点。

TextureCoordinate4D 节点定义了用于确定几何 4D 纹理坐标节点的属性名和域值，利用 TextureCoordinate4D 节点的域名、域值、域数据类型及事件的存储/访问权限的定义可以创建一个效果理想的 4D 坐标纹理图像场景。TextureCoordinate4D 节点的语法定义如下。

```
<TextureCoordinate4D
   DEF              ID
   USE              IDREF
   point                              MFVec4f       inputOutput
   containerField   texCoord
   class
/>
```

TextureCoordinate4D 节点包含 DEF、USE、point 域、containerField 域及 class 域等。

(1) point 域用于指定一个 4D 纹理坐标在纹理坐标系中的位置。与造型坐标不同的是，纹理坐标是由三个浮点数来指定的，分别表示自坐标原点起 S 轴、T 轴和 R 轴方向上的距离值。

其默认值为 NULL。

(2) containerField 域即容器域。ContainerField 节点与 Field 节点之间存在子节点与父节点的关系。该容器域名称为 texCoord，包含几何节点。containerField 属性只有在 X3D 场景用 XML 编码时才使用。

(3) class 域的域值是用空格分开的类的列表，保留给 XML 样式表使用。只有 X3D 场景用 XML 编码时才支持 class 属性。

6.10　TextureCoordinateGenerator 节点

TextureCoordinateGenerator 纹理坐标生成器节点用于为基于顶点的几何体（如 ElevationGrid、IndexedFaceSet）自动生成二维纹理坐标点（s，t）。在添加 TextureCoordinate-Generator 节点前应先添加 Shape 节点和基于多边形/平面的几何节点。

TextureCoordinateGenerator 节点定义了用于确定纹理坐标生成器节点的属性名和域值，利用 TextureCoordinateGenerator 节点的域名、域值、域数据类型及事件的存储/访问权限的定义可以创建一个效果理想的二维纹理图像场景。TextureCoordinateGenerator 节点的语法定义如下。

```
<TextureCoordinateGenerator
    DEF                 ID
    USE                 IDREF
    mode                "SPHERE"                          inputOutput
    parameter                           MFVec2f           inputOutput
    containerField      texCoord
    class
/>
```

TextureCoordinateGenerator 节点包含 DEF、USE、mode 域、parameter 域、containerField 域及 class 域等。

(1) mode 域用于指定一个纹理坐标生成器的模式类型，其域值包括 SPHERE、CAMERASPACENORMAL、CAMERASPACEPOSITION、CAMERASPACEREFLECTIONVE-CTOR、SPHERE-LOCAL、COORD、COORD-EYE、NOISE、NOISE-EYE、SPHERE-REFLECT、SPHERE-REFLECT-LOCAL，默认值为 SPHERE。

(2) parameter 域用于指定一个参数，该参数是输入/输出类型的二维向量。

(3) containerField 域即容器域。ContainerField 节点与 Field 节点之间存在子节点与父节点的关系。该容器域名称为 texCoord，包含几何节点。containerField 属性只有在 X3D 场景用 XML 编码时才使用。

(4) class 域的域值是用空格分开的类的列表，保留给 XML 样式表使用。只有 X3D 场景用 XML 编码时才支持 class 属性。

6.11　TextureMatrixTransform 节点

TextureMatrixTransform 纹理矩阵坐标变换节点将 3D 纹理变换应用于纹理坐标。该纹理在几何体上呈现相反的外观效果。执行过程为：平移→沿中心旋转→沿中心缩放。

TextureMatrixTransform 节点定义了用于确定 3D 纹理坐标变换节点的属性名和域值，利用 TextureMatrixTransform 节点的域名、域值、域数据类型及事件的存储/访问权限的定义可以创建一个效果理想的 3D 纹理坐标变换图像场景。TextureMatrixTransform 节点的语法定义如下。

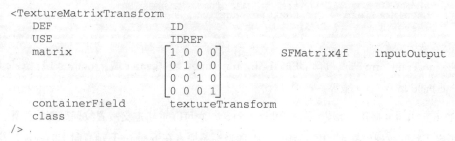

TextureMatrixTransform 节点包含 DEF、USE、matrix 域、containerField 域及 class 域等。

(1) matrix 域用于表示一个 4×4 变形矩阵，该矩阵用于限制纹理。其默认值为

$$\begin{bmatrix} 1 & 0 & 0 & 0 \\ 0 & 1 & 0 & 0 \\ 0 & 0 & 1 & 0 \\ 0 & 0 & 0 & 1 \end{bmatrix}。$$

(2) containerField 域即容器域。ContainerField 节点与 Field 节点之间存在子节点与父节点的关系。该容器域名称为 textureTransform，包含几何节点。containerField 属性只有在 X3D 场景用 XML 编码时才使用。

(3) class 域的域值是用空格分开的类的列表，保留给 XML 样式表使用。只有 X3D 场景用 XML 编码时才支持 class 属性。

6.12　TextureTransform 节点

TextureTransform 纹理坐标变换节点可用于相对世界纹理坐标系建立一个局部纹理坐标系。这同 Transform 节点在世界坐标系上新建一个局部坐标系一样。该节点的功能是改变粘

贴在几何对象表面的图片或影片的位置，使其平移、转动，或改变图像的尺寸。

6.12.1 TextureTransform 节点的语法定义

TextureTransform 节点定义了用于确定 2D 纹理坐标变换节点的属性名和域值，利用 TextureTransform 节点的域名、域值、域数据类型及事件的存储/访问权限的定义可以创建一个效果理想的 2D 纹理坐标变换图像造型。该节点通常作为 Shape 节点和 Appearance 节点的子节点。TextureTransform 节点的语法定义如下。

```
<TextureTransform
    DEF                 ID
    USE                 IDREF
    translation         0.0 0.0             SFVec2f     inputOutput
    center              0.0 0.0             SFVec2f     inputOutput
    rotation            0.0                 SFFloat     inputOutput
    scale               1.0 1.0             SFVec2f     inputOutput
    containerField      textureTransform
    class
/>
```

TextureTransform 节点包含 DEF、USE、translation 域、center 域、rotation 域、scale 域、containerField 域及 class 域等。

(1) translation 域用于指定一个二维浮点向量，它可以重新定义放置纹理贴图的位置。该域值指定了新的纹理坐标系的原点和原始纹理坐标系原点在 S 轴和 T 轴方向上的距离，其值既可为正也可为负，默认值为 0.0 0.0。

(2) center 域用于指定局部纹理坐标系上的一个二维纹理坐标，纹理坐标的旋转和缩放都是围绕该点来进行的。它的功能是定义一个纹理贴图的任意几何中心点，作为旋转或缩放尺寸的中心位置。其默认值为 0.0 0.0。

(3) rotation 域用于定义一个浮点数，描述局部纹理坐标系相对世界纹理坐标系的旋转角度，这只是在平面上旋转，故可理解为以 Z 轴为旋转轴。其值以弧度为单位，默认值为 0.0，表示不旋转。

(4) scale 域用于指定局部纹理坐标系在 S 轴和 T 轴方向上的缩放系数。该域值的第一个值为 S 轴方向上的缩放系数，第二个值为 T 轴方向上的缩放系数。其默认值为 1.0 1.0，表示没有缩放。

(5) containerField 域即容器域。ContainerField 节点与 Field 节点之间存在子节点与父节点的关系。该容器域名称为 textureTransform，包含几何节点。containerField 属性只有在 X3D 场景用 XML 编码时才使用。

(6) class 域的域值是用空格分开的类的列表，保留给 XML 样式表使用。只有 X3D 场景用 XML 编码时才支持 class 属性。

6.12.2　TextureTransform 节点源程序实例

【实例 6-3】利用 Shape 节点、Appearance 节点、Material 节点、Transform 节点、TextureTransform 节点及几何节点在三维立体空间背景下，创建一个纹理坐标变换造型。

本书附带光盘"X3D 实例源程序/第 6 章实例源程序"目录下，提供该实例的 X3D 源程序"px3d6-3.x3d"。

```
<?xml version="1.0" encoding="UTF-8"?>
<!DOCTYPE X3D PUBLIC "http://www.web3d.org/specifications/x3d-3.1.dtd"
    "file:///www.web3d.org/TaskGroups/x3d/translation/x3d-3.1.dtd">
<X3D profile="Immersive" version="3.1"
 xmlns:xsd="http://www.w3.org/2001/XMLSchema-instance"
xsd:noNamespaceSchemaLocation="http://www.web3d.org/specifications/x3d-
3.1.xsd">
  <head>
    <meta content="px3d6-3.x3d" name="filename"/>
    <meta content="zjz-zjr-zjd" name="author"/>
    <meta content="*enter name of original author here*" name="creator"/>
    <meta content="*enter copyright information here* Example: Copyright
(c) Web3D Consortium Inc. 2006" name="rights"/>
    <meta content="*enter online Uniform Resource Identifier (URI) or
Uniform Resource Locator (URL) address for this file here*"
name="identifier"/>
    <meta content="X3D-Edit, http://www.web3d.org/x3d/content/
README.X3D-Edit.html" name="generator"/>
  </head>
  <Scene>
    <Background skyColor="0.98 0.98 0.98"/>
    <Transform rotation="1 0 0 6.284">
      <Shape>
        <Appearance>
          <ImageTexture url="0108.jpg"/>
          <TextureTransform rotation="0.785" translation="0.2 0.2"/>
        </Appearance>
        <Cone bottom="true" bottomRadius="1.5" height="3" side="true"/>
      </Shape>
    </Transform>
  </Scene>
</X3D>
```

在场景根节点下添加 Background 节点、Shape 节点及 TextureTransform 节点，Background 节点的颜色取白色，以突出三维立体几何造型的显示效果。利用 TextureTransform 节点组合可创建一个纹理坐标变换造型，以增强三维空间纹理坐标变换的显示效果。

运行程序时，首先启动 Xj3D 或 BS Contact VRML/X3D 7.0/7.2 浏览器，然后打开"X3D 实例源程序/第 6 章实例源程序/px3d6-3.x3d"，即可运行由 TextureTransform 节点创建的纹理坐标变换造型程序。程序运行结果如图 6-3 所示。

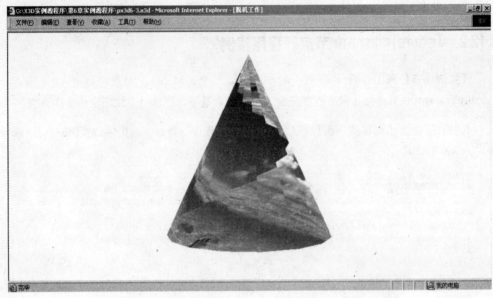

图 6-3　TextureTransform 节点程序的运行结果

6.13　TextureTransform3D 节点

TextureTransform3D 纹理坐标 3D 变换节点用于应用一个 3D 纹理坐标变换，使 X3D 三维立体场景和造型具有更加逼真和生动的设计效果，可以显示外观反转效果。执行过程为：平移→沿中心旋转→沿中心缩放。在添加 TextureTransform 节点之前应添加 Shape 节点和 Appearance 节点。

TextureTransform3D 节点定义了用于确定 3D 纹理坐标变换节点的属性名和域值，利用 TextureTransform3D 节点的域名、域值、域数据类型及事件的存储/访问权限的定义可以创建一个效果理想的 3D 纹理坐标变换图像造型。TextureTransform3D 节点的语法定义如下。

```
<TextureTransform3D
    DEF                 ID
    USE                 IDREF
    translation         0.0 0.0 0.0         SFVec3f         inputOutput
    center              0.0 0.0 0.0         SFVec3f         inputOutput
    rotation            0.0 0.0 1.0 0.0     SFRotation      inputOutput
    scale               1.0 1.0 1.0         SFVec3f         inputOutput
    containerField      textureTransform
    class
/>
```

TextureTransform3D 节点包含 DEF、USE、translation 域、center 域、rotation 域、scale 域、containerField 域及 class 域等。

(1) translation 域用于指定一个三维浮点向量，它可以重新定义放置纹理贴图的位置。该域值指定新的纹理坐标系的原点和原始纹理坐标系原点在 S 轴和 T 轴方向上的距离。其值既可为正也可为负，默认值为 0.0 0.0 0.0。

(2) center 域用于指定局部纹理坐标系上的一个三维纹理坐标，纹理坐标的旋转和缩放都是围绕该点来进行的。它的功能是定义一个纹理贴图的任意几何中心点，作为旋转或缩放尺寸的中心位置。该域值的默认值为 0.0 0.0 0.0。

(3) rotation 域用于描述局部纹理坐标系相对世界纹理坐标系的旋转角度，这只是在平面上旋转，故可理解为以 Z 轴为旋转轴。其值以弧度为单位，默认值为 0.0 0.0 1.0 0.0，表示不旋转。

(4) scale 域用于指定局部纹理坐标系在 S 轴和 T 轴方向上的缩放系数。该域值的第一个值为 S 轴方向上的缩放系数，第二个值为 T 轴方向上的缩放系数。其默认值为 1.0 1.0 1.0，表示没有缩放。

(5) containerField 域即容器域。ContainerField 节点与 Field 节点之间存在子节点与父节点的关系。该容器域名称为 textureTransform，包含几何节点。containerField 属性只在 X3D 场景用 XML 编码时才使用。

(6) class 域的域值是用空格分开的类的列表，保留给 XML 样式表使用。只有 X3D 场景用 XML 编码时才支持 class 属性。

6.14 MultiTexture 节点

MultiTexture 多纹理节点用于在三维对象上使用一系列不同的纹理以实现复杂的视觉效果。纹理贴图使用二维坐标系（s，t），s、t 的取值范围为[0.0，1.0]，对应图像上相对边角的距离。

MultiTexture 节点定义了用于确定多纹理节点的属性名和域值，利用 MultiTexture 节点的域名、域值、域数据类型及事件的存储/访问权限的定义可以创建一个效果理想的多纹理图像场景。该节点通常作为 Shape 节点和 Appearance 节点的子节点。MultiTexture 节点的语法定义如下。

```
<MultiTexture
    DEF              ID
    USE              IDREF
```

```
    mode               "MODULATE"           SFString        inputOutput
    source             [PREVIOUS|DIFFUSE|
                       SPECULAR|FACTOR]      SFString        inputOutput
    function           [NONE|COMPLEMENT|
                       ALPHAREPLICATE]       SFString        inputOutput
    color              1 1 1                 SFColor         inputOutput
    alpha              1.0                   SFFloat         inputOutput
    containerField     texture
    class
  />
```

MultiTexture 节点包含 DEF、USE、mode 域、source 域、function 域、color 域、alpha 域、containerField 域及 class 域等。

(1) mode 域用于定义一个字符串类型，指定混合操作的模式。其域值包括 MODULATE、REPLACE、MODULATE2X、MODULATE4X、ADD、ADDSIGNED、ADDSIGNED2X、SUBTRACT、ADDSMOOTH、BLENDDIFFUSEALPHA、BLENDTEXTUREALPHA、BLENDFACTORALPHA、BLENDCURRENTALPHA、MODULATEALPHA_ADDCOLOR、MODULATEINVALPHA_ADDCOLOR、MODULATEINVCOLOR_ADDALPHA、OFF、SELECTARG1、SELECTARG2、DOTPRODUCT3，默认值为 MODULATE。

(2) source 域用于定义一个字符串类型，指示 color 源。其域值包括 PREVIOUS、DIFFUSE、SPECULAR、FACTOR。

(3) function 域用于定义一个字符串类型，指示可选的自变量。其域值包括 NONE、COMPLEMENT、ALPHAREPLICATE。

(4) color 域用于定义一个输入/输出类型的单值颜色值，默认值为 1 1 1。

(5) alpha 域用于定义一个输入/输出类型的单值浮点数，取值范围为[0.0 1.0]，默认值为 1.0。

(6) containerField 域即容器域。ContainerField 节点与 Field 节点之间存在子节点与父节点的关系。该容器域名称为 texture，包含几何节点。containerField 属性只有在 X3D 场景用 XML 编码时才使用。

(7) class 域的域值是用空格分开的类的列表，保留给 XML 样式表使用。只有 X3D 场景用 XML 编码时才支持 class 属性。

6.15 MultiTextureCoordinate 节点

MultiTextureCoordinate 多纹理坐标节点为 MultiTexture 节点提供所需的 TextureCoordinate 节点或 TextureCoordinateGenerator 节点。在添加 MultiTextureCoordinate 节点前应先添加

Shape 节点和基于多边形/平面的几何节点。

MultiTextureCoordinate 节点定义了用于确定多纹理坐标节点的属性名和域值，利用 MultiTextureCoordinate 节点的域名、域值、域数据类型及事件的存储/访问权限的定义可以创建一个效果理想的多纹理坐标图像场景。MultiTextureCoordinate 节点的语法定义如下。

```
<MultiTextureCoordinate
    DEF              ID
    USE              IDREF
    containerField   texCoord
    class
/>
```

MultiTextureCoordinate 节点包含 DEF、USE、containerField 域及 class 域等。

(1) containerField 域即容器域。ContainerField 节点与 Field 节点之间存在子节点与父节点的关系。该容器域名称为 texCoord，包含几何节点。containerField 属性只有在 X3D 场景用 XML 编码时才使用。

(2) class 域的域值是用空格分开的类的列表，保留给 XML 样式表使用。只有 X3D 场景用 XML 编码时才支持 class 属性。

6.16　MultiTextureTransform 节点

MultiTextureTransform 多纹理坐标变换节点用于相对世界纹理坐标系建立一个局部纹理坐标系。这与 Transform 节点在世界坐标系上新建一个局部坐标系一样。该节点的功能是改变粘贴在几何体对象表面的图片或影片的位置，使其平移、转动，或改变图像的尺寸。该节点通常作为 Appearance 节点 textureTransform 域的值。

MultiTextureTransform 节点定义了用于确定多纹理坐标变换节点的属性名和域值，利用 MultiTextureTransform 节点的域名、域值、域数据类型及事件的存储/访问权限的定义可以创建一个效果理想的多纹理坐标变换图像场景。MultiTextureTransform 节点的语法定义如下。

```
<MultiTextureTransform
    DEF              ID
    USE              IDREF
    containerField   textureTransform
    class
/>
```

MultiTextureTransform 节点包含 DEF、USE、containerField 域及 class 域等。

(1) containerField 域即容器域。ContainerField 节点与 Field 节点之间存在子节点与父节点的关系。该容器域名称为 textureTransform，包含几何节点。containerField 属性只有在 X3D

场景用 XML 编码时才使用。

(2) class 域的域值是用空格分开的类的列表，保留给 XML 样式表使用。只有 X3D 场景用 XML 编码时才支持 class 属性。

6.17　Composed3DTexture 节点

Composed3DTexture 构成 3D 纹理节点用于定义一个基本 3D 纹理图像，收集各式各样的 2D 纹理深度值来源（如嵌入 2^n 纹理图像、像素纹理及电影纹理）作为子节点。R 轴方向上第一个图像的纹理深度值为 0，以下每一个图像逐渐增加纹理深度值。

Composed3DTexture 节点定义了用于确定构成 3D 纹理节点的属性名和域值，利用 Composed3DTexture 节点的域名、域值、域数据类型及事件的存储/访问权限的定义可以创建一个效果理想的 3D 纹理图像场景。Composed3DTexture 节点的语法定义如下。

```
<Composed3DTexture
    DEF                 ID
    USE                 IDREF
    repeatS             false              SFBool      initializeOnly
    repeatT             false              SFBool      initializeOnly
    repeatR             false              SFBool      initializeOnly
    containerField      texture
    class
/>
```

Composed3DTexture 节点包含 DEF、USE、repeatS 域、repeatT 域、repeatR 域、containerField 域及 class 域等。

(1) repeatS 域用于指定一个布尔量，沿 S 轴水平重复纹理。如果该域值为 true，则纹理贴图会沿水平方向重复填满这个几何对象表面，此为默认值；如果该域值为 false，则纹理贴图会被限制在[0.0，1.0]范围内，在水平方向重复填满几何对象表面。

(2) repeatT 域用于指定一个布尔量，沿 T 轴垂直重复纹理。如果该域值为 true，则纹理贴图会重复填满这个几何对象表面，此为默认值；如果该域值为 false，则纹理贴图会被限制在[0.0，1.0]范围内，在垂直方向重复填满几何对象表面。

(3) repeatR 域用于指定一个布尔量，沿 R 轴垂直重复纹理。

(4) containerField 域即容器域。ContainerField 节点与 Field 节点之间存在子节点与父节点的关系。该容器域名称为 texture，包含几何节点。containerField 属性只有在 X3D 场景用 XML 编码时才使用。

(5) class 域的域值是用空格分开的类的列表，保留给 XML 样式表使用。只有 X3D 场景用

XML 编码时才支持 class 属性。

6.18 ComposedCubeMapTexture 节点

ComposedCubeMapTexture 构成立方体图像纹理节点用于定义一个立方体的环境图源，指定一组图像，描绘单个的 2D 纹理节点。该节点允许包含 0~6 个子节点图像，用容器域的值分别表示前、后、左、右、上、下 6 个面的图像纹理。

ComposedCubeMapTexture 节点定义了用于确定构成立方体图像纹理节点的属性名和域值，利用 ComposedCubeMapTexture 节点的域名、域值、域数据类型及事件的存储/访问权限的定义可以创建一个效果理想的立方体图像纹理场景。ComposedCubeMapTexture 节点的语法定义如下。

```
<ComposedCubeMapTexture
    DEF                ID
    USE                IDREF
    containerField     children
    class
/>
```

ComposedCubeMapTexture 节点包含 DEF、USE、containerField 域及 class 域等。

(1) containerField 域即容器域。ContainerField 节点与 Field 节点之间存在子节点与父节点的关系。该容器域名称为 children，包含几何节点。containerField 属性只有在 X3D 场景用 XML 编码时才使用。

(2) class 域的域值是用空格分开的类的列表，保留给 XML 样式表使用。只有 X3D 场景用 XML 编码时才支持 class 属性。

6.19 GeneratedCubeMapTexture 节点

GeneratedCubeMapTexture 生成立方体图像纹理节点用于定义一个立方体环绕图，图源数据来自图像的内部。在立体空间中，纹理视点的生成是伴随几何体位置和朝向（定向）而定的，通常使用具有 Box 节点特色的节点。

GeneratedCubeMapTexture 节点定义了用于确定生成立方体图像纹理节点的属性名和域值，利用 GeneratedCubeMapTexture 节点的域名、域值、域数据类型及事件的存储/访问权限的定义可以创建一个效果理想的立方体图像纹理场景。GeneratedCubeMapTexture 节点的语法定义如下。

```
<GeneratedCubeMapTexture
    DEF              ID
    USE              IDREF
    update           "NONE"
                     [NONE|
                     NEXT_FRAME_ONLY|
                     ALWAYS]           SFString        inputOutput
    size             128               SFInt32         initializeOnly
    containerField   children
    class
/>
```

GeneratedCubeMapTexture 节点包含 DEF、USE、update 域、size 域、containerField 域及 class 域等。

(1) update 域用于定义一个字符串，通过更新控制（调节）纹理，该域值类型包括 NONE、NEXT_FRAME_ONLY、ALWAYS，默认值为 NONE。

(2) size 域用于表示在每一个像素侧面绘制图像，取值范围为（0，+∞），默认值为 128。

(3) containerField 域即容器域。ContainerField 节点与 Field 节点之间存在子节点与父节点的关系。该容器域名称为 children，包含几何节点。containerField 属性只有在 X3D 场景用 XML 编码时才使用。

(4) class 域的域值是用空格分开的类的列表，保留给 XML 样式表使用。只有 X3D 场景用 XML 编码时才支持 class 属性。

第7章

X3D 多媒体影视节点设计

X3D 多媒体影视节点设计利用多媒体技术实现在虚拟现实三维立体空间影视节目的播放，产生环绕立体声效果等。

7.1 X3D 音响效果节点

X3D 场景播放的不是简单的 2D 声音，而是可以模拟现实中声音传播路径的 3D 声音。X3D 场景中的声音有自己的声源，在 X3D 中指定一个声源需要设置这个声源的空间位置、声音的发射方向、声音的高低与强弱等。

7.1.1 AudioClip 节点

AudioClip 音响剪辑节点在 X3D 世界中描述了一个声源，指定其他需要声源的节点可以引用的声音文件的位置及播放的各种参数，如同生成一台播放音乐的装置，如 CD 唱盘机。X3D 所支持的声音文件类型有 WAV、MIDI 和 MPEG1，通过 AudioClip 节点引用的声音文件类型为 WAV 和 MIDI。MPEG1 是通过 MovieTexture 节点来引用的。

AudioClip 节点定义了用于确定音响剪辑节点的属性名和域值，利用 AudioClip 节点的域名、域值、域数据类型及事件的存储/访问权限的定义可以创建效果理想的三维立体音响效果。AudioClip 节点的语法定义如下。

```
<AudioClip
    DEF                 ID
    USE                 IDREF
    description                     SFString    inputOutput
    url                             MFString    inputOutput
    loop                false       SFBool      inputOutput
    pitch               1.0         SFFloat     inputOutput
    startTime           0.0         SFTime      inputOutput
    stopTime            0.0         SFTime      inputOutput
    duration_changed    " "         SFTime      outputOnly
    isActive            " "         SFBool      inputOutput
    isPaused            " "         SFBool      inputOutput
    pauseTime           0.0         SFTime      inputOutput
    resumeTime          0.0         SFTime      inputOutput
    elapsedTime         " "         SFTime      outputOnly
```

```
containerField          source
class
/>
```

AudioClip 节点包含 DEF、USE、description 域、url 域、loop 域、pitch 域、startTime 域、stopTime 域、duration_changed 域、isActive 域、isPaused 域、pauseTime 域、resumeTime 域、elapsedTime 域、containerField 域及 class 域等。

(1) description 域用于定义一组描述所引用声音文件的文本串。在浏览器播放该声音文件的同时显示这些文本串，或在不能播放该声音文件时显示该文本串，以说明该声音文件。其默认值为 NULL。

(2) url 域用于定义一个需要引入声音文件的 URL 地址或一组 URL 地址列表。该域值提供了在该 X3D 场景中所要播放的声音文件的具体位置，其排列顺序为从高优先级到低优先级。通常浏览器从地址列表中第一个 URL 地址指定的文件试起，如果没有找到或不能打开声音文件，则浏览器尝试打开第二个 URL 地址指定的文件，依此类推。当找到一个可打开的声音文件时，就读入该声音文件，作为声源。如果找不到一个可以打开的声音文件，则不播放声音。其默认值为空的 URL 列表，这表明没有任何文件被打开，不播放任何声音。

(3) loop 域用于指定是否循环播放所引用的声音文件。该域值为一布尔量，如果该域值为 ture，只要 startTime 大于 stopTime，声音就循环播放；如果该域值为 false，则声音只播放一次就停止。其默认值为 false。

(4) pitch 域用于指定播放声音的相乘因子（频率的倍数），用来加快或减慢声音的播放速度。将 pitch 域的域值同这个声音文件的固有播放时间相乘就是该声音文件在 X3D 空间中的播放时间。当该域值为 1.0 时，声音按正常速度播放；当该域值在 0.0 和 1.0 之间时，将减慢声音的播放速度，并降低音调；当该域值大于 1.0 时，将加快声音的播放速度，并提高音调。其默认值为 1.0，即按原声音文件本身的速度来播放。

(5) startTime 域用于定义声音文件开始播放的时间，以秒为单位，其默认值为 0.0 秒。

(6) stopTime 域用于定义声音文件停止播放的时间，其默认值为 0.0 秒。

startTime 域、stopTime 域、picth 域和 loop 域共同控制 AudioClip 节点的声音播放效果。AudioClip 节点在其 startTime 到达之前保持休眠状态，即不播放声音文件。在 startTime 时刻，AudioClip 节点变为活跃节点，开始播放声音文件。如果 loop 域的域值为 false，在 startTime 到达或播放完一遍声音（在 startTime+duration_changed/pitch）后，AudioClip 节点停止播放。如果 loop 域的域值为 ture，则 AudioClip 节点将连续反复播放声音，直到 stopTime 为止。在 stopTime 早于 startTime 的情况下，系统将忽略 stopTime，这可用来生成循环播放效果。

(7) duration_changed 域用于定义持续输出一次回放经过的秒数。

(8) isActive 域用于指定在回放开始/结束的时候发送 isActive true/false 事件。

(9) isPaused 域用于指定在回放暂停/继续的时候发送 isPaused true/false 事件。VRML 97 不支持该域。

(10) pauseTime 域用于指定当现在时间 time now 大于或等于 pauseTime 时，isPaused 域的域值变为 true，暂停 TimeSensor。一般通过路由接受一个时间值。

(11) resumeTime 域用于指定当 resumeTime 小于或等于现在时间 time now 时，isPaused 域的域值变为 false，再次激活 TimeSensor。

(12) elapsedTime 域用于指定激活并运行当前 AudioClip 节点经过的以秒累计的时间，不包括暂停时经过的时间。

(13) containerField 域即容器域。ContainerField 节点与 Field 节点之间存在子节点与父节点的关系。该容器域名称为 source，包含几何节点。containerField 属性只有在 X3D 场景用 XML 编码时才使用。

(14) class 域的域值是用空格分开的类的列表，保留给 XML 样式表使用。只有 X3D 场景用 XML 编码时才支持 class 属性。

7.1.2 Sound 节点的语法定义

Sound 声音节点用于在 X3D 世界中生成一个声音发射器，用来指定声源的各种参数，即指定 X3D 场景中声源的位置和声音的立体化表现。声音可以位于局部坐标系中的任何一个点，并以球面或椭球面的模式发射声音。Sound 节点也可以产生声音环绕效果，即不经过立体化处理。Sound 节点可以出现在 X3D 文本的顶层，也可以作为组节点的子节点。

Sound 节点定义了用于确定声音的属性名和域值，利用 Sound 节点的域名、域值、域数据类型及事件的存储/访问权限的定义可以创建一个效果理想的三维立体音响效果。Sound 节点的语法定义如下。

```
<Sound
    DEF                 ID
    USE                 IDREF
    location            0.0 0.0 0.0      SFVec3f      inputOutput
    direction           0.0 0.0 1.0      SFVec3f      inputOutput
    intensity           1.0              SFFloat      inputOutput
    minFront            1.0              SFFloat      inputOutput
    minBack             1.0              SFFloat      inputOutput
    maxFront            10.0             SFFloat      inputOutput
    maxBack             10.0             SFFloat      inputOutput
    priority            0                SFFloat      inputOutput
    spatialize          true             SFBool       initializeOnly
    containerField      children
```

```
class
/Sound>
```

Sound 节点包含 DEF、USE、location 域、direction 域、intensity 域、minFront 域、minBack 域、maxFront 域、maxBack 域、priority 域、spatialize 域、containerField 域及 class 域等。

(1) location 域用于指定当前局部坐标系中一个用来表示声音发射器位置的三维坐标。该域的默认值为 0.0 0.0 0.0，即坐标系的原点。

(2) direction 域用于指定声音发射器的空间朝向，即规定 X3D 世界中声音发射器所指方向的向量，声音发射器将以这个向量的方向发射声音。该向量由三个浮点数表示，分别表示一个三维向量的 x、y、z 值。其默认值为 0.0 0.0 1.0，即指向坐标系的 Z 轴正方向的向量。

(3) intensity 域用于指定声音发射器发射声音的强度，即音量。该域值在 0.0 到 1.0 范围内变化。1.0 表示音量最大，为声音文件建立时的全音量；0.0 表示静音；0.0 和 1.0 之间的值则表示不同声音发射器的音量。需要注意的是，当 intensity 域的域值大于 1.0 时，声音会失真，也就失去了其声音本来的效果，如果场景需要高音量的声音，则最好先在更高音量下重新录制一次。其默认值为 1.0。

(4) minFront 域用于指定在当前坐标系中，从声音发射器所在位置沿 direction 域所指定方向假想的直线距离，超过此距离声音开始衰减，直到 maxFront 域所指定的距离处，音量为零。该域值要大于或等于 0.0。其默认值为 1.0。

(5) minBack 域用于指定在当前坐标系中，从声音发射器所在位置沿 direction 域所指定方向的相反方向假想的直线距离，超过此距离则声音开始衰减，直到 maxBack 域所指定的距离处，音量为零。该域值要大于或等于 0.0。其默认值为 1.0。

(6) maxFront 域用于指定当前坐标系中，从声音发射器所在位置沿 direction 域所指定方向假想的直线距离，超过此距离则听不到声音。该域值要大于或等于 0.0。其默认值为 10.0。

(7) maxBack 域用于指定在当前坐标系中，从声音发射器所在位置沿 direction 域所指定方向的相反方向假想的直线距离，超过此距离则听不到声音。该域值要大于或等于 0.0。其默认值为 10.0。

(8) priority 域用于指定声音的优先级。该域的取值范围为[0，1]。1 表示最高的优先级，0 表示最低的优先级。其默认值为 0。

(9) spatialize 域用于指定是否实现声音立体化，即是否将声音经过数字处理，使人在听到声音的同时可感觉出声音发射器在三维空间的具体位置，从而实现立体效果。该域值为布尔值。当域值为 ture 时，声音信号被转换为一个单耳信号，经过立体化处理，由扬声器或耳机左右输出；当域值为 false 时，声音信号将不经过处理，直接由扬声器或耳机输出。

(10) containerField 域即容器域。ContainerField 节点与 Field 节点之间存在子节点与父节点的关系。该容器域名称为 children，包含几何节点。containerField 属性只有在 X3D 场景用 XML 编码时才使用。

(11) class 域的域值是用空格分开的类的列表，保留给 XML 样式表使用。只有 X3D 场景用 XML 编码时才支持 class 属性。

7.1.3　Sound 节点源程序实例

【**实例 7-1**】利用 Shape 节点、Appearance 节点、Material 节点、Transform 节点、AudioClip 节点、Sound 节点及几何节点在三维立体空间背景下，创建一个三维立体声音播放场景。

本书附带光盘"X3D 实例源程序/第 7 章实例源程序"目录下，提供该实例的 X3D 源程序"px3d7-1.x3d"。

```
<?xml version="1.0" encoding="UTF-8"?>
<!DOCTYPE X3D PUBLIC "ISO//Web3D//DTD X3D 3.2//EN"
"http://www.web3d.org/specifications/x3d-3.2.dtd">
<X3D profile='Immersive' version='3.2'
xmlns:xsd='http://www.w3.org/2010/XMLSchema-instance'
xsd:noNamespaceSchemaLocation='http://www.web3d.org/specifications/x3d-
3.2.xsd'>
  <head>
    <meta content="px3d7-1.x3d" name="filename"/>
    <meta content="zjz-zjr-zjd" name="author"/>
    <meta content="*enter name of original author here*" name="creator"/>
    <meta content="*enter copyright information here* Example:  Copyright
(c) Web3D Consortium Inc. 2009" name="rights"/>
    <meta content="*enter online Uniform Resource Identifier (URI) or
Uniform Resource Locator (URL) address for this file here*"
name="identifier"/>
    <meta content="X3D-Edit, http://www.web3d.org/x3d/content/
README.X3D-Edit.html" name="generator"/>
  </head>
  <Scene>
    <Viewpoint description='9m off-axis distance, range circles at -2m, -1m,
5m and 10m' position='0 1 9'/>
    <Viewpoint description='5m on-axis distance, range circles at 5m and
10m' orientation='0 1 0 1.57' position='8 1 0'/>
    <NavigationInfo type='"WALK" "EXAMINE" "ANY"'/>
    <Background skyColor="0.98 0.98 0.98"/>
    <Group>
      <Sound direction='1 0 0' maxBack='2' minFront='5'>
        <AudioClip description='will' loop='true' stopTime='0'
url='"will.wav" '/>
      </Sound>
      <!-- sun -->
      <Transform scale='3 3 3' translation='2 4 0'>
        <Shape>
        <Sphere radius='0.25'/>
        <Appearance>
```

```
      <Material diffuseColor='1 0 0' emissiveColor='1 0 0'/>
    </Appearance>
  </Shape>
</Transform>
<Shape>
  <Sphere radius='0.25'/>
  <Appearance>
    <Material diffuseColor='0 0 0' emissiveColor='1 1 1'/>
  </Appearance>
</Shape>
<Transform scale='3 2 2' translation='2 0 0'>
  <Shape DEF='MinMarker'>
    <Cylinder height='0.01' side='false'/>
    <Appearance>
      <Material diffuseColor='0 0 0' emissiveColor='1 0 0.5'/>
    </Appearance>
  </Shape>
</Transform>
<Transform scale='6 4 4' translation='4 0 0'>
  <Shape DEF='MaxMarker'>
    <Cylinder height='0.001' side='false'/>
    <Appearance>
      <Material diffuseColor='0 0 0' emissiveColor='0.5 0 1'/>
    </Appearance>
  </Shape>
</Transform>
    </Group>
  </Scene>
</X3D>
```

在场景根节点下添加 Background 节点、Shape 节点及 AudioClip 节点和 Sound 节点，Background 节点的颜色取白色，以突出场景效果。

运行程序时，首先启动 Xj3D 或 BS Contact VRML/X3D 7.0/7.2 浏览器，然后打开"X3D 实例源程序/第 7 章实例源程序/px3d7-1.x3d"，即可运行由 Sound 节点创建的三维立体播放声音程序。

7.2 MovieTexture 节点

MovieTexture 电影图像纹理节点用于指定电影纹理映射属性，通常作为 Appearance 节点的 texture 域的域值。也可以使用 MovieTexture 节点来创建伴音，为 Sound 节点指定所需的声音文件，如播放电影时的电影声音。

7.2.1 MovieTexture 节点的语法定义

MovieTexture 节点用于提供指定的电影纹理，或者为 Sound 节点提供声音。电影纹理贴图使用一个二维坐标系（s，t），s、t 的值取值范围均为[0.0, 1.0]，对应图像上相对边角的距离。如果想在看电影的同时听到声音，可以首先使用 DEF 定义一个电影纹理，然后使用 USE 引入 Sound 节点的声音源，这样可以节省内存。

MovieTexture 节点定义了用于确定电影图像纹理节点的属性名和域值，利用 MovieTexture 节点的域名、域值、域数据类型及事件的存储/访问权限的定义可以创建一个效果理想的三维立体电影播放场景。MovieTexture 节点的语法定义如下。

```
<MovieTexture
    DEF                 ID
    USE                 IDREF
    url                                 MFString      inputOutput
    loop                false           SFBool        inputOutput
    speed               1.0             SFFloat       inputOutput
    startTime           0               SFTime        inputOutput
    stopTime            0               SFTime        inputOutput
    repeatS             true            SFBool        initializeOnly
    repeatT             true            SFBool        initializeOnly
    duration_changed    " "             SFTime        outputOnly
    isActive            " "             SFBool        outputOnly
    isPaused            " "             SFBool        outputOnly
    pauseTime           0               SFTime        outputOnly
    resumeTime          0               SFTime        outputOnly
    elapsedTime         " "             SFTime      . outputOnly
    containerField      texture
    class
/>
```

MovieTexture 节点包含 DEF、USE、url 域、loop 域、speed 域、startTime 域、stopTime 域、repeatS 域、repeatT 域、duration_changed 域、isActive 域、isPause 域、pauseTime 域、resumeTime 域、elapsedTime 域、containerField 域及 class 域等。

(1) url 域用于指定一个被引入影片文件的路径。影片文件的格式为 MPEG1-System（同时具有声音与视频）或 MPEG1-Video（只有视频）。影片的位置和文件名有多个定位，更加安全可靠，网络定位可使用 e-mail 附件地址。

(2) loop 域用于指定一个布尔量。如果该域值为 true，则表示一直循环播放；如果该域值为 false，则只运行一次，此为默认值。

(3) speed 域用于定义一个影片（或音轨）的播放速度比例，其域值是一个浮点数。当该域值为 1.0 时，影片为正常播放速度；当该域值大于 1.0 时，影片快速播放，如该域值为 2.0 时，播放速度为正常的 2 倍；当该域值小于 1.0 时，影片的播放速度减慢；当该域值小于 0.0 时，则影片将反向播放。其默认值为 1.0，即按正常速度播放影片。

(4) startTime 域用于指定一个开始播放的绝对时间，一般通过路由接受一个时间值。其默认值为 0。

(5) stopTime 域用于指定一个停止播放的绝对时间，一般通过路由接受一个时间值。其默认值为 0。

(6) repeatS 域用于指定纹理坐标是回绕并沿 S 轴水平重复纹理还是锁定。如果域值为 ture，则纹理坐标在纹理系统中回绕并重复；如果域值为 false，则纹理坐标不重复并且锁定。其默认值为 ture。

(7) repeatT 域用于指定纹理坐标是回绕并沿 T 轴垂直重复纹理还是锁定。如果域值为 ture，则纹理坐标在纹理系统中回绕并重复；如果域值为 false，则纹理坐标不重复并且锁定。其默认值为 ture。

(8) duration_changed 域用于指定一个影片纹理持续输出一次回放经过的秒数。

(9) isActive 域用于指定在回放开始/结束的时候发送 isActive true/false 事件。

(10) isPaused 域用于指定在回放暂停/继续的时候发送 isPaused true/false 事件。VRML 97 不支持该域值。

(11) pauseTime 域用于指定当现在时间 time now 大于或等于 pauseTime 时，isPaused 域的域值变为 true，暂停 TimeSensor。一般通过路由接受一个时间值，VRML 97 不支持该域值。

(12) resumeTime 域用于指定当 resumeTime 小于或等于现在时间 time now 时，isPaused 值变为 false，再次激活 TimeSensor。一般通过路由接受一个时间值，VRML 97 不支持该域值。

(13) elapsedTime 域用于指定激活并运行当前 MovieTexture 节点经过的以秒累计的时间，不包括暂停时经过的时间，VRML 97 不支持该域值。

(14) containerField 域即容器域。ContainerField 节点与 Field 节点之间存在子节点与父节点的关系。该容器域名称为 texture，包含几何节点。containerField 属性只有在 X3D 场景用 XML 编码时才使用。

(15) class 域的域值是用空格分开的类的列表，保留给 XML 样式表使用。只有 X3D 场景用 XML 编码时才支持 class 属性。

7.2.2　MovieTexture 节点源程序实例

【实例 7-2】利用 Shape 节点、Appearance 节点、Material 节点、Transform 节点、MovieTexture 节点及几何节点在三维立体空间背景下，创建一个三维立体影视播放场景。

本书附带光盘"X3D 实例源程序/第 7 章实例源程序"目录下，提供该实例的 X3D 源程序"px3d7-2.x3d"。

```
<?xml version="1.0" encoding="UTF-8"?>
<!DOCTYPE X3D PUBLIC "http://www.web3d.org/specifications/x3d-3.1.dtd"
    "file:///www.web3d.org/TaskGroups/x3d/translation/x3d-3.1.dtd">
<X3D profile="Immersive" version="3.1"
  xmlns:xsd="http://www.w3.org/2001/XMLSchema-instance"
xsd:noNamespaceSchemaLocation="http://www.web3d.org/specifications/x3d-
3.1.xsd">
  <head>
    <meta content="px3d7-2.x3d" name="filename"/>
    <meta content="zjz-zjr-zjd" name="author"/>
    <meta content="*enter name of original author here*" name="creator"/>
    <meta content="*enter copyright information here* Example: Copyright
(c) Web3D
    Consortium Inc. 2009" name="rights"/>
    <meta content="*enter online Uniform Resource Identifier (URI) or
Uniform Resource
    Locator (URL) address for this file here*" name="identifier"/>
    <meta content="X3D-Edit, http://www.web3d.org/x3d/content/
README.X3D-Edit.html"
    name="generator"/>
  </head>
  <Scene>
  <Background skyColor="0.98 0.98 0.98"/>
  <NavigationInfo type="&quot;EXAMINE&quot; &quot;ANY&quot;"/>
  <Transform translation="0 0 -0.15">
    <Shape>
                      <Appearance>
        <Material ambientIntensity="0.1" diffuseColor="0 0 0"
          shininess="0.15" specularColor="0 0 0" transparency="0"/>
      </Appearance>
      <Box size="10 6.8 0.2"/>
    </Shape>
  </Transform>
    <Shape>
      <Appearance>
        <MovieTexture loop="true" url="&quot;prog.mpg&quot; "/>
      </Appearance>
      <Box size="8.5 6.5 0.01"/>
    </Shape>
  </Scene>
</X3D>
```

在场景根节点下添加 Background 节点、Shape 节点及 MovieTexture 节点，Background 节点的颜色取白色，以突出三维立体影视造型的显示效果。

运行程序时，首先启动 Xj3D 或 BS Contact VRML/X3D 7.0/7.2 浏览器，然后打开"X3D 实例源程序/第 7 章实例源程序/px3d7-2.x3d"，即可运行由 Movie Texture 节点创建的三维立体场景。程序运行结果如图 7-1 所示。

图 7-1　MovieTexture 节点程序运行结果

第 8 章

X3D 组节点设计

利用 X3D 组节点可以创建 X3D 立体空间的复杂造型，可以将所有节点包含其中。组节点中的节点可以是基本节点、子节点或者组节点本身。组节点的种类很多，包括 Group 编组节点、StaticGroup 静态组节点、Transform 节点、Inline 节点、Switch 开关节点、Billboard 广告海报牌节点、Anchor 节点及 LOD 细节层次节点等。

8.1 Group 节点

Group 节点可以将多个节点进行组合，创建较复杂的立体空间造型。Group 节点利用其 chlidren 域可以包含任意多个节点。该节点是组节点中最基本的节点。将 Group 节点中所包含的全部节点视为一个整体，当做一个完整的空间造型来对待。如果利用 DEF 对 Group 节点命名，则可以使用 USE 在相同的文件中重复使用这一节点，从而增强程序设计的可重用性和灵活性。

8.1.1 Group 节点的语法定义

Group 节点定义了用于确定编组节点的属性名和域值，利用 Group 节点的域名、域值、域数据类型及事件的存储/访问权限的定义可以创建一个效果理想、具有一定整体感的三维立体空间造型。Group 节点的语法定义如下。

```
<Group
    DEF              ID
    USE              IDREF
    bboxCenter       0.0 0.0 0.0       SFVec3f      initializeOnly
    bboxSize         -1.0 -1.0 -1.0    SFVec3f      initializeOnly
    containerField   children
    class
</Group>
```

Group 编组节点包含 DEF、USE、bboxCenter 域、bboxSize 域、containerField 域及 class 域等。

(1) bboxCenter 域用于指定一个边界盒的中心点相对局部坐标系原点位置的偏移。其默认值为 0.0 0.0 0.0。

(2) bboxSize 域用于指定边界盒在 X 轴、Y 轴、Z 轴方向上的尺寸大小。其默认值为

–1.0 –1.0 –1.0。默认情况下，该域值是自动计算的，为了优化场景也可以强制指定该域值。

(3) containerField 域即容器域。ContainerField 节点与 Field 节点之间存在子节点与父节点的关系。该容器域名称为 children，包含几何节点。containerField 属性只有在 X3D 场景用 XML 编码时才使用。

(4) class 域的域值是用空格分开的类的列表，保留给 XML 样式表使用。只有 X3D 场景用 XML 编码时才支持 class 属性。

8.1.2　Group 节点源程序实例

【实例 8-1】利用 Shape 节点、Appearance 节点、Material 节点、Transform 节点、Group 节点及几何节点在三维立体空间背景下，创建一个复杂的三维立体组合造型。

本书附带光盘"X3D 实例源程序/第 8 章实例源程序"目录下，提供该实例的 X3D 源程序"px3d8-1.x3d"。

```xml
<?xml version="1.0" encoding="UTF-8"?>
<!DOCTYPE X3D PUBLIC "http://www.web3d.org/specifications/x3d-3.1.dtd"
    "file:///www.web3d.org/TaskGroups/x3d/translation/x3d-3.1.dtd">
<X3D profile="Immersive" version="3.1"
  xmlns:xsd="http://www.w3.org/2001/XMLSchema-instance"
xsd:noNamespaceSchemaLocation="http://www.web3d.org/specifications/x3d-
3.1.xsd">
  <head>
    <meta content="px3d8-1.x3d" name="filename"/>
    <meta content="zjz-zjr-zjd" name="author"/>
    <meta content="*enter name of original author here*" name="creator"/>
    <meta content="*enter copyright information here* Example: Copyright
(c) Web3D
    Consortium Inc. 2006" name="rights"/>
    <meta content="*enter online Uniform Resource Identifier (URI) or
Uniform Resource
    Locator (URL) address for this file here*" name="identifier"/>
    <meta content="X3D-Edit, http://www.web3d.org/x3d/content/
README.X3D-Edit.html"
    name="generator"/>
  </head>
  <Scene>
    <Background skyColor="0.98 0.98 0.98"/>
    <Group bboxCenter="0 0 0" bboxSize="-1 -1 -1"
containerField="children">
      <Transform translation="0 2.6 0" rotation="0.0 1.0 0.0 1.571">
      <Shape>
        <Appearance>
          <Material ambientIntensity="0.4" diffuseColor="0.8 0.8 0.2"
          shininess="0.2" specularColor="0.8 0.8 0.8"/>
        </Appearance>
        <Cylinder bottom="true" height="1.2" radius="0.4" side="true"
top="true"/>
      </Shape>
```

```
    </Transform>
    <Transform translation="0 0 0" rotation ="0.0 0.0 1.0 1.571">
      <Shape>
        <Appearance>
          <Material ambientIntensity="0.4" diffuseColor="0.8 0.2 0.2"
            shininess="0.2" specularColor="0.8 0.8 0.9"/>
        </Appearance>
        <Cylinder bottom="true" height="0.5" radius="2" side="true"
top="true"/>
      </Shape>
    </Transform>
    <Transform translation="0 1.5 0" rotation ="0.0 0.0 1.0 3.141">
      <Shape>
        <Appearance>
          <Material ambientIntensity="0.4" diffuseColor="0.8 0.8 0.2"
            shininess="0.2" specularColor="0.8 0.8 0.8"/>
        </Appearance>
        <Cone bottom="true" bottomRadius="0.4" height="1" side="true"/>
      </Shape>
    </Transform>
  </Group>
 </Scene>
</X3D>
```

在场景根节点下添加 Background 节点、Group 节点、Transform 节点和 Shape 节点，Background 节点的颜色取白色，以突出三维立体几何造型的显示效果。利用 Group 节点可创建复杂的组合三维立体场景和造型，此外，增加了 Appearance 节点和 Material 节点，以便对物体造型的外观颜色、物体发光颜色、外观材料的亮度及透明度进行设计，增强三维空间立体复杂造型的效果。

运行程序时，首先启动 Xj3D 或 BS Contact VRML/X3D 7.0/7.2 浏览器，然后打开"X3D实例源程序/第 8 章实例源程序/px3d8-1.x3d"，即可运行由 Group 节点创建的三维立体空间组合造型程序。程序运行结果如图 8-1 所示。

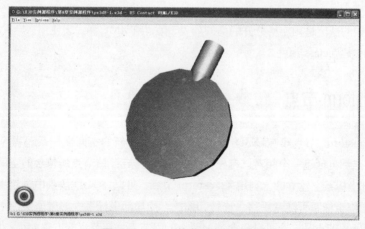

图 8-1　Group 节点程序运行结果

8.2 StaticGroup 节点

StaticGroup 节点是一个可以包含其他节点的组节点。StaticGroup 节点的子节点不会改动，也不发送和接受事件，也不应包含可引用的节点。

StaticGroup 节点定义了用于确定静态组节点的属性名和域值，利用 StaticGroup 节点的域名、域值、域数据类型及事件的存储/访问权限的定义可以创建一个效果理想、具有一定整体感的三维立体空间造型。StaticGroup 节点的语法定义如下。

```
<StaticGroup
    DEF             ID
    USE             IDREF
    bboxCenter      0.0 0.0 0.0      SFVec3f      initializeOnly
    bboxSize        -1.0 -1.0 -1.0   SFVec3f      initializeOnly
    containerField  children
    class
/>
```

StaticGroup 节点包含 DEF、USE、bboxCenter 域、bboxSize 域、containerField 域及 class 域等。

(1) bboxCenter 域用于指定边界盒的中心点相对局部坐标系原点的位置偏移。其默认值为 0.0 0.0 0.0。

(2) bboxSize 域用于指定边界盒在 X 轴、Y 轴、Z 轴方向上的尺寸大小。其默认值为 −1.0 −1.0 −1.0。默认情况下，该域值是自动计算的，为了优化场景也可以强制指定该域值。

(3) containerField 域即容器域。ContainerField 节点与 Field 节点之间存在子节点与父节点的关系。该容器域名称为 children，包含几何节点。containerField 属性只有在 X3D 场景用 XML 编码时才使用。

(4) class 域的域值是用空格分开的类的列表，保留给 XML 样式表使用。只有 X3D 场景用 XML 编码时才支持 class 属性。

8.3 Transform 节点

利用 Transform 节点可在 X3D 立体空间创建一个新的空间坐标系。程序中的每一个 Transform 节点都可创建一个相对已有坐标系的局部坐标系，该节点所包含的空间物体造型都是在这个局部坐标系上建立的。利用 Transform 节点，可以在 X3D 场景中创建多个局部坐标系，而这些局部坐标系可随意平移、旋转和缩放，使局部坐标系中的造型实现平移、旋转和缩放。Transform 节点是一个可以包含其他节点的组节点。该节点的方位如下：设定+Y 轴指向屏幕的正上方，+X 轴指向屏幕的正右方；+Z 轴指向屏幕正对浏览者的方向。

8.3.1 Transform 节点的语法定义

Transform 节点定义了用于确定坐标变换的属性名和域值，利用 Transform 节点的域名、域值、域数据类型及事件的存储/访问权限的定义可以创建一个效果理想、复杂的三维立体空间造型。Transform 节点的语法定义如下。

```
<Transform
    DEF                 ID
    USE                 IDREF
    translation         0.0 0.0 0.0             SFVec3f         inputOutput
    rotation            0.0 0.0 1.0 0.0         SFRotation      inputOutput
    center              0.0 0.0 0.0             SFVec3f         inputOutput
    scale               1.0 1.0 1.0             SFVec3f         inputOutput
    scaleOrientation    0.0 0.0 1.0 0.0         SFRotation      inputOutput
    bboxCenter          0.0 0.0 0.0             SFVec3f         initializeOnly
    bboxSize            -1.0 -1.0 -1.0          SFVec3f         initializeOnly
    containerField      children
    class
</Transform>
```

Transform 节点包含 DEF、USE、translation 域、rotation 域、center 域、scale 域、scaleOrientation 域、bboxCenter 域、bboxSize 域、containerField 域及 class 域等。

(1) translation 域用于指定世界坐标系的原点和局部坐标系的原点在 X 轴、Y 轴、Z 轴方向上的距离。该域值的第一个值为 X 轴方向上的距离，第二个值为 Y 轴方向上的距离，第三个值为 Z 轴方向上的距离。该域值即可以为正，也可为负，只是方向相反而已。其默认值为 0.0 0.0 0.0，表示各方向的距离为 0，即局部坐标系和世界坐标系重合。操作顺序为：旋转→缩放→按中心旋转→移动。

(2) rotation 域用于指定一个局部坐标系的旋转轴和旋转角度。该域值的前三个值为一个三维坐标在 X 轴、Y 轴、Z 轴上的分量。该三维坐标在新坐标系上的原点和该点相连的虚线就是旋转轴。该域值的第四个值为以弧度为计量单位的旋转角度。其默认值为 0.0 0.0 1.0 0.0，表示以 Z 轴为旋转轴，但不发生旋转。

(3) center 域用于指定一个相对局部坐标系原点发生的位移、旋转和缩放，其默认值为 0.0 0.0 0.0。操作顺序为：旋转方位→缩放→按中心旋转→移动。

(4) scale 域用于指定局部坐标系在 X 轴、Y 轴、Z 轴方向上的缩放系数。该域值的三个值分别为 X 轴、Y 轴、Z 轴方向上的缩放系数，其默认值为 1.0 1.0 1.0，表示在 X 轴、Y 轴、Z 轴方向上没有缩放。

(5) scaleOrientation 域用于指定一个旋转轴和旋转角度，该域值的前三个值为局部坐标系中 X 轴、Y 轴、Z 轴方向上的分量，第四个值为以弧度为计量单位的旋转角。其作用与 rotation 域的不同，利用 scaleOrientation 域值在缩放前旋转新的坐标系，缩放后再将其旋转回来。其默认值为 0.0 0.0 1.0 0.0。

(6) bboxCenter 域用于指定边界盒的中心点相对局部坐标系原点的位置偏移。其默认值为 0.0.0.0.0.0。

(7) bboxSize 域用于指定边界盒在 X 轴、Y 轴、Z 轴方向上的尺寸大小。其默认值为 −1.0 −1.0 −1.0。默认情况下，该域值是自动计算的，为了优化场景也可以强制指定该域值。

(8) containerField 域即容器域。ContainerField 节点与 Field 节点之间存在子节点与父节点的关系。该容器域名称为 children，包含几何节点。containerField 属性只有在 X3D 场景用 XML 编码时才使用。

(9) class 域的域值是用空格分开的类的列表，保留给 XML 样式表使用。只有 X3D 场景用 XML 编码时才支持 class 属性。

8.3.2　Transform 节点源程序实例

【实例 8-2】利用 Shape 节点、Appearance 节点、Material 节点、Transform 节点及几何节点在三维立体空间背景下，创建一个复杂的三维立体组合造型。

本书附带光盘 "X3D 实例源程序/第 8 章实例源程序" 目录下，提供该实例的 X3D 源程序 "px3d8-2.x3d"。

```
<?xml version="1.0" encoding="UTF-8"?>
<!DOCTYPE X3D PUBLIC "http://www.web3d.org/specifications/x3d-3.1.dtd"
    "file:///www.web3d.org/TaskGroups/x3d/translation/x3d-3.1.dtd">
<X3D profile="Immersive" version="3.1"
 xmlns:xsd="http://www.w3.org/2001/XMLSchema-instance"
xsd:noNamespaceSchemaLocation="http://www.web3d.org/specifications/
x3d-3.1.xsd">
  <head>
    <meta content="px3d8-2.x3d" name="filename"/>
    <meta content="zjz-zjr-zjd" name="author"/>
    <meta content="*enter name of original author here*" name="creator"/>
    <meta content="*enter copyright information here* Example:  Copyright
(c) Web3D
    Consortium Inc. 2009" name="rights"/>
    <meta content="*enter online Uniform Resource Identifier (URI) or
Uniform Resource
    Locator (URL) address for this file here*" name="identifier"/>
    <meta content="X3D-Edit, http://www.web3d.org/x3d/content/
README.X3D-Edit.html"
    name="generator"/>
  </head>
  <Scene>
    <Background skyColor="0.98 0.98 0.98"/>
```

```
<Transform translation="0 2.2 0">
  <Shape>
    <Appearance>
      <Material ambientIntensity="0.1" diffuseColor="1 0 0"
        shininess="0.15" specularColor="0.8 0.8 0.8"/>
    </Appearance>
    <Cylinder bottom="true" height="0.5" radius="0.1" side="true"
top="true"/>
  </Shape>
</Transform>
<Transform translation="0 1.35 0">
  <Shape>
    <Appearance>
      <Material ambientIntensity="0.4" diffuseColor="0.5 0.5 0.7"
        shininess="0.2" specularColor="0.8 0.8 0.9"/>
    </Appearance>
    <Cylinder bottom="true" height="2" radius="0.3" side="true"
top="true"/>
  </Shape>
</Transform>
  </Scene>
</X3D>
```

运行程序时，首先启动 Xj3D 或 BS Contact VRML/X3D 7.0/7.2 浏览器，然后打开"X3D 实例源程序/第 8 章实例源程序/px3d8-2.x3d"，即可运行由 Transform 节点创建电池造型程序。程序运行结果如图 8-2 所示。

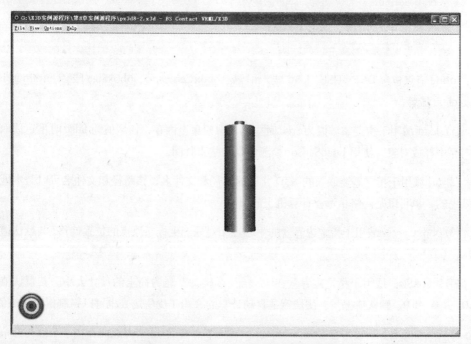

图 8-2　Transform 节点程序运行结果

8.4　Inline 节点

在编写 X3D 源程序时，创建的节点造型往往很复杂，这使 X3D 源程序过大或过长，给程序编写和调试带来诸多不便，因此可以将一个很大的 X3D 源程序拆成几个小程序。Inline 节点可以使 X3D 程序设计模块化。Inline 节点是一个组节点，也可以包含在其他组节点之下。

8.4.1　Inline 节点的语法定义

Inline 节点可以通过 url 域读取外部文件中的节点。不可以路由参数值到 Inline 场景，如果需要路由，可以使用 ExternProtoDeclare 节点和 ProtoInstance 节点。

Inline 节点定义了用于确定内联节点的属性名和域值，利用 Inline 节点的域名、域值、域数据类型及事件的存储/访问权限的定义可以创建一个效果理想，具有结构化、模块化、组件化整体感的三维立体空间造型。Inline 节点的语法定义如下。

```
<Inline
  DEF              ID
  USE              IDREF
  load             true             SFBool       inputOutput
  url                               MFString     inputOutput
  bboxCenter       0.0 0.0 0.0      SFVec3f      initializeOnly
  bboxSize         -1.0 -1.0 -1.0   SFVec3f      initializeOnly
  containerField   children
  class
/>
```

Inline 节点包含 DEF、USE、load 域、url 域、bboxCenter 域、bboxSize 域、containerField 域及 class 域等。

(1) load 域用于指定该域值为 true 时立刻读取对象至内存，该域值为 false 时推迟读取或在内存中释放对象，使用 LoadSensor 检测读取的结束时间。

(2) url 域用于指定需要嵌入的 X3D 文件的路径和文件名，该路径和文件名可以是本地计算机上的，也可以是网络中远程计算机上的。

(3) bboxCenter 域用于指定边界盒的中心点相对局部坐标系原点的位置偏移。其默认值为 0.0 0.0 0.0。

(4) bboxSize 域用于指定边界盒在 X 轴、Y 轴、Z 轴方向上的尺寸大小。其默认值为 -1.0 -1.0 -1.0。默认情况下，该域值是自动计算的，为了优化场景也可以强制指定该域值。

(5) containerField 域即容器域。ContainerField 节点与 Field 节点之间存在子节点与父节点的关系。该容器域名称为 children，包含几何节点。containerField 属性只有在 X3D 场景用 XML 编码时才使用。

(6) class 域的域值是用空格分开的类的列表，保留给 XML 样式表使用。只有 X3D 场景用 XML 编码时才支持 class 属性。

8.4.2 Inline 节点源程序实例

【**实例 8-3**】利用 Shape 节点、Appearance 节点、Material 节点、Transform 节点、Inline 节点及几何节点在三维立体空间背景下，创建一个层次清晰、结构合理的复杂三维立体组合造型。

本书附带光盘"X3D 实例源程序/第 8 章实例源程序"目录下，提供该实例的 X3D 源程序"px3d8-3.x3d"。

```
<?xml version="1.0" encoding="UTF-8"?>
<!DOCTYPE X3D PUBLIC "http://www.web3d.org/specifications/x3d-3.1.dtd"
      "file:///www.web3d.org/TaskGroups/x3d/translation/x3d-3.1.dtd">
<X3D profile="Immersive" version="3.1"
 xmlns:xsd="http://www.w3.org/2009/XMLSchema-instance"
xsd:noNamespaceSchemaLocation="http://www.web3d.org/specifications/x3d-
3.1.xsd">
  <head>
    <meta content="px3d8-3.x3d" name="filename"/>
    <meta content="zjz-zjr-zjd" name="author"/>
    <meta content="*enter name of original author here*" name="creator"/>
    <meta content="*enter copyright information here* Example:  Copyright
(c) Web3D
    Consortium Inc. 2006" name="rights"/>
    <meta content="*enter online Uniform Resource Identifier (URI) or
Uniform Resource
    Locator (URL) address for this file here*" name="identifier"/>
    <meta content="X3D-Edit, http://www.web3d.org/x3d/content/
README.X3D-Edit.html"
    name="generator"/>
  </head>
  <Scene>
    <Background skyColor="0.98 0.98 0.98"/>
    <Transform rotation="0 0 1 -0.524" scale="1 1 1" translation="0.5 0.3 0">
      <Shape>
        <Appearance>
          <Material ambientIntensity="0.4" diffuseColor="0.99 0.99 0.99"
            shininess="0.2" specularColor="0.9 0.9 0.9"/>
        </Appearance>
        <Sphere radius="0.2"/>
      </Shape>
    </Transform>
    <Transform rotation="0 0 1 -0.524" scale="1 1 1" translation="2 0.0 1">
      <Shape>
        <Appearance>
          <Material ambientIntensity="0.4" diffuseColor="0.8 0.8 0.0"
            shininess="0.2" specularColor="0.8 0.8 0.0"/>
        </Appearance>
        <Sphere radius="0.2"/>
      </Shape>
```

```
      </Transform>
      <Transform rotation="0 0 1 1.571" scale="0.5 0.5 0.5" translation= "0
0 0">
        <Inline url="px3d8-1.x3d"/>
      </Transform>
  </Scene>
</X3D>
```

在场景根节点下添加 Background 节点、Transform 节点、Inline 节点和 Shape 节点，Background 节点的颜色取浅灰白色，以突出三维立体几何造型的显示效果。利用 Inline 节点可实现组件化、模块化的设计效果，此外，增加了 Appearance 节点和 Material 节点，以便对物体造型的外观颜色、物体发光颜色、外观材料的亮度及透明度进行设计。

运行程序时，首先启动 Xj3d 或 BS Contact VRML/X3D 7.0/7.2 浏览器，然后打开"X3D 实例源程序/第 8 章实例源程序/px3d8-3.x3d"，即可运行由 Inline 节点创建的在乒乓球场景中内嵌入乒乓球拍的三维立体空间场景造型程序。程序运行结果如图 8-3 所示。

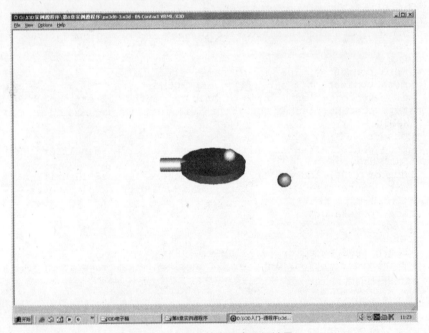

图 8-3　Inline 节点程序运行结果

8.5　Switch 节点

Switch 开关节点在 X3D 程序设计中可作为选择开关使用，增加了 X3D 程序的交互性，使用户有更大的选择权。该节点也是一个组节点，是选择型组节点。可在这个节点中创建不同的子节点，但同一时刻只能选择一个子节点。

Switch 节点可以包含多个节点,包含的节点改名为 children,而不是原来的 choice,目的是统一所有 GroupingNodeType 节点的命名规则。不管是否被选中,所有的子节点都持续地发送、接受事件。可以把各种几何体临时放在 Switch 节点下未选定的子节点中,以进行开发与隐藏测试。该节点通常作为 Shape 节点的父节点。

8.5.1 Switch 节点的语法定义

Switch 节点定义了用于确定开关节点的属性名和域值,利用 Switch 节点的域名、域值、域数据类型及事件的存储/访问权限的定义可以创建一个效果理想,便于软件设计、开发及调试的三维立体空间场景造型。Switch 节点的语法定义如下。

```
<Switch
    DEF                ID
    USE                IDREF
    whichChoice        -1              SFInt32      inputOutput
    bboxCenter         0.0 0.0 0.0     SFVec3f      initializeOnly
    bboxSize           -1.0 -1.0 -1.0  SFVec3f      initializeOnly
    containerField     children
    class
/>
```

Switch 节点包含 DEF、USE、whichChoice 域、bboxCenter 域、bboxSize 域、containerField 域及 class 域等。

(1) whichChoice 域用于定义执行 children 域中的哪个子节点。其中:0 代表第一个子节点、1 代表第 2 个子节点,以此类推。其默认值为-1,表示不选择任何子节点。

(2) bboxCenter 域用于指定边界盒的中心点相对局部坐标系原点的位置偏移。其默认值为 0.0 0.0 0.0。

(3) bboxSize 域用于指定边界盒在 X 轴、Y 轴、Z 轴方向上的尺寸大小。其默认值为 -1.0 -1.0 -1.0。默认情况下,该域值是自动计算的,为了优化场景也可以强制指定该域值。

(4) containerField 域即容器域。ContainerField 节点与 Field 节点之间存在子节点与父节点的关系。该容器域名称为 children,包含几何节点。containerField 属性只有在 X3D 场景用 XML 编码时才使用。

(5) class 域的域值是用空格分开的类的列表,保留给 XML 样式表使用。只有 X3D 场景用 XML 编码时才支持 class 属性。

8.5.2 Switch 节点源程序实例

【实例 8-4】利用 Shape 节点、Appearance 节点、Material 节点、Switch 节点及几何节点在三维立体空间背景下,创建一个开关组合程序。要求设计三种不同的文本显示方式,使用

Switch 节点方便地利用开关选择控制，使程序控制更加方便、灵活。

本书附带光盘"X3D 实例源程序/第 8 章实例源程序"目录下，提供该实例的 X3D 源程序"px3d8-4.x3d"。

```
<?xml version="1.0" encoding="UTF-8"?>
<!DOCTYPE X3D PUBLIC "http://www.web3d.org/specifications/x3d-3.1.dtd"
     "file:///www.web3d.org/TaskGroups/x3d/translation/x3d-3.1.dtd">
<X3D profile="Immersive" version="3.1"
  xmlns:xsd="http://www.w3.org/2001/XMLSchema-instance"
xsd:noNamespaceSchemaLocation="http://www.web3d.org/specifications/
x3d-3.1.xsd">
  <head>
    <meta content="px3d8-4.x3d" name="filename"/>
    <meta content="zjz-zjr-zjd" name="author"/>
    <meta content="*enter name of original author here*" name="creator"/>
    <meta content="*enter copyright information here* Example:  Copyright
(c) Web3D
    Consortium Inc. 2006" name="rights"/>
    <meta content="*enter online Uniform Resource Identifier (URI) or
Uniform Resource
    Locator (URL) address for this file here*" name="identifier"/>
    <meta content="X3D-Edit, http://www.web3d.org/x3d/content/
README.X3D-Edit.html"
    name="generator"/>
  </head>
  <Scene>
    <Background skyColor="0.98 0.98 0.98"/>
    <Switch bboxCenter="0 0 0" bboxSize="-1 -1 -1"
      containerField="children" whichChoice="0">
    <Shape>
      <Appearance>
        <Material diffuseColor="1 0 1"/>
      </Appearance>
      <Text string="0:VR_WELCOME_TO_BEIJING:X3D"/>
    </Shape>
    <Shape>
      <Appearance>
        <Material diffuseColor="0 1 1"/>
      </Appearance>
      <Text string="1:VR_2008_OLYMPIC:X3DV"/>
    </Shape>
    <Shape>
      <Appearance>
        <Material diffuseColor="0 0 1"/>
      </Appearance>
      <Text string="2:VR_ONE_WORLD_ONE_DREAM:VRML"/>
    </Shape>
    </Switch>
  </Scene>
</X3D>
```

在场景根节点下添加 Background 节点、Switch 节点和 Shape 节点，Background 节点的颜色取浅灰白色，以突出三维立体几何造型的显示效果。利用 Switch 节点可实现程序的动态调试与设计效果，此外，增加了 Appearance 节点和 Material 节点，以便对物体造型的外观颜色、物体发光颜色、外观材料亮度及透明度进行设计。

运行程序时，首先启动 Xj3D 或 BS Contact VRML/X3D 7.0/7.2 浏览器，然后打开"X3D 实例源程序/第 8 章实例源程序/px3d8-4.x3d"，即可运行由 Switch 节点创建的各种文本动态 调试的三维立体空间场景程序。程序运行结果如图 8-4 所示。

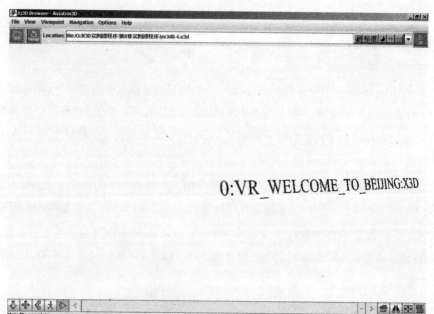

图 8-4　Switch 节点程序运行结果

8.6　Billboard 节点

Billboard 广告、警示牌、海报节点常用来做广告宣传、路标指示、警示提示、海报宣传 等。Billboard 节点是一个组节点，可以在世界坐标系下创建一个局部坐标系，选定一个旋转 轴后，不管如何行走或旋转，这个节点下的子节点所构成的虚拟对象的正面会永远自动地面 对观察者。为了减小位移，Billboard 和几何对象应放置得尽可能近。在 Billboard 节点的子节 点中可以嵌套 Transform 节点。不要把 Viewpoint 节点放入 Billboard 节点中。

8.6.1　Billboard 节点的语法定义

Billboard 节点定义了用于确定广告、警示牌、海报节点的属性名和域值，利用 Billboard 节点的域名、域值、域数据类型及事件的存储/访问权限的定义可以创建一个效果理想的广告、 警示牌、海报三维立体空间造型。Billboard 节点的语法定义如下。

```
<Billboard
   DEF              ID
   USE              IDREF
   axisOfRotation   0.0 1.0 0.0        SFVec3f      inputOutput
   bboxCenter       0.0 0.0 0.0        SFVec3f      initializeOnly
   bboxSize         -1.0 -1.0 -1.0     SFVec3f      initializeOnly
   containerField   children
   class
>
```

Billboard 节点包含 DEF、USE、axisOfRotation 域、bboxCenter 域、bboxSize 域、containerField 域及 class 域等。

(1) axisOfRotation 域用于一个在 Billboard 节点的局域坐标系中选定一个旋转轴。其中，1.0 0.0 0.0 表示绕 X 轴旋转，0.0 1.0 0.0 表示绕 Y 轴旋转，0.0 0.0 1.0 表示绕 Z 轴旋转。

(2) bboxCenter 域用于指定边界盒的中心点相对局部坐标系原点的位置偏移。其默认值为 0.0 0.0 0.0。

(3) bboxSize 域用于指定边界盒在 X 轴、Y 轴、Z 轴方向上的尺寸大小。其默认值为 -1.0 -1.0 -1.0。默认情况下，该域值是自动计算的，为了优化场景也可以强制指定该域值。

(4) containerField 域即容器域。ContainerField 节点与 Field 节点之间存在子节点与父节点的关系。该容器域名称为 children，包含几何节点。containerField 属性只在 X3D 场景用 XML 编码时才使用。

(5) class 域的域值是用空格分开的类的列表，保留给 XML 样式表使用。只有 X3D 场景用 XML 编码时才支持 class 属性。

8.6.2　Billboard 节点源程序实例

【实例 8-5】利用 Shape 节点、Appearance 节点、Material 节点、Transform 节点、Billboard 节点及几何节点在三维立体空间背景下，创建一个广告、警示牌、海报三维立体场景。

本书附带光盘"X3D 实例源程序/第 8 章实例源程序"目录下，提供该实例的 X3D 源程序"px3d8-5.x3d"。

```
<?xml version="1.0" encoding="utf-8"?>
<!DOCTYPE X3D PUBLIC "http://www.web3d.org/specifications/x3d-3.1.dtd"
      "file:///www.web3d.org/TaskGroups/x3d/translation/x3d-3.1.dtd">
<X3D profile="Immersive" version="3.1"
 xmlns:xsd="http://www.w3.org/2001/XMLSchema-instance"
xsd:noNamespaceSchemaLocation="http://www.web3d.org/specifications/x3d-
3.1.xsd">
  <head>
   <meta content="px3d8-5.x3d" name="filename"/>
   <meta content="zjz-zjr-zjd" name="author"/>
   <meta content="*enter name of original author here*" name="creator"/>
   <meta content="*enter copyright information here* Example:  Copyright
```

```
    (c) Web3D
    Consortium Inc. 2006" name="rights"/>
    <meta content="*enter online Uniform Resource Identifier (URI) or
Uniform Resource
    Locator (URL) address for this file here*" name="identifier"/>
    <meta content="X3D-Edit, http://www.web3d.org/x3d/content/
README.X3D-Edit.html"
    name="generator"/>
  </head>
  <Scene>
    <Background skyColor="0.98 0.98 0.98"/>
    <NavigationInfo type='"EXAMINE" "ANY"'/>
    <Viewpoint description="Cafe sign Billboard entry view"
orientation="1 0 0 -0.2"
position="0 2 15"/><!--Nesting a Viewpoint inside a Transform is a good way
to precisely compose rotations about 2 different axes-->
    <Transform rotation="0 1 0 2.75" translation="5 1.5 -15">
      <Viewpoint description="Cafe sign Billboard view from corner"
orientation="1 0 0 -0.2"/>
    </Transform>
    <Billboard>
      <Transform translation="0 3 0">
       <Shape>
        <Appearance>
         <Material/>
         <ImageTexture url="03061.jpg"/>
        </Appearance>
        <Box size="4 2 1"/>
       </Shape>
      </Transform>
      <Transform translation="0 -0.5 0">
       <Shape>
        <Appearance>
         <Material ambientIntensity="0.4" diffuseColor="0.5 0.5 0.7"
           shininess="0.2" specularColor="0.8 0.8 0.9"/>
        </Appearance>
        <Cylinder height="5" radius="0.3"/>
       </Shape>
      </Transform>
    </Billboard>
    <Transform translation="0 -3 0">
      <Shape>
        <Appearance >
          <Material diffuseColor="0.6 0.6 0.6"/>
        </Appearance>
        <Box size="10 0.1 10"/>
      </Shape>
    </Transform>
  </Scene>
</X3D>
```

在场景根节点下添加 Background 节点、Billboard 节点和 Transform 节点，Background
节点的颜色取浅灰白色，以突出三维立体几何造型的显示效果。利用 Billboard 节点可实现程
序的动态调试与设计效果，此外，增加了 Appearance 节点和 Material 节点，以便对物体造型
的外观颜色、物体发光颜色、外观材料的亮度及透明度进行设计。

运行程序时，首先启动 Xj3D 或 BS Contact VRML/X3D 7.0/7.2 浏览器，然后打开"X3D 实例源程序/第 8 章实例源程序/px3d8-5.x3d"，即可运行由 Billboard 节点创建的广告、警示牌、海报三维立体空间场景程序。程序运行结果如图 8-5 所示。

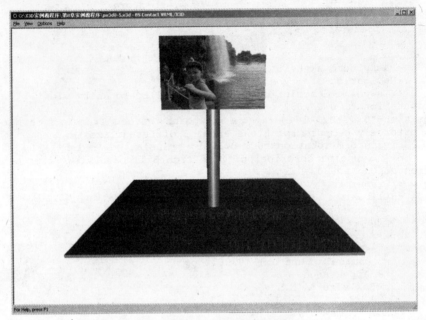

图 8-5　Billboard 节点程序运行结果

8.7　Anchor 节点

利用 Anchor 节点能够实现 X3D 场景之间的调用和互动。它是 X3D 的外部调用接口，可实现与 HTML 网页之间的调用及与三维立体空间之间的调用等。Anchor 节点使用超级链接功能，实现网络上任何地域或文件之间的互联、交互及动态感知，使三维立体空间场景更加生动、鲜活。

8.7.1　Anchor 节点的语法定义

Anchor 节点是一个可以包含其他节点的组节点。单击这个组节点的任何一个几何对象，即可浏览器读取 url 域指定的调用内容，也可以在两个场景中相互调用场景。

Anchor 节点定义了用于确定场景调用节点的属性名和域值，利用 Anchor 节点的域名、域值、域数据类型及事件的存储/访问权限的定义可以实现一个有效的场景交互调用设计。Anchor 节点的语法定义如下。

```
<Anchor
    DEF                 ID
    USE                 IDREF
    description                                 SFString        inputOutput
    url                                         MFString        inputOutput
    parameter                                   MFString        inputOutput
    bboxCenter          0.0 0.0 0.0             SFVec3f         initializeOnl
    bboxSize            -1.0 -1.0 -1.0          SFVec3f         initializeOnly
    containerField      children
    class
/>
```

Anchor 节点包含 DEF、USE、description 域、url 域、parameter 域、bboxCenter 域、bboxSize 域、containerField 域及 class 域等。

(1) description 域用于指定一个文本字符串提示，当移动光标到 Anchor 节点对象上而不单击它时，浏览器显示该文本字符串。

(2) url 域用于指定需装入文件的路径或网络导航器地址 URL。如果指定多个 URL，则按优先顺序进行排列，浏览器装入从 URL 列表中发现的第一个文件。

单击 Anchor 节点的子对象，可以跳转到其他网址。附加视点名后可以直接跳转到场景的内部视点，如 #ViewpointName，someOtherCoolWorld.wrl#GrandTour。如果需要跳转到本地视点，则只需要使用视点名，如 #GrandTour。

(3) parameter 域用于为 X3D 和 HTML 浏览器附加信息，这些信息是一连串的字符串，格式为"关键词=值"。

对于传递的参数，可以指定网络浏览器改变 URL 的存取方式，可以设置 parameter 为 target = _blank 以在新窗口中打开目标 URL，也可以设置 parameter 为 target=frame_name，以在指定目标框架名的框架中打开目标 URL。

(4) bboxCenter 域用于指定边界盒的中心点相对局部坐标系原点的位置偏移。其默认值为 0.0 0.0 0.0。

(5) bboxSize 域用于指定边界盒在 X 轴、Y 轴、Z 轴方向上的尺寸大小。其默认值为 −1.0 −1.0 −1.0。默认情况下，该域值是自动计算的，为了优化场景也可以强制指定该域值。

(6) containerField 域即容器域。ContainerField 节点与 Field 节点之间存在子节点与父节点的关系。该容器域名称为 children，包含几何节点。containerField 属性只有在 X3D 场景用 XML 编码时才使用。

children 指定场景中 Anchor 节点的对象，它包含指向其他文件的超级连接（在 url 域中指定）。当观察者单击其中的一个对象时，浏览器便装入在 url 域中指定的文件。

(7) class 域的域值是用空格分开的类的列表，保留给 XML 样式表使用。只有 X3D 场景用
XML 编码时才支持 class 属性。

8.7.2　Anchor 节点源程序实例

【实例 8-6】利用 Shape 节点、Appearance 节点、Material 节点、Transform 节点、Anchor
节点及几何节点在三维立体空间背景下，创建一个动态交互调用场景。

本书附带光盘"X3D 实例源程序/第 8 章实例源程序"目录下，提供该实例的 X3D 源程
序"px3d8-6.x3d"。

```
<?xml version="1.0" encoding="UTF-8"?>
<!DOCTYPE X3D PUBLIC "http://www.web3d.org/specifications/x3d-3.1.dtd"
     "file:///www.web3d.org/TaskGroups/x3d/translation/x3d-3.1.dtd">
<X3D profile="Immersive" version="3.1"
  xmlns:xsd="http://www.w3.org/2001/XMLSchema-instance"
xsd:noNamespaceSchemaLocation="http://www.web3d.org/specifications/x3d-
3.1.xsd">
  <head>
    <meta content="px3d8-6.x3d" name="filename"/>
    <meta content="zjz-zjr-zjd" name="author"/>
    <meta content="*enter name of original author here*" name="creator"/>
    <meta content="*enter copyright information here* Example:  Copyright
(c) Web3D Consortium Inc. 2006" name="rights"/>
    <meta content="*enter online Uniform Resource Identifier (URI) or
Uniform Resource Locator (URL) address for this file here*"
name="identifier"/>
    <meta content="X3D-Edit, http://www.web3d.org/x3d/content/
README.X3D-Edit.html" name="generator"/>
  </head>
  <Scene>
  <Background skyColor="0.98 0.98 0.98"/>
  <Anchor description="main call px3d8-6-1.x3d" url="px3d8-6-1.x3d">
    <Transform translation="0 0 0">
      <Shape>
        <Appearance>
          <Material ambientIntensity="0.4" diffuseColor="0.3 0.2 0.0"
            shininess="0.2" specularColor="0.7 0.7 0.6"/>
        </Appearance>
        <Cylinder height="4" readius="0.2"/>
      </Shape>
    </Transform>
    <Transform translation="0 0 0">
      <Shape>
        <Appearance>
          <Material ambientIntensity="0.4" diffuseColor="1 0 0"
            shininess="0.2" specularColor="1 0 0 "/>
        </Appearance>
        <Sphere radius="2"/>
      </Shape>
    </Transform>
  </Anchor>
```

```
    </Scene>
</X3D>
```

程序运行结果如图 8-6 所示。

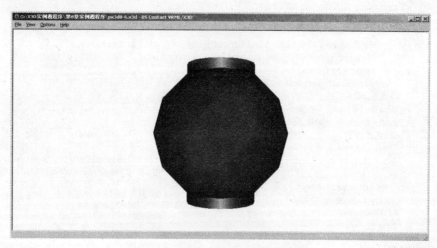

图 8-6 Anchor 节点程序运行结果

以上主程序引用的子程序"px3d8-6-1.x3d"的源程序如下。

```
<?xml version="1.0" encoding="UTF-8"?>
<!DOCTYPE X3D PUBLIC "http://www.web3d.org/specifications/x3d-3.1.dtd"
    "file:///www.web3d.org/TaskGroups/x3d/translation/x3d-3.1.dtd">
<X3D profile="Immersive" version="3.1"
 xmlns:xsd="http://www.w3.org/2001/XMLSchema-instance"
xsd:noNamespaceSchemaLocation="http://www.web3d.org/specifications/x3d-
3.1.xsd">
  <head>
    <meta content="px3d8-6-1.x3d" name="filename"/>
    <meta content="zjz-zjr-zjd" name="author"/>
    <meta content="*enter name of original author here*" name="creator"/>
    <meta content="*enter copyright information here* Example: Copyright
(c) Web3D
    Consortium Inc. 2006" name="rights"/>
    <meta content="*enter online Uniform Resource Identifier (URI) or
Uniform Resource
    Locator (URL) address for this file here*" name="identifier"/>
    <meta content="X3D-Edit, http://www.web3d.org/x3d/content/
README.X3D-Edit.html"
    name="generator"/>
  </head>
  <Scene>
    <Anchor description="return main program" url="px3d8-6.x3d">
      <Background skyColor="0.98 0.98 0.98"/>
      <Transform translation="0 1 0">
        <Shape>
          <Appearance>
            <Material/>
            <ImageTexture url="03062.jpg"/>
```

```
        </Appearance>
        <Box size="6 5 1"/>
      </Shape>
    </Transform>
    <Transform translation="0 -1 0">
      <Shape>
        <Appearance>
          <Material ambientIntensity="0.4" diffuseColor="0.5 0.5 0.7"
            shininess="0.2" specularColor="0.8 0.8 0.9"/>
        </Appearance>
        <Cylinder height="3" radius="0.3"/>
      </Shape>
    </Transform>
    <Transform translation="0 -2.5 0">
      <Shape>
        <Appearance>
          <Material ambientIntensity="0.4" diffuseColor="0.5 0.5 0.7"
            shininess="0.2" specularColor="0.8 0.8 0.9"/>
        </Appearance>
        <Cylinder height="0.3" radius="1.5"/>
      </Shape>
    </Transform>
  </Anchor>
 </Scene>
</X3D>
```

当单击图 8-6 中的灯笼时，调用由 Anchor 节点创建的三维立体场景程序。程序运行结果如图 8-7 所示。

图 8-7　被 Anchor 节点调用的场景效果图

8.8 LOD 节点

空间的细节层次控制是通过空间距离的远近来实现的。细节层次控制和现实世界中的感观是极为相似的。在现实世界中人们都体验过，在很远的地方时，只能隐约看到一座建筑物的轮廓。当走进建筑物时，就会看清楚整个建筑物的具体框架结构，再走进一些，会看到更加清晰的内容。在 X3D 虚拟世界里，可以利用不同的细节层次节点创建出不同的造型，根据 X3D 虚拟世界中视点与立体空间造型的远近在浏览器中调用不同细节的空间造型。如果造型与浏览者较远，则造型的细节就会比较少，且比较粗糙；如果造型与浏览者较近，则能看到比较清晰的细节。在细节层次比较少时，浏览速度会很快；在造型比较复杂时，细节层次比较多，这将直接影响浏览的速度。所以应尽可能不设计过分复杂的造型，以提高 X3D 的浏览速度。

LOD 节点定义了用于确定场景细节层次节点的属性名和域值，利用 LOD 节点的域名、域值、域数据类型及事件的存储/访问权限的定义来对不同景物做出不同细致程度的描述。LOD 节点的语法定义如下。

```
<LOD
    DEF                  ID
    USE                  IDREF
    forceTransitions     false              SFBool      initializeOnly
    center               0 0 0              SFVec3f     initializeOnly
    range                [0, +∞)            MFFloat     initializeOnly
    bboxCenter           0.0 0.0 0.0        SFVec3f     initializeOnly
    bboxSize             -1.0 -1.0 -1.0     SFVec3f     initializeOnly
    level_changed        " "                SFInt32     outputOnly
    containerField       children
    class
/>
```

LOD 节点包含 DEF、USE、forceTransitions 域、center 域、range 域、bboxCenter 域、bboxSize 域、level_changed 域、containerField 域及 class 域等。

(1) forceTransitions 域用于指定浏览器能否对细节层次进行浏览，是否对每一个连续的基本细节实行过渡。

(2) center 域用于定义 LOD 节点的子节点的几何中心位置的坐标。该中心点与原点的距离可以用来作为不同细节层次选取的依据。其默认值为 0 0 0。

(3) range 域用于定义浏览者与对象（造型）之间距离的范围大小。其域值是描述与空间造型的距离远近的列表。根据此列表，可以从一个细节切换到另一个细节。需要注意的是，该域值必须为正，并且必须顺序增长。取值范围为[0, +∞)，如果对应 n 个 range 值，则必须有 n+1 个子层次对象，可以增加 <WorldInfo info='null node'/> 作为不渲染的最后一层的子对象。

(4) bboxCenter 域用于指定边界盒的中心点相对局部坐标系原点的位置偏移。其默认值为 0.0 0.0 0.0。

(5) bboxSize 域用于指定边界盒在 X 轴、Y 轴、Z 轴方向上的尺寸大小。其默认值为 −1.0 −1.0 −1.0。默认情况下，该域值是自动计算的，为了优化场景也可以强制指定该域值。

(6) level_changed 域用于激活通用细节层次 LOD children。

(7) containerField 域即容器域。ContainerField 节点与 Field 节点之间存在子节点与父节点的关系。该容器域名称为 children，包含几何节点。containerField 属性只有在 X3D 场景用 XML 编码时才使用。

该域值所列出的每一个子节点都分别描述不同的细节造型，通常第一个子节点提供最高细节层次的空间造型，后面子节点的细节层次依次降低。不同细节层次造型的切换则由空间造型距离的远近来决定。其默认值为空的子节点。

(8) class 域的域值是用空格分开的类的列表，保留给 XML 样式表使用。只有 X3D 场景用 XML 编码时才支持 class 属性。

第 9 章

X3D 动画游戏节点设计

在虚拟现实三维立体网络程序设计语言 X3D 中，最具特色的节点就是本章要介绍的具有动态、交互和感知的节点，包括 TimeSensor 时间传感器节点、KeySensor 按键传感器节点、StringSensor 按键字符串传感器节点、动画插补器节点、触摸检测器节点及智能感知检测器节点等。

9.1 TimeSensor 节点

TimeSenor 节点的作用是创建一个虚拟时钟，并对其他节点发送时间值，控制 X3D 立体空间中动态对象的开始、变化和结束的时间，实现空间物体造型的移动、变色、变形等自动变化。

TimeSenor 节点在 X3D 中并不产生任何造型和可视效果。其作用只是向各动画插补器节点输出事件，以使动画插补器节点产生所需要的动画效果。该节点可以包含在任何组节点中作为子节点，并独立于所选用的坐标系。TimeSensor 节点定义了当时间流逝时，不断地产生事件。例如，一个典型运用为 ROUTE thisTimeSensor.fraction_changed TO someInterpolator.set_fraction。TimeSenor 节点的语法定义如下。

```
<TimeSenor
    DEF                 ID
    USE                 IDREF
    enabled             true        SFBool      inputOutput
    cycleInterval       1.0         SFTime      inputOutput
    loop                false       SFBool      inputOutput
    startTime           0           SFTime      inputOutput
    stopTime            0           SFTime      inputOutput
    pauseTime           0           SFTime      inputOutput
    resumeTime          0           SFTime      inputOutput
    cycleTime           " "         SFTime      outputOnly
    isActive            " "         SFBool      outputOnly
    isPaused            " "         SFBool      outputOnly
    fraction_changed    " "         SFFloat     outputOnly
    time                " "         SFTime      outputOnly
    containerField      children
    class
/>
```

TimeSenor 节点包含 DEF、USE、enabled 域、cycleInterval 域、loop 域、startTime 域、stopTime 域、pauseTime 域、resumeTime 域、cycleTime 域、isActive 域、isPaused 域、fraction_changed 域、time 域、containerField 域及 class 域等。

(1) enabled 域用于设置 Time Sensor 节点是否有效。

(2) cycleInterval 域用于定义一个时间长度，设置循环时间，说明这个时间传感器从 0.0 时刻到 1.0 时刻之间的周期间隔，单位为秒。该域值必须大于 0.0，其默认值为 1.0。如果 cycleInterval < 0.01 秒，TimeSensor 节点可能被忽视。

(3) loop 域用于指定一个时间传感器是否循环输出。该域值为布尔量，如果为 true，则时间传感器会自动循环，一直到停止时间为止；如果为 false，时间传感器不循环，只经过一个周期，就会自动停止。其默认值为 false。

(4) startTime 域用于定义当 time now 大于或等于 startTime 时，isActive 变为 true，激活 TimeSensor 节点。一般通过路由接受一个时间值。

(5) stopTime 域用于定义当 stopTime 小于或等于 time now 时，isActive 变为 false，禁止 TimeSensor 节点。一般通过路由接受一个时间值。

(6) pauseTime 域用于定义当 time now 大于或等于 pauseTime 时，isPaused 值变为 true，暂停 TimeSensor 节点。一般通过路由接受一个时间值。VRML 97 不支持该域。

(7) resumeTime 域用于定义当 resumeTime 小于或等于 time now 时，isPaused 值变为 false，再次激活 TimeSensor 节点。一般通过路由接受一个时间值。VRML 97 不支持该域。

(8) cycleTime 域用于定义当开始时间为 cycleTime 及每次循环开始时发送时间输出事件，用来同步其他基于时间的对象。

(9) isActive 域用于在回放开始/结束的时候发送 isActive true/false 事件。

(10) isPaused 域用于在回放暂停/继续的时候发送 isPaused true/false 事件。VRML 97 不支持该域。

(11) fraction_changed 域用于持续发送 0 和 1 之间的值，以提供当前循环的进程。

(12) time 域用于持续发送绝对时间，以提供一个计时模拟。

(13) containerField 域即容器域。ContainerField 节点与 Field 节点之间存在子节点与父节点的关系。该容器域名称为 children，包含几何节点。containerField 属性只有在 X3D 场景用 XML 编码时才使用。

(14) class 域的域值是用空格分开的类的列表，保留给 XML 样式表使用。只有 X3D 场景用 XML 编码时才支持 class 属性。

9.2　X3D 按键传感器节点

按键传感器节点包括 KeySensor 节点和 StringSensor 节点。

9.2.1　KeySensor 节点

KeySensor 节点是支持 keyboard focus 的节点，用于在键盘上按键的时候产生一个事件。KeySensor 节点可以作为 Transform 节点的子节点，或与其他节点平行使用。KeySensor 节点的语法定义如下。

```
<KeySensor
    DEF                 ID
    USE                 IDREF
    enabled             true        SFBool      inputOutput
    keyPress                        SFString    outputOnly
    keyRelease                      SFString    outputOnly
    actionKeyPress                  SFInt32     outputOnly
    actionKeyRelease                SFInt32     outputOnly
    shiftKey                        SFBool      outputOnly
    controlKey                      SFBool      outputOnly
    altKey                          SFBool      outputOnly
    isActive            " "         SFBool      outputOnly
    containerField      children
    class
/>
```

KeySensor 节点包含 DEF、USE、enabled 域、keyPress 域、keyRelease 域、actionKeyPress 域、actionKeyRelease 域、shiftKey 域、controlKey 域、altKey 域、isActive 域、containerField 域及 class 域等。

(1) enabled 域用于设置该节点是否有效。

(2) keyPress 域用于定义当用户按下键盘上的字符键时产生一个事件，以产生一个整数 UTF-8 character 值。

(3) keyRelease 域用于定义当用户松开键盘上的字符键时产生一个事件，以产生一个整数 UTF-8 character 值。

(4) actionKeyPress 域用于定义一个功能键按下后给出如下值：HOME=000，END=1001，PGUP=1002，PGDN=1003，UP=1004，DOWN=1005，LEFT=1006，RIGHT=1007，F1=1008，F2=1009，…，F12=1019。

(5) actionKeyRelease 域用于定义一个功能键松开后给出如下值：HOME=000，END=1001，PGUP=1002，PGDN=1003，UP=1004，DOWN=1005，LEFT=1006，RIGHT=1007，F1=1008，F2=1009，…，F12=1019。

(6) shiftKey 域用于定义当按下 Shift 键时产生 true 事件，当松开时产生 false 事件。

(7) controlKey 域用于定义当按下 Control 键时产生 true 事件，当松开时产生 false 事件。

(8) altKey 域用于定义当按下 Alt 键时产生 true 事件，当松开时产生 false 事件。

(9) isActive 域用于当传感器的状态改变时，发送 isActive true/false 事件。按下鼠标主键时，isActive=true；放开时，isActive=false。

(10) containerField 域即容器域。ContainerField 节点与 Field 节点之间存在子节点与父节点的关系。该容器域名称为 children，包含几何节点。containerField 属性只有在 X3D 场景用 XML 编码时才使用。

(11) class 域的域值是用空格分开的类的列表，保留给 XML 样式表使用。只有 X3D 场景用 XML 编码时才支持 class 属性。

9.2.2 StringSensor 节点

StringSensor 节点的作用是当用户在键盘上按下键时，StringSensor 节点会产生一个事件。该节点可以作为 Transform 节点的子节点，或与其他节点平行使用。StringSensor 节点的语法定义如下。

```
<StringSensor
    DEF             ID
    USE             IDREF
    enabled         true        SFBool      inputOutput
    deletionAllowed true        SFBool      inputOutput
    isActive        " "         SFBool      outputOnly
    enteredText     " "         SFString    outputOnly
    finalText       " "         SFString    outputOnly
    containerField  children
    class
/>
```

StringSensor 节点包含 DEF、USE、enabled 域、deletionAllowed 域、isActive 域、enteredText 域、finalText 域、containerField 域及 class 域等。

(1) enabled 域用于设置该节点是否有效。

(2) deletionAllowed 域用于定义如果 deletionAllowed 为 true，则在输入文字的时候可以删

除字符。如果 deletionAllowed 为 false，则只可以往输入字符串中加值。其中，删除键一般就是局部坐标系中定义的删除键。

(3) isActive 域用于定义当传感器的状态改变时，发送 isActive true/false 事件。按下鼠标主键时，isActive=true；放开时，isActive=false。

(4) enteredText 域用于定义当按下字符键时产生事件。

(5) finalText 域用于定义当按键值符合 terminationText 字符串时产生事件，此时，enteredText 值移动到 finalText 值，同时 enteredText 设置为空字符串。其中，结束键一般就是局部坐标系中定义的结束键。

(6) containerField 域即容器域。ContainerField 节点与 Field 节点之间存在子节点与父节点的关系。该容器域名称为 children，包含几何节点。containerField 属性只有在 X3D 场景用 XML 编码时才使用。

(7) class 域的域值是用空格分开的类的列表，保留给 XML 样式表使用。只有 X3D 场景用 XML 编码时才支持 class 属性。

9.3 X3D 动画游戏节点设计

动画游戏节点实现动画游戏设计效果。在现实世界中，万物都是在变化着的，如太阳的升落，树叶由绿变黄等，这些都可归属为动画。在 X3D 中可以实现动画效果，这使 X3D 虚拟世界更加生动、真实、鲜活。X3D 提供多个用来控制动画游戏的插补器 (interpolator)。控制动画游戏的插补器节点是为线性关键帧动画而设计的。其中采用一组关键值，且每个关键值对应一种状态。这个状态允许以各种形式表示，如对于 SFVec3f 或 SFColor，浏览器会根据这些状态生成连续的动画。一般来说，浏览器在两个相邻关键帧之间生成的连续帧是线性的。

9.3.1 PositionInterpolator 节点

PositionInterpolator 位置插补器节点是空间造型位置移动节点，用来描述一系列用于动画的关键值，使物体移动形成动画。该节点不创建任何造型，在一组 SFVec3f 值之间进行线性插值，适合针对平移进行插值。

PositionInterpolator 节点产生指定范围内的一系列三维值。其结果可以被路由到一个 Transform 节点的 translation 属性或另一个 vector3Float 属性。典型输入为 ROUTE someTimeSensor.fraction_changed TO someInterpolator.set_fraction。典型输出为 ROUTE

someInterpolator.value_changed TO destinationNode.set_attribute。PositionInterpolator 节点的
语法定义如下。

```
<PositionInterpolator
    DEF                ID
    USE                IDREF
    key                                    MFFloat        inputOutput
    keyValue                               MFVec3f        inputOutput
    set_fraction       " "                 SFFloat        inputOnly
    value_changed      " "                 SFVec3f        outputOnly
    containerField     children
    class
/>
```

PositionInterpolator 节点包含 DEF、USE、key 域、keyValue 域、set_fraction 域、
value_changed 域、containerField 域及 class 域等。

(1) key 域用于定义一个线性插值器的时间间隔，按照顺序增加，对应相应的 keyValue。
其中 key 和 keyValue 的数量必须一致。

(2) keyValue 域用于定义一个对应 key 的关键值，用来进行相应时间段的线性插值。

(3) set_fraction 域用于输入一个 key 值，以进行相应的 keyValue 输出。

(4) value_changed 域用于按照相应的 key 和 keyValue 对，输出相应时间段的线性插
值。

(5) containerField 域即容器域。ContainerField 节点与 Field 节点之间存在子节点与父节点
的关系。该容器域名称为 children，包含几何节点。containerField 属性只在 X3D 场景用 XML
编码时才使用。

(6) class 域的域值是用空格分开的类的列表，保留给 XML 样式表使用。只有 X3D 场景用
XML 编码时才支持 class 属性。

【实例 9-1】使用 PositionInterpolator 节点，引入 X3D 飞碟空间造型。在时间传感器与
位置插补器的共同作用下，飞碟在三维立体空间中飞行，循环往复变化。

本书附带光盘"X3D 实例源程序/第 9 章实例源程序"目录下，提供该实例的 X3D 源程
序"px3d9-1.x3d"。

```
<?xml version="1.0" encoding="UTF-8"?>
<!DOCTYPE X3D PUBLIC "http://www.web3d.org/specifications/x3d-3.1.dtd"
      "file:///www.web3d.org/TaskGroups/x3d/translation/x3d-3.1.dtd">
<X3D profile="Immersive" version="3.1"
  xmlns:xsd="http://www.w3.org/2001/XMLSchema-instance"
xsd:noNamespaceSchemaLocation="http://www.web3d.org/specifications/x3d-
3.1.xsd">
```

```
<head>
  <meta content="px3d9-1.x3d" name="filename"/>
  <meta content="zjz-zjr-zjd" name="author"/>
  <meta content="*enter name of original author here*" name="creator"/>
  <meta content="*enter copyright information here* Example: Copyright
(c) Web3D
  Consortium Inc. 2006" name="rights"/>
  <meta content="*enter online Uniform Resource Identifier (URI) or
Uniform Resource
  Locator (URL) address for this file here*" name="identifier"/>
  <meta content="X3D-Edit, http://www.web3d.org/x3d/content/
README.X3D-Edit.html"
  name="generator"/>
</head>
<Scene>
  <Background skyColor="0.98 0.98 0.98"/>
  <Group>
    <Transform DEF="fly" rotation="0 0 1 0" scale="1 1 1" translation="0
0 0">
      <Inline url="px3d9-1-1.x3d"/>
      <TimeSensor DEF="time1" cycleInterval="8.0" loop="true"/>
      <PositionInterpolator DEF="flyinter"
        key="0.0 , 0.2, 0.4, 0.5, 0.6, 0.8, 0.9, 1.0, " keyValue="0 0 0,
0 0 -20, 8 5 -20, 8 -5 -20, &#10;-8 -5 -20, -8 5 -20, 0 0 -200, 0 0 0, "/>
    </Transform>
  </Group>
  <Transform translation="0 3 0" scale="1 1 1">
    <Shape>
      <Appearance>
        <Material ambientIntensity="0.4" diffuseColor="0.9 0.2 0.0"
          shininess="0.2" specularColor="0.9 0.2 0.0"/>
      </Appearance>
      <Sphere radius="0.5"/>
    </Shape>
  </Transform>
  <ROUTE fromField="fraction_changed" fromNode="time1"
    toField="set_fraction" toNode="flyinter"/>
  <ROUTE fromField="value_changed" fromNode="flyinter"
    toField="set_translation" toNode="fly"/>
</Scene>
</X3D>
```

在场景根节点下添加 Background 节点、Group 节点、Transform 节点、Inline 节点及
PositionInterpolator 节点，利用 PositionInterpolator 节点可创建一个三维立体空间动画场
景。

运行程序时，首先启动 Xj3D 或 BS Contact VRML/X3D 7.0/7.2 浏览器，然后打开"X3D
实例源程序/第 9 章实例源程序/px3d9-1.x3d"，即可运行由 PositionInterpolator 节点创建的
三维立体飞碟飞行的动画场景程序。程序运行结果如图 9-1 所示。

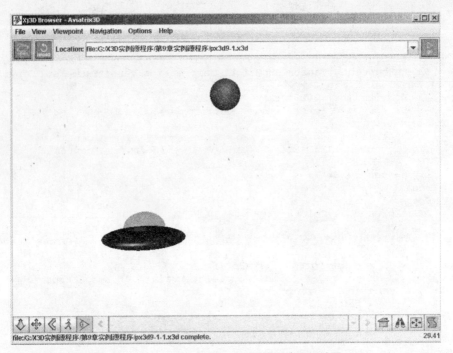

图 9-1　PositionInterpolartor 节点程序运行结果

9.3.2　PositionInterpolator2D 节点

PositionInterpolator2D 2D 位置插补器节点产生指定范围内的一系列 vector2Float 值，可以被路由到一个 vector2Float 属性。该节点不创建任何造型，但可以进行动画设计。典型输入为 ROUTE someTimeSensor.fraction_changed TO someInterpolator.set_fraction。典型输出为 ROUTE someInterpolator.value_changed TO destinationNode.set_attribute。PositionInterpolator2D 节点的语法定义如下。

```
<PositionInterpolator
    DEF                     ID
    USE                     IDREF
    key                                     MFFloat       inputOutput
    keyValue                                MFVec3f       inputOutput
    set_fraction            " "             SFFloat       inputOnly
    value_changed           " "             SFVec2f       outputOnly
    containerField          children
    class
/>
```

PositionInterpolator2D 节点包含 DEF、USE、key 域、keyValue 域、set_fraction 域、value_changed 域、containerField 域及 class 域等。

(1) key 域用于定义一个线性插值器的时间间隔，按照顺序增加，对应相应的 keyValue。

其中 keyValue 的数量必须是 key 的整数倍，keyValue/key 的值决定了 value_changed 输出坐标的组数。

(2) keyValue 域用于定义对应 key 的相应关键值，用来进行相应时间段的线性插值。

(3) set_fraction 域用于输入一个 key 值，以进行相应的 keyValue 输出。

(4) value_changed 域用于按照相应的 key 和 keyValue 对，输出相应时间段的线性插值。

(5) containerField 域即容器域。ContainerField 节点与 Field 节点之间存在子节点与父节点的关系。该容器域名称为 children，包含几何节点。containerField 属性只有在 X3D 场景用 XML 编码时才使用。

(6) class 域的域值是用空格分开的类的列表，保留给 XML 样式表使用。只有 X3D 场景用 XML 编码时才支持 class 属性。

9.3.3　OrientationInterpolator 节点

OrientationInterpolator 朝向插补器节点是方位变换节点，用来描述一系列在动画中使用的旋转值。该节点不创建任何造型，该节点可以使造型发生旋转。OrientationInterpolator 节点产生指定范围内的一系列方向值，其结果可以被路由到 Transform 节点的 rotation 属性或另一个 rotation 属性中。典型输入为 ROUTE someTimeSensor.fraction_changed TO someInterpolator.set_fraction。典型输出为 ROUTE someInterpolator.value_changed TO destinationNode.set_attribute。

1. OrientationInterpolator 节点的语法定义

OrientationInterpolator 节点的语法定义如下。

```
<OrientationInterpolator
    DEF                     ID
    USE                     IDREF
    key                                     MFFloat        inputOutput
    keyValue                                MFRotation     inputOutput
    set_fraction            " "             SFFloat        inputOnly
    value_changed           " "             SFRotation     outputOnly
    containerField          children
    class
/>
```

OrientationInterpolator 节点包含 DEF、USE、key 域、keyValue 域、set_fraction 域、value_changed 域、containerField 域及 class 域等。

(1) key 域用于定义一个线性插值器的时间间隔，按照顺序增加，对应相应的 keyValue。其中 key 和 keyValue 的数量必须一致。

(2) keyValue 域用于定义一个对应 key 的相应关键值，用来进行相应时间段的线性插值。

(3) set_fraction 域用于输入一个 key 值，以进行相应的 keyValue 输出。

(4) value_changed 域用于按照相应的 key 和 keyValue 对，输出相应时间段的线性插值。

(5) containerField 域即容器域。ContainerField 节点与 Field 节点之间存在子节点与父节点的关系。该容器域名称为 children，包含几何节点。containerField 属性只有在 X3D 场景用 XML 编码时才使用。

(6) class 域的域值是用空格分开的类的列表，保留给 XML 样式表使用。只有 X3D 场景用 XML 编码时才支持 class 属性。

2. OrientationInterpolator 节点源程序实例

【实例 9-2】使用 OrientationInterpolator 节点引入 X3D 立体照片造型。在时间传感器与朝向插补器共同作用下，使造型发生旋转。

本书附带光盘"X3D 实例源程序/第 9 章实例源程序"目录下，提供该实例的 X3D 源程序"px3d9-2.x3d"。

```
<?xml version="1.0" encoding="UTF-8"?>
<!DOCTYPE X3D PUBLIC "http://www.web3d.org/specifications/x3d-3.1.dtd"
      "file:///www.web3d.org/TaskGroups/x3d/translation/x3d-3.1.dtd">
<X3D profile="Immersive" version="3.1"
 xmlns:xsd="http://www.w3.org/2001/XMLSchema-instance"
xsd:noNamespaceSchemaLocation="http://www.web3d.org/specifications/x3d-
3.1.xsd">
 <head>
  <meta content="px3d9-2.x3d" name="filename"/>
  <meta content="zjz-zjr-zjd" name="author"/>
  <meta content="*enter name of original author here*" name="creator"/>
  <meta content="*enter copyright information here* Example: Copyright
(c) Web3D
  Consortium Inc. 2006" name="rights"/>
  <meta content="*enter online Uniform Resource Identifier (URI) or
Uniform Resource
  Locator (URL) address for this file here*" name="identifier"/>
  <meta content="X3D-Edit, http://www.web3d.org/x3d/content/
README.X3D-Edit.html"
  name="generator"/>
 </head>
 <Scene>
  <Background skyColor="0.98 0.98 0.98"/>
  <Group>
   <Transform DEF="fly" rotation="0 0 1 0" scale="1.5 1.5 1.5"
translation="0 0 -8">
    <Inline url="px3d9-2-1.x3d"/>
    <TimeSensor DEF="time1" cycleInterval="8.0" loop="true"/>
    <OrientationInterpolator DEF="flyinter"
```

```
          key="0.0, 0.1, 0.2, 0.3, 0.4, 0.5, 0.6, 0.7, 0.8, " keyValue="0
1 0 0.0, 0 1 0 0.524, 0 1 0 0.785, 0 1 0 1.047, &#10;0 1 0 1.571, 0 1 0 2.094,
0 1 0 2.356, 0 1 0 2.618, &#10;0 1 0 3.141"/>
      </Transform>
    </Group>
    <ROUTE fromField="fraction_changed" fromNode="time1"
      toField="set_fraction" toNode="flyinter"/>
    <ROUTE fromField="value_changed" fromNode="flyinter"
      toField="set_rotation" toNode="fly"/>
  </Scene>
</X3D>
```

在场景根节点下添加 Background 节点、Group 节点、Transform 节点、Inline 节点及
OrientationInterpolator 节点，利用 OrientationInterpolator 节点可创建一个三维立体空间动画
场景。

运行程序时，首先启动 Xj3D 或 BS Contact VRML/X3D 7.0/7.2 浏览器，然后打开"X3D
实例源程序/第 9 章实例源程序/px3d9-2.x3d"，即可运行由 OrientationInterpolator 节点创建
的三维立体照片旋转动画效果程序。程序运行结果如图 9-2 所示。

图 9-2　OrientationInterpolator 节点程序运行结果

9.3.4　ScalarInterpolator 节点

ScalarInterpolator 标量插补器节点是强度变换动态节点，用于描述动画设计中使用的一系

列关键值。该节点不创建任何造型，可在一组 SFFloat 值之间进行线性插值，这个插值适合于用简单的浮点值定义的任何参数。ScalarInterpolator 节点产生指定范围内的一系列线性值，可以被路由到其他的 Float 属性中。

ScalarInterpolator 节点和 TimeSensor 节点可改变光线节点中的 intensity 域的域值（光线强度），使光线强度随时间的改变而变化，实现动态效果。典型输入为 ROUTE someTimeSensor.fraction_changed TO someInterpolator.set_fraction。典型输出为 ROUTE someInterpolator.value_changed TO destinationNode.set_attribute。

ScalarInterpolator 节点的语法定义如下。

```
<ScalarInterpolator
    DEF                   ID
    USE                   IDREF
    key                                   MFFloat        inputOutput
    keyValue                              MFFloat        inputOutput
    set_fraction          " "             SFFloat        inputOnly
    value_changed         " "             SFFloat        outputOnly
    containerField        children
    class
/>
```

ScalarInterpolator 节点包含 DEF、USE、key 域、keyValue 域、set_fraction 域、value_changed 域、containerField 域及 class 域等。

(1) key 域用于定义一个线性插值器的时间间隔，按照顺序增加，对应相应的 keyValue。其中 key 和 keyValue 的数量必须一致。

(2) keyValue 域用于定义一个对应 key 的相应关键值，用来进行相应时间段的线性插值。

(3) set_fraction 域用于输入一个 key 值，以进行相应的 keyValue 输出。

(4) value_changed 域用于按照相应的 key 和 keyValue 对，输出相应时间段的线性插值。

(5) containerField 域即容器域。ContainerField 节点与 Field 节点之间存在子节点与父节点的关系。该容器域名称为 children，包含几何节点。containerField 属性只有在 X3D 场景用 XML 编码时才使用。

(6) class 域的域值是用空格分开的类的列表，保留给 XML 样式表使用。只有 X3D 场景用 XML 编码时才支持 class 属性。

9.3.5 ColorInterpolator 节点

ColorInterpolator 颜色插补器节点是用来表示颜色间插值的节点，使立体空间场景与造型颜色发生变化。该节点并不创建造型，在 X3D 场景中是看不见的。该节点可以作为任何 Group

节点的子节点，但又独立于所使用的坐标系，即不受坐标系的限制。ColorInterpolator 节点产生指定范围内的一系列色彩值，可以被路由到 Color 节点的 color 属性。典型输入为 ROUTE someTimeSensor.fraction_changed TO someInterpolator.set_fraction。典型输出为 ROUTE someInterpolator.value_changed TO destinationNode.set_attribute。

1. ColorInterpolator 节点的语法定义

ColorInterpolator 节点的语法定义如下。

```
<ColorInterpolator
    DEF                 ID
    USE                 IDREF
    key                             MFFloat       inputOutput
    keyValue                        MFColor       inputOutput
    set_fraction        " "         SFFloat       inputOnly
    value_changed       " "         SFColor       outputOnly
    containerField      children
    class
/>
```

ColorInterpolator 节点包含 DEF、USE、key 域、keyValue 域、set_fraction 域、value_changed 域、containerField 域及 class 域等。

(1) key 域用于定义一个线性插值器的时间间隔，按照顺序增加，对应相应的 keyValue。其中 key 和 keyValue 的数量必须一致。

(2) keyValue 域用于定义一个对应 key 的相应关键值，用来进行相应时间段的线性插值。

(3) set_fraction 域用于输入一个 key 值，以进行相应的 keyValue 输出。

(4) value_changed 域用于按照相应的 key 和 keyValue 对，输出相应时间段的线性插值。

(5) containerField 域即容器域。ContainerField 节点与 Field 节点之间存在子节点与父节点的关系。该容器域名称为 children，包含几何节点。containerField 属性只有在 X3D 场景用 XML 编码时才使用。

(6) class 域的域值是用空格分开的类的列表，保留给 XML 样式表使用。只有 X3D 场景用 XML 编码时才支持 class 属性。

2. ColorInterpolator 节点源程序实例

【实例 9-3】使用 ColorInterpolator 节点在时间传感器与颜色插补器共同作用下，使彩灯的颜色发生变化。

本书附带光盘"X3D 实例源程序/第 9 章实例源程序"目录下，提供该实例的 X3D 源程序"px3d9-3.x3d"。

```xml
<?xml version="1.0" encoding="UTF-8"?>
<!DOCTYPE X3D PUBLIC "http://www.web3d.org/specifications/x3d-3.1.dtd"
      "file:///www.web3d.org/TaskGroups/x3d/translation/x3d-3.1.dtd">
<X3D profile="Immersive" version="3.1"
  xmlns:xsd="http://www.w3.org/2001/XMLSchema-instance"
xsd:noNamespaceSchemaLocation="http://www.web3d.org/specifications/x3d-
3.1.xsd">
  <head>
    <meta content="px3d9-3.x3d" name="filename"/>
    <meta content="zjz-zjr-zjd" name="author"/>
    <meta content="*enter name of original author here*" name="creator"/>
    <meta content="*enter copyright information here* Example: Copyright
(c) Web3D
    Consortium Inc. 2006" name="rights"/>
    <meta content="*enter online Uniform Resource Identifier (URI) or
Uniform Resource
    Locator (URL) address for this file here*" name="identifier"/>
    <meta content="X3D-Edit,
http://www.web3d.org/x3d/content/README.X3D-Edit.html"
    name="generator"/>
  </head>
  <Scene>
    <Background skyColor="0.98 0.98 0.98"/>
    <ColorInterpolator DEF='myColor' key='0.0 0.333 0.666 1.0' keyValue='1
0 0 0 1 0 0 0 1 1 0 0'/>
    <TimeSensor DEF='myClock' cycleInterval='10.0' loop='true'/>
     <Transform  rotation="0 0 1 0" scale="1.5 1 1.5" translation="0 0 0">
       <Shape>
       <Sphere radius='2'/>
          <Appearance>
          <Material DEF='myMaterial'/>
          </Appearance>
       </Shape >
     </Transform>
     <Transform translation="0 0 0" >
      <Shape>
       <Appearance>
        <Material ambientIntensity="0.4" diffuseColor="0.5 0.5 0.7"
          shininess="0.2" specularColor="0.8 0.8 0.9"/>
       </Appearance>
       <Cylinder bottom="true" height="4" radius="0.8" side="true"
top="true"/>
      </Shape>
     </Transform>
    <Transform translation="0 2 0" >
      <Shape>
       <Appearance>
        <Material ambientIntensity="0.4" diffuseColor="0.5 0.5 0.7"
          shininess="0.2" specularColor="0.8 0.8 0.9"/>
       </Appearance>
       <Cylinder bottom="true" height="1.5" radius="0.05" side="true"
top="true"/>
      </Shape>
    </Transform>
     <ROUTE fromNode='myClock' fromField='fraction_changed'
toNode='myColor'
    toField='set_fraction'/>
```

```
    <ROUTE fromNode='myColor' fromField='value_changed'
toNode='myMaterial'
    toField='diffuseColor'/>
  </Scene>
</X3D>
```

利用 Background 节点、Transform 节点、几何节点、ColorInterpolator 节点及路由等可创建一个三维立体空间动画。

运行程序时，首先启动 Xj3D 或 BS Contact VRML/X3D 7.0/7.2 浏览器，然后打开"X3D实例源程序/第9章实例源程序/px3d9-3.x3d"，即可运行由 ColorInterpolator 节点创建的变换各种颜色的三维立体魔幻彩灯动画程序。运行结果如图 9-3 所示。

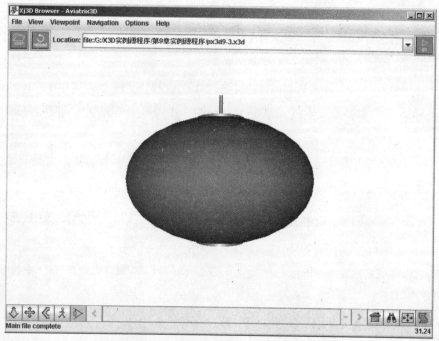

图 9-3   ColorInterpolator 节点程序运行结果

9.3.6   CoordinateInterPolator 节点

CoordinateInterpolator 坐标插补器节点在一组 MFVec3f 值之间进行线性插值。与 ColorInterpolator 节点一样，CoordinateInterpolator 节点也不创建任何造型，在 X3D 场景中也是不可见的。坐标插补器的作用是利用坐标点的移动实现动画效果，CoordinateInterpolator 节点可使 X3D 中物体造型上的各个坐标点形成独自的运动轨迹，使物体造型改变运动方向。CoordinateInterpolator 节点产生指定范围内的一系列坐标值，可以被路由到 Coordinate 节点的 point 属性或 vector3FloatArray 属性中。典型输入为 ROUTE someTimeSensor.fraction_changed

TO someInterpolator.set_fraction。典型输出为 ROUTE someInterpolator.value_changed TO destinationNode.set_attribute。

CoordinateInterpolator 节点的语法定义如下。

```
<CoordinateInterpolator
    DEF                    ID
    USE                    IDREF
    key                                      MFFloat        inputOutput
    keyValue                                 MFVec3f        inputOutput
    set_fraction           " "               SFFloat        inputOnly
    value_changed          " "               MFVec3f        outputOnly
    containerField         children
    class
/>
```

CoordinateInterpolator 节点包含 DEF、USE、key 域、keyValue 域、set_fraction 域、value_changed 域、containerField 域及 class 域等。

(1) key 域用于定义一个线性插值器的时间间隔，按照顺序增加，对应相应的 keyValue。其中 keyValue 的数量必须是 key 的整数倍，keyValue/key 的值决定了 value_changed 输出坐标的组数。

(2) keyValue 域用于对应 key 的相应关键值，用来进行相应时间段的线性插值。

(3) set_fraction 域用于输入一个 key 值，以进行相应的 keyValue 输出。

(4) value_changed 域用于按照相应的 key 和 keyValue 对，输出相应时间段的线性插值。

(5) containerField 域即容器域。ContainerField 节点与 Field 节点之间存在子节点与父节点的关系。该容器域名称为 children，包含几何节点。containerField 属性只有在 X3D 场景用 XML 编码时才使用。

(6) class 域的域值是用空格分开的类的列表，保留给 XML 样式表使用。只有 X3D 场景用 XML 编码时才支持 class 属性。

9.3.7　CoordinateInterpolator2D 节点

CoordinateInterpolator2D 2D 坐标插补器节点用于产生指定范围内的一系列二维向量数组值，能被路由到一个 vector2FloatArray 属性中。典型输入为 ROUTE someTimeSensor.fraction_changed TO someInterpolator.set_fraction。典型输出为 ROUTE someInterpolator.value_changed TO destinationNode.set_attribute。该节点可以作为任何 Group 节点的子节点。该节点也不创建任何造型，只作为动画设计使用。CoordinateInterpolator2D 节点的语法定义如下。

```
<CoordinateInterpolator
    DEF                  ID
    USE                  IDREF
    key                                    MFFloat      inputOutput
    keyValue                               MFVec3f      inputOutput
    set_fraction         " "               SFFloat      inputOnly
    value_changed        " "               MFVec2f      outputOnly
    containerField       children
    class
/>
```

CoordinateInterpolator2D 节点包含 DEF、USE、key 域、keyValue 域、set_fraction 域、value_changed 域、containerField 域及 class 域等。

(1) key 域用于定义一个线性插值器的时间间隔，按照顺序增加，对应相应的 keyValue。其中 keyValue 的数量必须是 key 的整数倍，keyValue/key 的值决定了 value_changed 输出坐标的组数。

(2) keyValue 域用于对应 key 的相应关键值，用来进行相应时间段的线性插值。

(3) set_fraction 域用于输入一个 key 值，以进行相应的 keyValue 输出。

(4) value_changed 域用于按照相应的 key 和 keyValue 对，输出相应时间段的线性插值。

(5) containerField 域即容器域。ContainerField 节点与 Field 节点之间存在子节点与父节点的关系。该容器域名称为 children，包含几何节点。containerField 属性只有在 X3D 场景用 XML 编码时才使用。

(6) class 域的域值是用空格分开的类的列表，保留给 XML 样式表使用。只有 X3D 场景用 XML 编码时才支持 class 属性。

9.3.8　NormalInterpolator 节点

NormalInterpolator 法线插补器节点用于改变 Normal 节点中 vector 域的域值，vector 域的域值定义一个法向量列表[x, y, z]。NormalInterpolator 节点在时间传感器的配合下，产生虚拟世界的各种逼真动感效果。

NormalInterpolator 节点产生指定范围内的一系列法线（垂直）向量，可以由路由器传送到一个 Normal 节点的向量属性或另一个 vector3FloatArray 属性中的 attribute 属性。典型输入为 ROUTE someTimeSensor.fraction_changed TO someInterpolator.set_fraction。典型输出为 ROUTE someInterpolator.value_changed TO destinationNode.set_attribute。NormalInterpolator 节点的语法定义如下。

```
<NormalInterpolator
    DEF                          ID
```

```
USE                     IDREF
key                                     MFFloat         inputOutput
keyValue                                MFVec3f         inputOutput
set_fraction            " "             SFFloat         inputOnly
value_changed           " "             MFVec3f         outputOnly
containerField          children
class
/>
```

NormalInterpolator 节点包含 DEF、USE、key 域、keyValue 域、set_fraction 域、value_changed 域、containerField 域及 class 域等。

(1) key 域用于定义一个线性插值器的时间间隔，按照顺序增加，对应相应的 keyValue。其中 key 和 keyValue 的数量必须一致。

(2) keyValue 域用于定义一个对应 key 的相应关键值，用来进行相应时间段的线性插值。

(3) set_fraction 域用于输入一个 key 值，以进行相应的 keyValue 输出。

(4) value_changed 域用于按照相应的 key 和 keyValue 对，输出相应时间段的线性插值。

(5) containerField 域即容器域。ContainerField 节点与 Field 节点之间存在子节点与父节点的关系。该容器域名称为 children，包含几何节点。containerField 属性只有在 X3D 场景用 XML 编码时才使用。

(6) class 域的域值是用空格分开的类的列表，保留给 XML 样式表使用。只有 X3D 场景用 XML 编码时才支持 class 属性。

9.4　X3D 触摸检测器节点

实现 X3D 中的交互功能，需要设计触摸检测器或传感器。在 X3D 虚拟世界中，浏览者与虚拟现实世界之间的交互是通过一系列检测器来实现的，这些检测器节点使浏览器"感知"浏览者的各种操作，比如开门、旋转、移动和飞行等。

触摸检测器是用来检测用户的触动动作的，其中包括 TouchSensor 触摸传感器节点、PlaneSensor 平面检测器节点、CylinderSensor 节点和 SphereSensor 节点。

9.4.1　TouchSensor 节点

TouchSensor 节点是使浏览者与虚拟对象之间相接触的传感器节点。TouchSensor 节点创建了一个检测浏览者动作，并将其转化后输出，以触发一个动画的检测器。该节点可以为任何组节点的子节点。

TouchSensor 节点可以跟踪指点设备的位置和状态，检测指点几何对象的时间。该节点影响同一级的节点及其子节点。TouchSensor 节点的语法定义如下。

```
<TouchSensor
   DEF              ID
   USE              IDREF
   description                                      inputOutput
   enabled          true         SFBool            inputOutput
   isActive         " "          SFBool            outputOnly
   isOver           " "          SFBool            outputOnly
   hitPoint_changed " "          SFVec3f           outputOnly
   hitNormal_changed " "         SFVec3f           outputOnly
   hitTexCoord_changed " "       SFVec2f           outputOnly
   touchTime        0            SFTime            outputOnly
   containerField   children
   class
/>
```

TouchSensor 节点包含 DEF、USE、description 域、enabled 域、isActive 域、isOver 域、hitPoint_changed 域、hitNormal_changed 域、hitTexCoord_changed 域、touchTime 域、containerField 域及 class 域等。

(1) description 域用于指定该节点功能的文字提示，使用空格可使描述更清晰易读。

(2) enabled 域用于设置该节点是否有效。

(3) isActive 域用于定义当单击或移动鼠标(指点设备)时发送 isActive true/false 事件。按下鼠标左键时，isActive=true；放开时，isActive=false。

(4) isOver 域用于定义当指点设备移动过传感器表面时发送事件。

(5) hitPoint_changed 域用于指定一个事件输出在子节点局部坐标系点击点的定位。

(6) hitNormal_changed 域用于输出一个事件点击点表面的法线向量。

(7) hitTexCoord_changed 域用于输出一个事件点击点表面的纹理坐标。

(8) touchTime 域用于定义当传感器被指点设备单击时产生时间事件。

(9) containerField 域即容器域。ContainerField 节点与 Field 节点之间存在子节点与父节点的关系。该容器域名称为 children，包含几何节点。containerField 属性只有在 X3D 场景用 XML 编码时才使用。

(10) class 域的域值是用空格分开的类的列表，保留给 XML 样式表使用。只有 X3D 场景用 XML 编码时才支持 class 属性。

9.4.2 PlaneSensor 节点

PlaneSensor 平面检测器节点是使虚拟对象在 X-Y 平面移动的传感器节点。PlanSensor 节点能感应到浏览者的拖动行为，进而改变虚拟现实对象的位置，但是不能改变其方位，而且只限定于 X-Y 平面。当浏览者拖动虚拟造型时，光标会变为平面状的光标。PlaneSensor 节点转换指点设备在平行于 Z=0 平面上的动作。其中设置 minPosition.x=maxPosition.x 或minPosition.y=maxPosition.y 可以设置约束效果到一个轴的 LineSensor。

1. PlaneSensor 节点的语法定义

PlaneSensor 节点创建了一个可将浏览者的动作转换成适于操作造型的输出检测器。该节点可以作为任何组节点的子节点，用于"感知"浏览者对该组节点的动作，使造型随浏览者的动作而平移。PlaneSensor 节点的语法定义如下。

```
<PlaneSensor
    DEF                 ID
    USE                 IDREF
    description                                      inputOutput
    enabled             true            SFBool       inputOutput
    minPosition         0 0             SFVec2f      inputOutput
    maxPosition         -1 -1           SFVec2f      inputOutput
    autoOffset          true            SFBool       inputOutput
    offset              0 0 0           SFVec3f      inputOutput
    trackPoint_changed  " "             SFVec3f      outputOnly
    translation_changed " "             SFVec3f      outputOnly
    isActive            " "             SFBool       outputOnly
    isOver              " "             SFBool       outputOnly
    containerField      children
    class
/>
```

PlaneSensor 节点包含 DEF、USE、description 域、enabled 域、minPosition 域、maxPosition 域、autoOffset 域、offset 域、trackPoint_changed 域、translation_changed 域、isActive 域、isOver 域、containerField 域及 class 域等。

(1) description 域用于指定该节点功能的文字提示，使用空格可使描述更清晰易读。

(2) enabled 域用于设置传感器节点是否有效。

(3) minPosition 域用于限制对象在 minPosition~maxPosition 坐标范围内移动，其域值在 Z=0 平面的坐标原点测量，默认值为 maxPosition < minPosition，此时移位将不限制范围。设置 minPosition.x=maxPosition.x 或 minPosition.y=maxPosition.y，以约束一个轴，创建一个线性传感器。

(4) maxPosition 域参见"minPosition 域"。

(5) autoOffset 域用于指定是否累积计算上一次的偏移值。

(6) offset 域用于指定一个发送事件，并存储上次感应到的改变值。

（7）trackPoint_changed 域用于指定 trackPoint_changed 事件，给出虚拟几何体上感应的焦点。

（8）translation_changed 域用于指定 translation_changed 事件是相对位移加上 offset 偏移值的和。

（9）isActive 域用于定义当单击或移动鼠标(指点设备)时发送 isActive true/false 事件。按下鼠标左键时，isActive=true；放开时，isActive=false。

（10）isOver 域用于定义当指点设备移动过传感器表面时发送事件。

（11）containerField 域即容器域。ContainerField 节点与 Field 节点之间存在子节点与父节点的关系。该容器域名称为 children，包含几何节点。containerField 属性只有在 X3D 场景用 XML 编码时才使用。

（12）class 域的域值是用空格分开的类的列表，保留给 XML 样式表使用。只有 X3D 场景用 XML 编码时才支持 class 属性。

2. PlaneSensor 节点源程序实例

【**实例 9-4**】使用 PlaneSensor 节点引入 X3D 不倒翁造型，使不倒翁造型产生从右侧平移至左侧的动画效果。

本书附带光盘"X3D 实例源程序/第 9 章实例源程序"目录下，提供该实例的 X3D 源程序"px3d9-4.x3d"。

```
<?xml version="1.0" encoding="UTF-8"?>
<!DOCTYPE X3D PUBLIC "http://www.web3d.org/specifications/x3d-3.1.dtd"
    "file:///www.web3d.org/TaskGroups/x3d/translation/x3d-3.1.dtd">
<X3D profile="Immersive" version="3.1"
 xmlns:xsd="http://www.w3.org/2001/XMLSchema-instance"
xsd:noNamespaceSchemaLocation="http://www.web3d.org/specifications/x3d-
3.1.xsd">
 <head>
  <meta content="px3d9-4.x3d" name="filename"/>
  <meta content="zjz-zjr-zjd" name="author"/>
  <meta content="*enter name of original author here*" name="creator"/>
  <meta content="*enter copyright information here* Example: Copyright
(c) Web3D
  Consortium Inc. 2006" name="rights"/>
  <meta content="*enter online Uniform Resource Identifier (URI) or
Uniform Resource
  Locator (URL) address for this file here*" name="identifier"/>
  <meta content="X3D-Edit, http://www.web3d.org/x3d/content/
README.X3D-Edit.html"
  name="generator"/>
 </head>
 <Scene>
  <Background skyColor="0.98 0.98 0.98"/>
```

```
<Group>
  <Transform DEF="fly" scale="1 1 1" translation="8 0 -8">
    <Inline url="px3d9-4-1.x3d"/>
    <PlaneSensor DEF="Planes" autoOffset="true" enabled="true"
      maxPosition="10 0" minPosition="-10 0" offset="-8 0 -8"/>
  </Transform>
</Group>
<ROUTE fromField="translation_changed" fromNode="Planes"
  toField="set_translation" toNode="fly"/>
</Scene>
</X3D>
```

在场景根节点下添加 Background 节点、Group 节点、Transform 节点、Inline 节点及 PlaneSensor 节点，利用 PlaneSensor 节点可创建一个三维立体空间动画。

运行程序时，首先启动 Xj3D 或 BS Contact VRML/X3D 7.0/7.2 浏览器，然后打开"X3D 实例源程序/第 9 章实例源程序/px3d9-4.x3d"，即可运行由 PlaneSensor 节点创建的三维立体不倒翁移动动画程序。程序运行结果如图 9-4 所示。

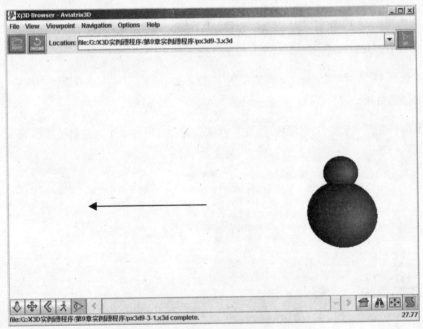

图 9-4　PlaneSensor 节点程序运行结果

9.4.3　CylinderSensor 节点

CylinderSensor 圆柱检测器节点是可使虚拟造型按圆柱体中心轴旋转的传感器节点，用来创建一个将浏览者的动作转换成使造型围绕 Y 轴旋转的检测器。该节点可以作为任何组节点的子节点。

1. CylinderSensor 节点的语法定义

CylinderSensor 节点的语法定义如下。

```
<CylinderSensor
    DEF                 ID
    USE                 IDREF
    description                                        inputOutput
    enabled             true          SFBool           inputOutput
    minAngle            0             SFFloat          inputOutput
    maxAngle            0             SFFloat          inputOutput
    diskAngle           0.262         SFFloat          inputOutput
    autoOffset          true          SFBool           inputOutput
    offset              0             SFFloat          inputOutput
    isActive            " "           SFBool           outputOnly
    isOver              " "           SFBool           outputOnly
    rotation_changed    " "           SFRotation       outputOnly
    trackPoint_changed  " "           SFVec3f          outputOnly
    containerField      children
    class
/>
```

CylinderSensor 节点包含 DEF、USE、description 域、enabled 域、minAngle 域、maxAngle 域、diskAngle 域、autoOffset 域、offset 域、isActive 域、isOver 域、rotation_changed 域、trackPoint_changed 域、containerField 域及 class 域等。

(1) description 域用于指定该节点功能的文字提示,使用空格可使描述更清晰易读。

(2) enabled 域用于设置该节点是否有效。

(3) minAngle 域和 maxAngle 域用于限制 rotation_changed 事件的旋转值在 minAngle~maxAngle 范围内,如果 minAngle > maxAngle,则将不限制旋转范围。

(4) diskAngle 域用于设置指点设备的相关动作模式:diskAngle 值设为 0 时,指点设备呈旋转磁碟的动作,diskAngle 值设为 1.57 (90°)时,指点设置呈旋转圆柱的动作。

(5) autoOffset 域用于决定是否累积计算上一次的偏移值。

(6) offset 域用于定义一个发送事件,并存储上次感应到的改变值。

(7) isActive 域用于定义当单击或移动鼠标(指点设备)时发送 isActive true/false 事件。按下鼠标左键时,isActive=true;放开时,isActive=false。

(8) isOver 域用于定义当指点设备移动过传感器表面时发送事件。

(9) rotation_changed 域用于定义一个 rotation_changed 事件是相对位移加上 offset 偏移值的和,在局部坐标系中以 Y 轴为轴。

(10) trackPoint_changed 域用于定义一个 trackPoint_changed 事件,给出虚拟几何体上感应的焦点。

(11) containerField 域即容器域。ContainerField 节点与 Field 节点之间存在子节点与父节点的关系。该容器域名称为 children，包含几何节点。containerField 属性只有在 X3D 场景用 XML 编码时才使用。

(12) class 域的域值是用空格分开的类的列表，保留给 XML 样式表使用。只有 X3D 场景用 XML 编码时才支持 class 属性。

2. CylinderSensor 节点源程序实例

【实例 9-5】 使用 CylinderSensor 节点引入 X3D 旋转体造型，使旋转体造型沿 Y 轴移动。

本书附带光盘"X3D 实例源程序/第 9 章实例源程序"目录下，提供该实例的 X3D 源程序"px3d9-5.x3d"。

```
<?xml version="1.0" encoding="UTF-8"?>
<!DOCTYPE X3D PUBLIC "http://www.web3d.org/specifications/x3d-3.1.dtd"
    "file:///www.web3d.org/TaskGroups/x3d/translation/x3d-3.1.dtd">
<X3D profile="Immersive" version="3.1"
 xmlns:xsd="http://www.w3.org/2001/XMLSchema-instance"
xsd:noNamespaceSchemaLocation="http://www.web3d.org/specifications/x3d-
3.1.xsd">
  <head>
    <meta content="px3d9-5.x3d" name="filename"/>
    <meta content="zjz-zjr-zjd" name="author"/>
    <meta content="*enter name of original author here*" name="creator"/>
    <meta content="*enter copyright information here* Example: Copyright
(c) Web3D
    Consortium Inc. 2006" name="rights"/>
    <meta content="*enter online Uniform Resource Identifier (URI) or
Uniform Resource
    Locator (URL) address for this file here*" name="identifier"/>
    <meta content="X3D-Edit, http://www.web3d.org/x3d/content/
README.X3D-Edit.html"
    name="generator"/>
  </head>
  <Scene>
    <Background skyColor="0.98 0.98 0.98"/>
    <Group>
      <Transform DEF="fan" scale="1 1 1" translation="0 0 0">
        <Inline url="px3d9-5-1.x3d"/>
        <CylinderSensor DEF="cylins" autoOffset="true"
          diskAngle="0.26179167" enabled="true" maxAngle="-1"
          minAngle="0" offset="1.571"/>
      </Transform>
    </Group>
    <ROUTE fromField="rotation_changed" fromNode="cylins"
      toField="set_rotation" toNode="fan"/>
  </Scene>
</X3D>
```

在场景根节点下添加 Background 节点、Group 节点、Transform 节点、Inline 节点及 CylinderSensor 节点，利用 CylinderSensor 节点可创建一个三维立体旋转体动画。

运行程序时，首先启动 Xj3D 或 BS Contact VRML/X3D 7.0/7.2 浏览器，然后打开"X3D 实例源程序/第 9 章实例源程序/px3d9-5.x3d"，即可运行由 CylinderSensor 节点创建的三维立体旋转体旋转动画程序。程序运行结果如图 9-5 所示。

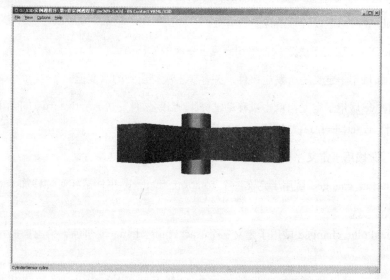

图 9-5　CylinderSensor 节点程序运行结果

9.4.4　SphereSensor 节点

SphereSensor 球面检测器节点是使虚拟对象按任意轴方向旋转的传感器。该节点可作为其他组节点的子节点。它能感应浏览者使用鼠标的拖动行为，使造型在没有固定旋转轴的情况下可被任意拖动旋转，可以改变方位，但不能移动位置。

1. SphereSensor 节点的语法定义

SphereSensor 节点的语法定义如下。

```
<SphereSensor
    DEF                  ID
    USE                  IDREF
    description                                          inputOutput
    enabled              true            SFBool          inputOutput
    autoOffset           true            SFBool          inputOutput
    offset               0 1 0 0         SFRotation      inputOutput
    isActive             " "             SFBool          outputOnly
    isOver               " "             SFBool          outputOnly
    rotation_changed     " "             SFRotation      outputOnly
    trackPoint_changed   " "             SFVec3f         outputOnly
    containerField       children
    class
/>
```

SphereSensor 节点包含 DEF、USE、description 域、enabled 域、autoOffset、offset 域、isActive 域、isOver 域、rotation_changed 域、trackPoint_changed 域、containerField 域及 class 域等。

(1) description 域用于指定该节点功能的文字提示，使用空格可使描述更清晰易读。

(2) enabled 域用于设置该节点是否有效。

(3) autoOffset 域用于决定是否累积计算上一次的偏移值。

(4) offset 域用于定义一个发送事件，并存储上次感应到的改变值。

(5) isActive 域用于定义当单击或移动鼠标(指点设备)时发送 isActive true/false 事件。按下鼠标左键时，isActive=true；放开时，isActive=false。

(6) isOver 域用于定义当指点设备移动过传感器表面时发送事件。

(7) rotation_changed 域用于定义一个 rotation_changed 事件是相对位移加上 offset 偏移值的和。

(8) trackPoint_changed 域用于定义一个 trackPoint_changed 事件，给出虚拟几何体上感应的焦点。

(9) containerField 域即容器域。ContainerField 节点与 Field 节点之间存在子节点与父节点的关系。该容器域名称为 children，包含几何节点。containerField 属性只有在 X3D 场景用 XML 编码时才使用。

(10) class 域的域值是用空格分开的类的列表，保留给 XML 样式表使用。只有 X3D 场景用 XML 编码时才支持 class 属性。

2. SphereSensor 节点源程序实例

【实例 9-6】使用 SphereSensor 节点引入 X3D 几何造型，使几何造型沿任意轴旋转。

本书附带光盘"X3D 实例源程序/第 9 章实例源程序"目录下，提供该实例的 X3D 源程序"px3d9-6.x3d"。

```
<?xml version="1.0" encoding="UTF-8"?>
<!DOCTYPE X3D PUBLIC "http://www.web3d.org/specifications/x3d-3.1.dtd"
    "file:///www.web3d.org/TaskGroups/x3d/translation/x3d-3.1.dtd">
<X3D profile="Immersive" version="3.1"
  xmlns:xsd="http://www.w3.org/2001/XMLSchema-instance"
xsd:noNamespaceSchemaLocation="http://www.web3d.org/specifications/x3d-
3.1.xsd">
  <head>
    <meta content="px3d9-6.x3d" name="filename"/>
    <meta content="zjz-zjr-zjd" name="author"/>
    <meta content="*enter name of original author here*" name="creator"/>
    <meta content="*enter copyright information here* Example: Copyright
(c) Web3D
```

```
    Consortium Inc. 2006" name="rights"/>
    <meta content="*enter online Uniform Resource Identifier (URI) or
Uniform Resource
    Locator (URL) address for this file here*" name="identifier"/>
    <meta content="X3D-Edit, http://www.web3d.org/x3d/content/
README.X3D-Edit.html"
    name="generator"/>
  </head>
  <Scene>
    <Background skyColor="0.98 0.98 0.98"/>
    <Group>
      <Transform DEF="fan" scale="1 1 1" translation="0 0 -6">
        <Inline url="px3d9-6-1.x3d"/>
        <SphereSensor DEF="Spheres" autoOffset="true" enabled="true"
offset="0 1 0 2.618"/>
      </Transform>
    </Group>
    <ROUTE fromField="rotation_changed" fromNode="Spheres"
      toField="set_rotation" toNode="fan"/>
  </Scene>
</X3D>
```

在场景根节点下添加 Background 节点、Group 节点、Transform 节点、Inline 节点及 SphereSensor 节点，利用 SphereSensor 节点可创建一个三维立体空间几何动画。

运行程序时，首先启动 Xj3D 或 BS Contact VRML/X3D 7.0/7.2 浏览器，然后打开"X3D 实例源程序/第 9 章实例源程序/px3d9-6.x3d"，即可运行由 SphereSensor 节点创建的三维立体几何旋转动画程序。程序运行结果如图 9-6 所示。

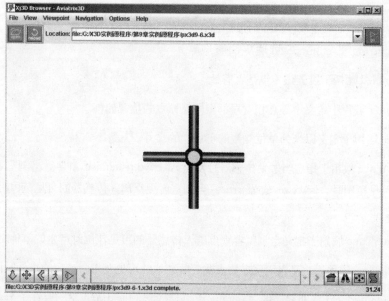

图 9-6　SphereSensor 节点程序运行结果

9.5 X3D 智能感知检测器节点

X3D 智能感知检测器节点运用感知检测器来感知用户与造型的接近程度。X3D 智能感知检测器节点包括 VisibilitySensor 能见度传感器节点、ProximitySensor 亲近度传感器节点、Collision 碰撞传感器节点及 LoadSensor 通信感知检测器节点。

9.5.1 VisibilitySensor 节点

VisibilitySensor 节点也称为可见性感知检测器节点,用来从浏览者的方向和位置感知一个长方体区域在当前坐标系中何时才是可见的,可以用来吸引浏览者的注意或改进性能。该节点影响同一级的节点及其子节点,可作为任意组节点的子节点。VisibilitySensor 节点的语法定义如下。

```
<VisibilitySensor
    DEF             ID
    USE             IDREF
    enabled         true        SFBool      inputOutput
    center          0 0 0       SFVec3f     inputOutput
    size            0 0 0       SFVec3f     inputOutput
    isActive        " "         SFBool      outputOnly
    enterTime       " "         SFTime      outputOnly
    exitTime        " "         SFTime      outputOnly
    containerField  children
    class
/>
```

VisibilitySensor 节点包含 DEF、USE、enabled 域、center 域、size 域、isActive 域、enterTime 域、exitTime 域、containerField 域及 class 域等。

(1) enabled 域用于设置该节点是否有效。

(2) center 域用于定义中心点相对局部坐标系原点的位置偏移。

(3) size 域用于定义以米为单位测量的可视盒的尺寸。

(4) isActive 域用于指定当触发传感器时发送 isActive true/false 事件。当浏览者视点进入传感器的可见范围时,isActive 值为 true;当浏览者视点离开传感器的可见范围时,isActive 值为 false。

(5) enterTime 域用于定义当浏览者视点进入传感器的可见范围时产生的事件时间。

(6) exitTime 域用于定义当浏览者视点离开传感器的可见范围时产生的事件时间。

(7) containerField 域即容器域。ContainerField 节点与 Field 节点之间存在子节点与父节点的关系。该容器域名称为 children,包含几何节点。containerField 属性只有在 X3D 场景用 XML

编码时才使用。

(8) class 域的域值是用空格分开的类的列表，保留给 XML 样式表使用。只有 X3D 场景用 XML 编码时才支持 class 属性。

9.5.2　ProximitySensor 节点

ProximitySensor 节点也称为接近感知器节点，用来感知浏览者何时进入、退出和移动于坐标系内的一个长方体感知区域。当浏览者穿越这个长方体感知区域时，该节点启动某个动态对象；当浏览者离开这个长方体感知区域时，该节点将停止某个动态对象。例如，利用该节点控制一扇自动门，当浏览者通过自动门时，门被打开，然后自动关闭。

当用户摄像机进入或离开监测区域或者在监测区域中移动时，ProximitySensor 发送事件。用一个盒子来定义这个区域的大小，其中使用 USE 实例化引用的效果是相加的，但不重叠。可以先使用 Transform 节点来改变监测区域的位置。一旦场景载入，监测系统就开始工作。

ProximitySensor 节点的语法定义如下。

```
<ProximitySensor
    DEF                 ID
    USE                 IDREF
    enabled             true       SFBool       inputOutput
    center              0 0 0      SFVec3f      inputOutput
    size                0 0 0      SFVec3f      inputOutput
    isActive            " "        SFBool       outputOnly
    position_changed    " "        SFVec3f      outputOnly
    orientation_changed " "        SFRotation   outputOnly
    enterTime           " "        SFTime       outputOnly
    exitTime            " "        SFTime       outputOnly
    containerField      children
    class
/>
```

ProximitySensor 节点包含 DEF、USE、enabled 域、center 域、size 域、isActive 域、position_changed 域、orientation_changed 域、enterTime 域、exitTime 域、containerField 域及 class 域等。

(1) enabled 域用于设置该节点是否有效。

(2) center 域用于定义中心点相对局部坐标系原点的位置偏移。

(3) size 域用于定义一个代理传感器盒的尺寸。如果该域值为 0 0 0，则该传感器失效。

(4) isActive 域用于指定当用户摄像机进入或离开监测区域时发送 isActive true/false 事件。

(5) position_changed 域用于指定当用户摄像机在监测区域中移动时，发送相对于中心的

translation 事件。

(6) orientation_changed 域用于指定当用户摄像机在监测区域中转动时，发送相对于中心的 rotation 事件。

(7) enterTime 域用于定义当用户摄像机进入监测区域时发送时间事件。

(8) exitTime 域用于定义当用户摄像机离开监测区域发送时间事件。

(9) containerField 域即容器域。ContainerField 节点与 Field 节点之间存在子节点与父节点的关系。该容器域名称为 children，包含几何节点。containerField 属性只有在 X3D 场景用 XML 编码时才使用。

(10) class 域的域值是用空格分开的类的列表，保留给 XML 样式表使用。只有 X3D 场景用 XML 编码时才支持 class 属性。

9.5.3　Collision 节点

Collision 节点用来检测何时用户和该组立体空间中的任何其他造型发生碰撞。该节点是一个组节点，类似于 Group 节点，可以处理其子节点的碰撞检测。在该节点中使用 route 路由提交的"出事件"可启动一个声音节点，发出"啊"的声音，使 X3D 虚拟现实场景更加逼真。

Collision 节点参照当前的 Viewpoint 节点和 NavigationInfo 节点的 avatarSize 域，检测用户摄像机和对象的碰撞情况。Collision 节点可以包含一个代理几何体，用来进行碰撞检测，其中代理几何体并不显示，而 PointSet 节点、IndexedLineSet 节点、LineSet 节点和 Text 节点不进行碰撞检测。利用简单的只计算接触的代理几何体可以提高性能，"NavigationInfo type" "WALK" "FLY"支持用户摄像机和对象的碰撞检测。Collision 节点的语法定义如下。

```
<Collision
    DEF             ID
    USE             IDREF
    bboxCenter      0 0 0         SFVec3f    initializeOnly
    bboxSize        -1 -1 -1      SFVec3f    initializeOnly
    enabled         true          SFBool     inputOutput
    isActive        " "           SFBool     outputOnly
    collideTime     " "           SFTime     outputOnly
    containerField  children
    class
/>
```

Collision 节点包含 DEF、USE、bboxCenter 域、bboxSize 域、enabled 域、isActive 域、collideTime 域、containerField 域及 class 域等。

(1) bboxCenter 域用于定义一个边界盒的中心点相对局部坐标系原点的位置偏移。

(2) bboxSize 域用于定义一个边界盒尺寸。默认情况下，该域值是自动计算的，为了优化场景，也可以强制指定该域值。

(3) enabled 域用于允许/禁止子节点的碰撞检测。

(4) isActive 域用于指定当传感器状态改变时发送 isActive true/false 事件。当对象和视点碰撞时，isActive=ture；当对象和视点不再碰撞时，isActive=false。

(5) collideTime 域用于定义碰撞的时间，当用户摄像机和几何体碰撞的时候产生 collideTime 事件。

(6) containerField 域即容器域。ContainerField 节点与 Field 节点之间存在子节点与父节点的关系。该容器域名称为 children，包含几何节点。containerField 属性只有在 X3D 场景用 XML 编码时才使用。

(7) class 域的域值是用空格分开的类的列表，保留给 XML 样式表使用。只有 X3D 场景用 XML 编码时才支持 class 属性。

9.5.4 LoadSensor 节点

当 WatchList 查看列表子节点在读取或读取失败时，LoadSensor 节点产生事件，改变 WatchList 子节点将重启 LoadSensor 节点。使用多个 LoadSensor 节点可以独立监视多个节点的读取过程。其中由于 Background 节点含有不明确的多个图像，所以对该节点 LoadSensor 节点无效。另外，由于 WatchList 子节点不被渲染，所以一般使用 USE 引用其他节点以监测读取状态。使用 Inline 节点的 load 域可以监视或推迟读取。LoadSensor 节点为新的 X3D 节点，VRML 97 不支持该节点。

LoadSensor 节点的语法定义如下。

```
<LoadSensor
    DEF                 ID
    USE                 IDREF
    enabled             true            SFBool          inputOutput
    timeOut             0               SFTime          inputOutput
    isActive            " "             SFBool          outputOnly
    isLoaded            " "             SFBool          outputOnly
    loadTime            " "             SFTime          outputOnly
    progress            [0.0, 1.0]      SFFloat         outputOnly
    containerField      children
    class
/>
```

LoadSensor 节点包含 DEF、USE、enabled 域、timeOut 域、isActive 域、isLoaded 域、loadTime 域、progress 域、containerField 域及 class 域等。

(1) enabled 域用于设置该节点是否有效。

(2) timeOut 域用于定义一个以秒为单位计算的读取时间。如果超过这个时间，则认为读取失败。默认值为 0，此时使用浏览器的设置。

(3) isActive 域用于指定在读取传感器开始/停止时发送 isActive true/false 事件。

(4) isLoaded 域用于在所有的子节点读取成功后发送 true 事件；在任何子节点读取失败或读取超时时发送 false 事件，没有本地拷贝或没有网络连接时也发送 false 事件。

(5) loadTime 域用于在完成读取时发送时间事件，读取失败时不发送。

(6) progress 域用于在开始时发送 0.0，结束时发送 1.0。中间值基于浏览器一直增长，可以指出接收的字节、下载的时间和下载进度。其取值范围为[0.0，1.0]。

(7) containerField 域即容器域。ContainerField 节点与 Field 节点之间存在子节点与父节点的关系。该容器域名称为 children，包含几何节点。containerField 属性只有在 X3D 场景用 XML 编码时才使用。

(8) class 域的域值是用空格分开的类的列表，保留给 XML 样式表使用。只有 X3D 场景用 XML 编码时才支持 class 属性。

第 10 章

X3D 高级节点设计

X3D 高级节点设计涵盖 X3D 曲面节点设计、X3D 地理信息节点设计、X3D/CAD 组件节点设计、X3D 虚拟人节点设计等。

10.1 X3D 曲面节点设计

X3D 文件中的曲面节点设计涉及曲线与曲面设计。

10.1.1 曲线节点设计

NurbsCurve 节点与 NurbsSurface 节点类似，属于几何节点，用来生成几何曲线造型，并为其定位、着色和创建曲线造型，通常作为 Shape 节点中 geometry 域的子节点。

1. NurbsCurve 节点的语法定义

NurbsCurve 节点定义了一个几何曲线的属性和域值，通过 NurbsCurve 节点的域名、域值、域数据类型及事件的存储/访问权限的定义可以描述一个三维立体空间几何曲线造型。该节点主要利用控制点的数量、曲线的顺序、每个控制点向量的权重及是否闭合曲线等参数创建（设置）几何曲线。NurbsCurve 节点的语法定义如下。

```
<NurbsCurve
    DEF                  ID
    USE                  IDREF
    knot                               MFFloat
    order                3             SFInt32
    weight                             MFFloat
    tessellation                       SFInt32
    closed               false         SFBool         initializeOnly
    containerField       geometry
    class
/>
```

NurbsCurve 节点包含 DEF、USE、knot 域、order 域、weight 域、tessellation 域、closed 域、containerField 域及 class 域等。

(1) knot 域用于指定节向量，此时，尺寸=控制点的数量+曲线的顺序。

(2) order 域用于指定多项式"角度=顺序−1"，定义表面的顺序。

(3) weight 域用于指定每个控制点向量的权重。

(4) tessellation 域用于提示如何进行网格细分。

(5) closed 域用于指定是否闭合曲线，如匹配终点和端点。

(6) containerField 域即容器域。ContainerField 节点与 Field 节点之间存在子节点与父节点的关系。该容器域名称为 geometry，包含几何节点。containerField 属性只有在 X3D 场景用 XML 编码时才使用。

(7) class 域的域值是用空格分开的类的列表，保留给 XML 样式表使用。只有 X3D 场景用 XML 编码时才支持 class 属性。

2. NurbsCurve 节点源程序实例

【实例 10-1】利用 Background 节点、NavigationInfo 节点、Viewpoint 节点、Shape 节点、Appearance 节点、Material 节点及 NurbsCurve 节点在三维立体空间背景下，创建一个复杂的三维立体曲线造型。

本书附带光盘"X3D 实例源程序/第 10 章实例源程序"目录下，提供该实例的 X3D 源程序"px3d10-1.x3d"。

```
<?xml version="1.0" encoding="UTF-8"?>
<!DOCTYPE X3D PUBLIC "ISO//Web3D//DTD X3D 3.1//EN"
"http://www.web3d.org/specifications/x3d-3.1.dtd">
<X3D profile="Immersive"
  xmlns:xsd="http://www.w3.org/2001/XMLSchema-instance"
xsd:noNamespaceSchemaLocation="http://www.web3d.org/specifications/x3d-
3.1.xsd">
  <head>
    <meta content="px3d10-1.x3d" name="filename"/>
    <meta content="zjz-zjr-zjd" name="author"/>
    <meta content="*enter name of original author here*" name="creator"/>
    <meta content="*enter copyright information here* Example: Copyright
(c) Web3D
    Consortium Inc. 2009" name="rights"/>
    <meta content="*enter online Uniform Resource Identifier (URI) or
Uniform Resource
    Locator (URL) address for this file here*" name="identifier"/>
    <meta content="X3D-Edit, http://www.web3d.org/x3d/content/
README.X3D-Edit.html"
    name="generator"/>
  </head>
  <Scene>
    <Background skyColor="0.98 0.98 0.98"/>
    <NavigationInfo type="&quot;EXAMINE&quot; &quot;ANY&quot;"/>
    <Viewpoint description="NurbsCurve" position="11 4.6 18"/>
    <Shape>
```

```
      <NurbsCurve DEF="nc" containerField="geometry"
        controlPoint="4 6 0, 7 12 0, 11 6 0, 15 2 0, 20 6 0" order="4"
tessellation="30"/>
      <Appearance>
       <Material emissiveColor="1 0 0"/>
      </Appearance>
    </Shape>
  </Scene>
</X3D>
```

运行程序时，首先启动 Xj3D 或 BS Contact VRML/X3D 7.0/7.2 浏览器，然后打开"X3D
实例源程序/第 10 章实例源程序/px3d10-1.x3d"，即可运行由 NurbsCurve 节点创建的三维立
体空间曲线造型程序。程序运行结果如图 10-1 所示。

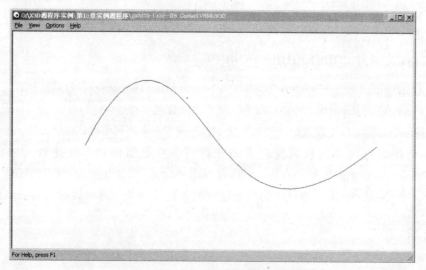

图 10-1　NurbsCurve 节点程序运行结果

10.1.2　曲面节点设计

曲 面 设 计 涉 及 NurbsCurve2D 节 点、NurbsOrientationInterpolator 节 点、
NurbsPatchSurface 节 点、NurbsPositionInterpolator 节 点、NurbsSet 节 点、
NurbsSurfaceInterpolator 节 点、NurbsSweptSurface 节 点、NurbsSwungSurface 节 点、
NurbsTextureCoordinate 节点及 NurbsTrimmedSurface 节点等。

1. NurbsCurve2D 节点

NurbsCurve2D 节点在曲面 u-v 域定义了一个曲线作为裁剪环的一部分。该节点形成的闭
合围线可以作为 Contour2D 节点使用。

NurbsCurve2D 节点定义了一个 2D 几何曲线的属性和域值，通过 NurbsCurve2D 节点的

域名、域值、域数据类型及事件的存储/访问权限的定义可以描述一个 2D 几何曲线造型。该节点主要利用控制点的数量、曲线的顺序、每个控制点向量的权重及是否闭合曲线等参数创建 2D 几何曲线。NurbsCurve2D 节点的语法定义如下。

```
<NurbsCurve2D
    DEF                 ID
    USE                 IDREF
    controlPoint                        MFVec2f        inputOutput
    knot                                MFDouble
    order               2               SFInt32
    weight                              MFDouble
    tessellation        0               SFInt32
    closed              false           SFBool         initializeOnly
    containerField      children
    class
/>
```

2. NurbsOrientationInterpolator 节点

NurbsOrientationInterpolator 节点定义了一个几何曲线朝向插补器的属性和域值，通过 NurbsOrientationInterpolator 节点的域名、域值、域数据类型及事件的存储/访问权限的定义可以描述一个三维立体空间几何曲线朝向插补器。该节点主要利用控制点的数量、曲线的顺序、每个控制点向量的权重及是否闭合曲线等参数创建朝向插补器几何曲线。NurbsOrientationInterpolator 节点把一系列的 NurbsSurface 节点组合为一般组节点。当细分曲面时，将 NurbsSurface 节点作为一个连续的单位，作为几何曲线朝向插补器使用。NurbsOrientationInterpolator 节点的语法定义如下。

```
<NurbsOrientationInterpolator
    DEF                 ID
    USE                 IDREF
    knot                                MFFloat
    order               3               SFInt32
    weight                              MFFloat
    set_fraction        " "             SFFloat        inputOnly
    value_changed       " "             SFVec3f        outputOnly
    containerField      children
    class
/>
```

3. NurbsPatchSurface 节点

NurbsPatchSurface 节点定义了一个 Non-rational Uniform B-Spline 几何曲面的属性和域值，通过 NurbsPatchSurface 节点的域名、域值、域数据类型及事件的存储/访问权限的定义可以描述一个三维立体空间几何曲面造型。该节点主要利用曲面 u-v 域中控制点的数量、曲线的顺序、每个控制点向量的权重及是否闭合曲面等参数创建几何曲面。NurbsPatchSurface 节点通常作为 Shape 节点中 geometry 域的子节点。NurbsPatchSurface 节点的语法定义如下。

```
<NurbsPatchSurface
    DEF                 ID
    USE                 IDREF
    uClosed             false           SFBool          initializeOnly
    vClosed             false           SFBool          initializeOnly
    uDimension          0               SFInt32
    vDimension          0               SFInt32
    uknot                               MFFloat
    vknot                               MFFloat
    uorder              2               SFInt32
    vorder              2               SFInt32
    uTessellation                       SFInt32
    vTessellation                       SFInt32
    weight                              MFFloat
    solid               true                            SFBool
    containerField      surface
    class
/>
```

4. NurbsPositionInterpolator 节点

NurbsPositionInterpolator 节点定义了一个几何曲线位置插补器的属性和域值，通过 NurbsPositionInterpolator 节点的域名、域值、域数据类型及事件的存储/访问权限的定义可以描述一个三维立体空间几何曲线位置插补器。该节点利用曲线位置插补器控制点的数量、曲线的顺序、每个控制点向量的权重及是否闭合曲线等参数可创建几何曲线位置插补器。NurbsPositionInterpolator 节点把一系列的 NurbsSurface 节点组合为一般组节点，当细分曲面时，将 NurbsSurface 节点作为一个连续的单位，作为曲线位置插补器使用。NurbsPositionInterpolator 节点的语法定义如下。

```
<NurbsPositionInterpolator
    DEF                 ID
    USE                 IDREF
    knot                                MFFloat
    order               3               SFInt32
    weight                              MFFloat
    set_fraction        " "             SFFloat         inputOnly
    value_changed       " "             SFVec3f         outputOnly
    containerField      children
    class
/>
```

5. NurbsSet 节点

NurbsSet 节点把一系列的 NurbsSurface 节点组合为一般组节点，当细分曲面时，将 NurbsSurface 节点作为一个连续的单位。NurbsSet 节点可以作为 Transform 节点的子节点，也可以与其他节点平行使用。NurbsSet 节点定义了一个几何曲线/面的属性和域值，通过 NurbsSet 节点的域名、域值、域数据类型及事件的存储/访问权限的定义可以描述一个三维立体空间几何曲线/面造型。NurbsSet 节点的语法定义如下。

```
<NurbsSet
    DEF                         ID
    USE                         IDREF
    tessellationScale           1                    SFFloat
    bboxCenter                  0 0 0                SFVec3f      initializeOnly
    bboxSize                    -1 -1 -1             SFVec3f      initializeOnly
    containerField              children
    class
/>
```

6. NurbsSurfaceInterpolator 节点

NurbsSurfaceInterpolator 节点定义了一个几何曲面的属性和域值，通过 NurbsSurfaceInterpolator 节点的域名、域值、域数据类型及事件的存储/访问权限的定义可以描述一个三维立体空间几何曲面造型。该节点利用曲面 u-v 域中控制点的数量、曲线的顺序、每个控制点向量的权重及是否闭合曲面等参数创建几何曲面。NurbsSurfaceInterpolator 节点把一系列的 NurbsSurface 节点组合为一般组节点。NurbsSurfaceInterpolator 节点可以作为 Transform 节点的子节点，也可以与其他节点平行使用。NurbsSurfaceInterpolator 节点的语法定义如下。

```
<NurbsSurfaceInterpolator
    DEF                         ID
    USE                         IDREF
    uDimension                  0                    SFInt32
    vDimension                  0                    SFInt32
    uknot                                            MFFloat
    vknot                                            MFFloat
    uorder                      2                    SFInt32
    vorder                      2                    SFInt32
    weight                                           MFFloat
    set_fraction                " "                  SFVec2f      inputOnly
    normal_changed              " "                  SFVec3f      outputOnly
    position_changed            " "                  SFVec3f      outputOnly
    containerField              children
    class
/>
```

7. NurbsSweptSurface 节点

NurbsSweptSurface 节点定义了一个几何曲面的属性和域值，通过 NurbsSweptSurface 节点的域名、域值、域数据类型及事件的存储/访问权限的定义可以描述一个三维立体空间几何曲面造型。NurbsSweptSurface 节点包含了一个 crossSectionCurve [X3DNurbsControlCurveNode]界面曲线和一个 trajectoryCurve [NurbsCurve]投影曲线。NurbsSweptSurface 节点通常作为 Shape 节点中 geometry 域的子节点。NurbsSweptSurface 节点的语法定义如下。

```
<NurbsSweptSurface
    DEF                         ID
    USE                         IDREF
    ccw                         true                 SFBool
    solid                       true                 SFBool
```

```
        containerField    surface
        class
/>
```

8. NurbsSwungSurface 节点

NurbsSwungSurface 节点定义了一个几何曲面的属性和域值，通过 NurbsSwungSurface 节点的域名、域值、域数据类型及事件的存储/访问权限的定义可以描述一个三维立体空间几何曲面造型。NurbsSwungSurface 节点包含了一个 profileCurve [X3DNurbsControlCurveNode] 轮廓曲线和一个 trajectoryCurve [X3DNurbsControlCurveNode]投影曲线。NurbsSwungSurface 节点通常作为 Shape 节点中 geometry 域的子节点。NurbsSwungSurface 节点的语法定义如下。

```
<NurbsSwungSurface
        DEF               ID
        USE               IDREF
        ccw               true              SFBool
        solid             true              SFBool
        containerField    geometry
        class
/>
```

9. NurbsTextureCoordinate 节点

NurbsTextureCoordinate 节点定义了一个几何曲面纹理坐标的属性和域值，通过 NurbsTextureCoordinate 节点的域名、域值、域数据类型及事件的存储/访问权限的定义可以描述一个三维立体空间几何曲面纹理贴图造型。该节点利用曲面 u-v 域中控制点的数量、曲线的顺序、每个控制点向量的权重及是否闭合曲面等参数可创建几何曲面纹理，可以作为 NurbsPatchSurface 节点的子节点。NurbsTextureCoordinate 节点在其主表面的参数化域中描述了一个 3D NURBS 表面，以此来为其主表面指定贴图。此 controlPoint 域可以包含单一的 Coordinate 节点或 CoordinateDouble 节点。NurbsTextureCoordinate 节点的语法定义如下。

```
<NurbsTextureCoordinate
        DEF               ID
        USE               IDREF
        uDimension        0                 SFInt32
        vDimension        0                 SFInt32
        uknot                               MFFloat
        vknot                               MFFloat
        uorder            2                 SFInt32
        vorder            2                 SFInt32
        controlPoint                        MFVec2f           inputOutput
        weight                              MFFloat
        containerField    children
        class
/>
```

10. NurbsTrimmedSurface 节点

NurbsTrimmedSurface 节点用于描述一个 Non-rational Uniform B-Spline 曲面。该节点根

据曲面 u-v 域中的节向量、每个控制点向量的权重、网格细分设计曲面，通常作为 Shape 节点中 geometry 域的子节点，也可以作为 NurbsSet 节点的子节点。

NurbsTrimmedSurface 节点定义了一个几何曲面的属性和域值，通过 NurbsTrimmedSurface 节点的域名、域值、域数据类型及事件的存储/访问权限的定义可以描述一个三维立体空间几何曲面造型。NurbsTrimmedSurface 节点的语法定义如下。

```
<NurbsTrimmedSurface
    DEF                 ID
    USE                 IDREF
    uClosed             false          SFBool       initializeOnly
    vClosed             false          SFBool       initializeOnly
    uDimension          0              SFInt32
    vDimension          0              SFInt32
    uknot                              MFFloat
    vknot                              MFFloat
    uorder              2              SFInt32
    vorder              2              SFInt32
    uTessellation                      SFInt32
    vTessellation                      SFInt32
    weight                             MFDouble
    solid               true           SFBool
    containerField      surface
    class
/>
```

10.2 X3D 地理信息节点设计

X3D 地理信息节点即地理信息组件。其组件的名称是"Geospatial"，当在 COMPONENT 语句中引用这个组件时需要使用这个名称。Geospatial 组件用于在真实世界相应位置和 X3D 场景中的元素之间建立关联，详细说明协调地理应用的节点。

Geospatial 组件遵循 Spatial Reference Model（空间建模参考标准）中定义的约定。Geospatial 组件中包含 GeoElevationGrid、GeoCoordinate、GeoLocation、GeoLOD、GeoMetadata、GeoOrigin、GeoPositionInterpolator、GeoTouchSensor、GeoViewpoint 等节点。

10.2.1 GeoElevationGrid 节点

GeoElevationGrid 节点在某一空间参考系下指定了一个均匀的由高度值设定的网格。这些将被透明地转换为以地球为中心测量的曲面地球的描述，如一个场景允许地理学家建立 X3D 场景，而场景中所有的坐标都是由经度、纬度、海拔高度确定的。

GeoElevationGrid 节点用于创建立体几何地球造型，常作为 Shape 节点中 geometry 域的子节点。

GeoElevationGrid 节点是一个几何节点，使用地理坐标创建一个具有不同高度的矩形网络组成的地理曲面。GeoElevationGrid 节点可以包含 GeoOrigin、Color、Normal、TextureCoordinate 节点。GeoElevationGrid 节点的语法定义如下。

```
<GeoElevationGrid
    DEF                 ID
    USE                 IDREF
    geoSystem           "GD" "WE"
    geoGridOrigin       0 0 0           SFVec3d         initializeOnly
    xDimension          0               SFInt32
    zDimension          0               SFInt32
    xSpacing            1.0             SFDouble
    zSpacing            1.0             SFDouble
    yScale              1.0             SFFloat
    height                              MFFloat
    set_height          " "             MFDouble        initializeOnly
    ccw                 true            SFBool
    solid               true            SFBool
    creaseAngle         0.0             SFFloat
    colorPerVertex      true            SFBool
    normalPerVertex     true            SFBool
    containerField      geometry
    class
/>
```

GeoElevationGrid 节点包含 DEF、USE、geoSystem 域、geoGridOrigin 域、xDimension 域、zDimension 域、xSpacing 域、zSpacing 域、yScale 域、height 域、set_height 域、ccw 域、solid 域、creaseAngle 域、colorPerVertex 域、normalPerVertex 域、containerField 域及 class 域等。

(1) geoSystem 域用于定义一个地理坐标系。该域值支持值为 GDC、UTM、GCC。

(2) geoGridOrigin 域用于指定一个对应高度数据集中于西南（左下）角的地理坐标。

(3) xDimension 域用于指定一个东西方向上的网格数。水平 X 轴的总长等于 (xDimension−1) × xSpacing。

(4) zDimension 域用于指定一个南北方向上的网格数。垂直 Z 轴的总长等于 (zDimension−1) × zSpacing。

(5) xSpacing 域用于指定一个东西方向（即 X 轴方向）上网格顶点的间距。当 geoSystem 域指定为 GDC 时，xSpacing 使用经度的度数计算；当 geoSystem 域指定为 UTM 时，xSpacing 使用向东的米数计算。

(6) zSpcing 域用于指定一个南北方向（即 Z 轴方向）上网格顶点的间距，当 geoSystem 域指定为 GDC 时，zSpacing 使用纬度的度数计算；当 geoSystem 域指定为 UTM 时，zSpacing 使用向北的米数计算。

(7) yScale 域用于指定一个放大垂直方向的比例，以利于数据显示。在显示数据的时候，可以用 yScale 值来产生垂直方向的放大效果。默认值为 1.0（不放大）。如果此域值大于 1.0，则所有的高度值看起来将比实际的高。

(8) height 域用于定义椭圆体上的高度浮点数，有 xDimension 行 zDimension 列值按从西到东、从南到北的顺序排列，对应高度数据集中于西南（左下）角的地理坐标。

(9) set_height 域参考"height 域"。

(10) ccw 域用于指定一个布尔量。该域值指定海拔栅格创建的表面是按逆时针方向索引，还是按顺时针方向或未知方向索引。当该域值为 true 时，按逆时针方向索引；当该域值为 false 时，则按顺时针或未知方向索引。该域值的默认值为 true。

(11) solid 域用于指定一个布尔量。该域值为 true，表示只创建正面，不创建反面；该域值为 false，表示正反两面都需要创建。当 ccw 域的域值是 true，solid 域的域值也是 true 时，只创建面向+Y 轴方向的一面；当 ccw 域的域值为 false，solid 域的域值还为 true 时，只会创建-Y 轴方向的一面。该域值的默认值为 true。

(12) creaseAngle 域用于定义一个用弧度表示的折痕角。若该值使用较小的弧度，那么整个表面看起来就比较平滑；若使用较大的弧度，那么折痕就会变得很清晰。该域值必须大于或等于 0.0。其默认值为 0.0。

(13) colorPerVertex 用于指定一个 Color 节点是应用于每一顶点颜色（true），还是每一四边形颜色(false)，默认值为 true。

(14) normalPerVertex 域用于指定一个 Normal 节点是应用于每一顶点法线（true），还是每一四边形法线(false)，默认值为 true。

(15) containerField 域即容器域。ContainerField 节点与 Field 节点之间存在子节点与父节点的关系。该容器域名称为 geometry，包含几何节点。containerField 属性只有在 X3D 场景用 XML 编码时才使用。

(16) class 域的域值是用空格分开的类的列表，保留给 XML 样式表使用。只有 X3D 场景用 XML 编码时才支持 class 属性。

10.2.2 其他 X3D 地理信息节点

X3D 地理信息节点还包含 GeoCoordinate、GeoLocation、GeoLOD、GeoMetadata、GeoOrigin、GeoPositionInterpolator、GeoTouchSensor、GeoViewpoint 等节点。

1. GeoCoordinate 节点

GeoCoordinate 节点用来指定某一空间参考系下的坐标列表，用于 IndexedFaceSet、IndexedLineSet、PointSet 这类基于顶点的几何节点的 coord 域。该节点用于建立一系列的三维地理坐标，通常用来再现地理数据和地球曲面，通常在 IndexedFaceSet、IndexedLineSet、LineSet、PointSet 节点中使用，可以包含 GeoOrigin 节点。GeoCoordinate 节点的语法定义如下。

```
<GeoCoordinate
    DEF                 ID
    USE                 IDREF
    geoSystem           "GD" "WE"
    point                                   MFVec3d
    containerField      coord
    class
/>
```

2. GeoLocation 节点

GeoLocation 节点提供地理化地引用标准 X3D 模型的能力，即把一个普通的 X3D 模型包含到一个节点的 children 域中，然后为这个节点指定一个地理位置。这个节点是一个可以理解为与 Transform 节点类似的组节点。GeoLocation 节点指定的是一个绝对位置，而不是一个相对位置，所有内容开发者不应该把一个 GeoLocation 节点嵌套到另一个 GeoLocation 节点中。另外，为了把 X3D 模型放置到正确的地理位置上，GeoLocation 节点还将适当地调节模型的方向。标准 X3D 坐标系指定 +Y 轴为上，+Z 轴远离屏幕，+X 轴向右。GeoLocation 节点按以下方式设置方向：+Y 轴为局部区域的上方向（椭圆体表面切线方向的法线方向），−Z 轴指向北极，+X 轴指向东方。GeoLocation 节点的语法定义如下。

```
<GeoLocation
    DEF                 ID
    USE                 IDREF
    geoSystem           "GD" "WE"
    geoCoords                           SFVec3d
    bboxCenter          0 0 0           SFVec3f     initializeOnly
    bboxSize            -1 -1 -1        SFVec3f     initializeOnly
    containerField      children
    class
/>
```

3. GeoLOD 节点

GeoLOD 节点是一个组节点，可以使用树形结构为一个对象指定两个不同的细节层次，其中子层次中可以指定 0 到 4 个子节点。GeoLOD 节点能有效地处理这些细节层次的载入和卸载。GeoLOD 节点包含 children 域的相关子节点、rootNode 节点和 GeoOrigin 节点，其中只有当前载入的子节点是暴露于场景图中的。GeoLOD 节点为多分辨率的地形提供了四叉树的细节层次载入和卸载能力。GeoLOD 节点的语法定义如下。

```
<GeoLOD
    DEF                  ID
    USE                  IDREF
    geoSystem            "GD" "WE"
    rootUrl                                      MFString        initializeOnly
    child1Url                                    MFString        initializeOnly
    child2Url                                    MFString        initializeOnly
    child3Url                                    MFString        initializeOnly
    child4Url                                    MFString        initializeOnly
    range                [0,∞)                   SFFloat         initializeOnly
    center               0 0 0                   SFVec3D         initializeOnly
    bboxCenter           0 0 0                   SFVec3f         initializeOnly
    bboxSize             -1 -1 -1                SFVec3f         initializeOnly
    containerField       children
    class
/>
```

4. GeoMetadata 节点

GeoMetadata 节点的功能包括地理元数据的标准与描述。GeoMetadata 节点的作用不是收录所有特定的标准，而是提供关于这些完整元数据描述的链接，以及可选择地提供简短的可读的概要。该节点可以作为 Transform 节点的子节点，或与其他节点平行使用。GeoMetadata 节点支持为 GeoX3D 节点指定任意数量的描述性元数据。该节点与 WorldInfo 节点相似，但是这个节点是用来专门描述地理信息的。GeoMetadata 节点的语法定义如下。

```
<GeoMetadata
    DEF                  ID
    USE                  IDREF
    url                                          MFString        inputOutput
    data                                                         inputOutput
    summary                                      MFString        inputOutput
    containerField       children
    class
/>
```

5. GeoOrigin 节点

GeoOrigin 节点指定一个局部坐标系，以增加地理精度。每个场景只使用一个坐标系，因此推荐使用 USE 引用这个唯一的 GeoOrigin 节点。该节点可以作为 Transform 节点的子节点，或与其他节点平行使用。GeoOrigin 节点定义一个绝对地理学位置和一个几何体需要引用的隐含局部坐标系，用来转换地理坐标系到 X3D 浏览器可以处理的笛卡儿坐标系。GeoOrigin 节点的语法定义如下。

```
<GeoOrigin
    DEF                  ID
    USE                  IDREF
    geoSystem            "GD" "WE"
    geoCoords                                    SFVec3d         inputOutput
    rotateYUp            false                   SFBool          initializeOnly
    containerField       geoOrigin
    class
/>
```

6. GeoPositionInterpolator 节点

GeoPositionInterpolator 节点提供一个插补器，其中关键值指定为地理坐标，并且在指定的空间参考系下执行插值。GeoPositionInterpolator 节点可以作为 Transform 节点的子节点，或与其他节点平行使用。

GeoPositionInterpolator 节点可以包括一个 GeoOrigin 节点。典型输入为 ROUTE someTimeSensor.fraction_changed TO someInterpolator.set_fraction 典型输出为 ROUTE someInterpolator.value_changed。GeoPositionInterpolator 节点的语法定义如下。

```
<GeoPositionInterpolator
    DEF                  ID
    USE                  IDREF
    geoSystem            "GD" "WE"
    key                                 MFFloat        inputOutput
    keyValue                            MFVec3d        inputOutput
    set_fraction         " "            SFFloat        inputOnly
    value_changed        " "            SFVec3f
    geovalue_changed     " "            SFVec3d        outputOnly
    containerField       children
    class
/>
```

7. GeoTouchSensor 节点

GeoTouchSensor 节点用于追踪指点设备的位置和状态，同时也探测浏览者何时指向 GeoTouchSensor 的父组所包含的几何体。此节点提供与 TouchSensor 节点同样的功能，同时提供指点设备返回地理坐标的能力。GeoTouchSensor 节点可以包含 GeoOrigin 节点，影响同一级的节点及其子节点。GeoTouchSensor 节点的语法定义如下。

```
<GeoTouchSensor
    DEF                     ID
    USE                     IDREF
    geoSystem               "GD" "WE"
    enabled                 true         ŚFBool        inputOutput
    description                                        inputOutput
    isActive                " "          SFBool        inputOutput
    hitGeoCoord_changed     " "          SFVec3d       outputOnly
    hitPoint_changed        " "          SFVec3f       outputOnly
    hitNormal_changed       " "          SFVec3f       outputOnly
    hitTexCoord_changed     " "          SFVec2f       outputOnly
    isOver                  " "          SFBool        outputOnly
    touchTime               " "          SFTime        outputOnly
    containerField          children
    class
/>
```

8. GeoViewpoint 节点

GeoViewpoint 节点使用地理坐标指定视点位置，可以包含 GeoOrigin 节点。因为

GeoViewpoint 节点必须能在地理坐标系的曲面中运行，所以它包含 Viewpoint 节点和 NavigationInfo 节点的属性。该节点可以作为 Transform 节点的子节点，或与其他节点平行使用。这个节点用在相同场景中任何 Viewpoint 节点可以使用或被绑定的位置。其 fieldOfView 域、jump 域、description 域、set_bind 域、bindTime 域、isBound 域和节点事件的行为与标准的 Viewpoint 节点的相同。

GeoViewpoint 节点被绑定的时候，将不考虑当前场景中绑定的 Viewpoint 节点和 NavigationInfo 节点。执行 GeoViewpoint 节点时，就好像有一个内嵌的 NavigationInfo 节点在此 GeoViewpoint 节点被绑定或取消绑定同时也被绑定或取消绑定。GeoViewpoint 节点的语法定义如下。

```
<GeoViewpoint
    DEF            ID
    USE            IDREF
    geoSystem      "GD" "WE"
    description                          SFString       initializeOnly
    position       0 0 100000           SFVec3d        initializeOnly
    orientation    0 0 1 0              SFRotation     initializeOnly
    navType        ["EXAMINE" "ANY"]    MFString       inputOutput
    headlight      true                 SFBool         inputOutput
    fieldOfView    0.785398             SFFloat        inputOutput
    jump           true                 SFBool         inputOutput
    speedFactor    1                    SFFloat        initializeOnly
    set_bind       " "                  SFBool         inputOnly
    set_position   " "                  SFVec3d        inputOnly
    set_orientation " "                 SFRotation     inputOnly
    bindTime       " "                  SFTime         outputOnly
    isBound        " "                  SFBool         outputOnly
    containerField children
    class
/>
```

10.3 CAD 节点设计

X3D 中 CAD 节点由 CADAssembly 节点、CADFace 节点、CADLayer 节点、CADPart 节点等组成。在 X3D 3.1 中增加了 CAD 节点与 X3D 文件相结合的功能，可以极大提高软件项目的开发效率。

10.3.1 CADAssembly 节点

CADAssembly 节点是一个组节点，它能够包含 CADAssembly、CADFace 及 CADPart 节点。该节点可以作为 Group 节点和 Transform 节点的子节点，或与其他节点平行使用。CADAssembly 节点的语法定义如下。

```
<CADAssembly
    DEF                 ID
    USE                 IDREF
    name                            SFString        inputOutput
    bboxCenter          0 0 0       SFVec3f         initializeOnly
    bboxSize            -1 -1 -1    SFVec3f         initializeOnly
    containerField      children
    class
/>
```

CADAssembly 节点包含 DEF、USE、name 域、bboxCenter 域、bboxSize 域、containerField 域及 class 域等。

(1) name 域用于定义一个 CAD Assembly 程序（实例）的名字。

(2) bboxCenter 域用于定义一个边界盒的中心点相对局部坐标系原点的位置偏移。

(3) bboxSize 域用于定义一个边界盒的尺寸。默认情况下，该域值是自动计算的，为了优化场景，也可以强制指定该域值。

(4) containerField 域即容器域。ContainerField 节点与 Field 节点之间存在子节点与父节点的关系。该容器域名称为 children，包含几何节点。containerField 属性只在 X3D 场景用 XML 编码时才使用。

(5) class 域的域值是用空格分开的类的列表，保留给 XML 样式表使用。只有 X3D 场景用 XML 编码时才支持 class 属性。

10.3.2 CADFace 节点

CADFace 节点是一个组节点。该节点包含一个 Shape 节点或 LOD 节点，可以作为 Group 节点和 Transform 节点的子节点，或与其他节点平行使用。CADFace 节点的语法定义如下。

```
<CADFace
    DEF                 ID
    USE                 IDREF
    name                            SFString        inputOutput
    bboxCenter          0 0 0       SFVec3f         initializeOnly
    bboxSize            -1 -1 -1    SFVec3f         initializeOnly
    containerField      children
    class
/>
```

CADFace 节点包含 DEF、USE、name 域、bboxCenter 域、bboxSize 域、containerField 域及 class 域等。

(1) name 域用于定义一个 CAD Assembly 程序（实例）的名字。

(2) bboxCenter 域用于定义一个边界盒的中心点相对局部坐标系原点的位置偏移。

(3) bboxSize 域用于定义一个边界盒的尺寸，默认情况下，该域值是自动计算的，为了优化场景，也可以强制指定该域值。

(4) containerField 域即容器域。ContainerField 节点与 Field 节点之间存在子节点与父节点的关系。该容器域名称为 children，包含几何节点。containerField 属性只有在 X3D 场景用 XML 编码时才使用。

(5) class 域的域值是用空格分开的类的列表，保留给 XML 样式表使用。只有 X3D 场景用 XML 编码时才支持 class 属性。

10.3.3　CADLayer 节点

CADLayer 节点是一个组节点，能够包含许多节点。

该节点可以作为 Group 节点和 Transform 节点的子节点，或与其他节点平行使用。CADLayer 节点的语法定义如下。

```
<CADLayer
    DEF                 ID
    USE                 IDREF
    name                            SFString        inputOutput
    visible                         MFBool          inputOutput
    bboxCenter          0 0 0       SFVec3f         initializeOnly
    bboxSize            -1 -1 -1    SFVec3f         initializeOnly
    containerField      children
    class
/>
```

CADLayer 节点包含 DEF、USE、name 域、visible 域、bboxCenter 域、bboxSize 域、containerField 域及 class 域等。

(1) name 域用于定义一个 CAD Assembly 程序（实例）的名字。

(2) visible 域用于定义一个子项目及子程序节点是显现的。

(3) bboxCenter 域用于定义一个边界盒的中心点相对局部坐标系原点的位置偏移。

(4) bboxSize 域用于定义一个边界盒的尺寸。默认情况下，该域值是自动计算的，为了优化场景，也可以强制指定该域值。

(5) containerField 域即容器域。ContainerField 节点与 Field 节点之间存在子节点与父节点的关系。该容器域名称为 children，包含几何节点。containerField 属性只有在 X3D 场景用 XML 编码时才使用。

(6) class 域的域值是用空格分开的类的列表，保留给 XML 样式表使用。只有 X3D 场景用 XML 编码时才支持 class 属性。

10.3.4　CADPart 节点

CADPart 节点是一个组节点，能够包含 CADFace 节点。

该节点可以作为 Group 节点和 Transform 节点的子节点，或与其他节点平行使用。CADPart 节点的语法定义如下。

```
<CADPart
    DEF                 ID
    USE                 IDREF
    name                            SFString      inputOutput
    translation         0 0 0       SFVec3f       inputOutput
    rotation            0 0 1 0     SFRotation    inputOutput
    center              0 0 0       SFVec3f       inputOutput
    scale               1 1 1       SFVec3f       inputOutput
    scaleOrientation    0 0 1 0     SFRotation    inputOutput
    bboxCenter          0 0 0       SFVec3f       initializeOnly
    bboxSize            -1 -1 -1    SFVec3f       initializeOnly
    containerField      children
    class
/>
```

CADPart 节点包含 DEF、USE、name 域、translation 域、rotation 域、center 域、scale 域、scaleOrientation 域、bboxCenter 域、bboxSize 域、containerField 域及 class 域等。

(1) name 域用于定义一个 CAD Assembly 程序（实例）的名字。

(2) translation 域用于定义一个局部坐标系子节点的相对位置（x，y，z），以米为单位。

(3) rotation 域用于定义一个局部坐标系子节点的相对位置和朝向。

(4) center 域用于定义一个局部坐标系从原始位置偏移，实现旋转和缩放等。

(5) scale 域用于定义一个子坐标系，沿 X、Y、Z 轴实现不同的缩放设计，调整中心点缩放朝向。

(6) scaleOrientation 域用于定义一个局部坐标系预旋转朝向的缩放，允许环绕或以指定朝向缩放。

(7) bboxCenter 域用于定义一个边界盒的中心点相对局部坐标系原点的位置偏移。

(8) bboxSize 域用于定义一个边界盒的尺寸。默认情况下，该值是自动计算的，为了优化场景，也可以强制指定该域值。

(9) containerField 域即容器域。ContainerField 节点与 Field 节点之间存在子节点与父节点的关系。该容器域名称为 children，包含几何节点。containerField 属性只有在 X3D 场景用 XML 编码时才使用。

(10) class 域的域值是用空格分开的类的列表，保留给 XML 样式表使用。只有 X3D 场景用 XML 编码时才支持 class 属性。

10.4　X3D 虚拟人节点设计

X3D 虚拟人节点设计，即 X3D 虚拟人动画组件设计，其组件的名称为"HAnim"。当在 COMPONENT 语句中引用这个组件时需要使用这个名称。HAnim 组件包含 HAnimHumanoid、HAnimDisplacer、HAnimJoint、HAnimSegment、HAnimSite 等节点。X3D 的 HAnim 组件定义了在 X3D 中执行虚拟人动画的标准。

10.4.1　HAnimHumanoid 节点

HAnimHumanoid 节点作为整个虚拟人动画对象的容器，用来存储涉及的 HAnimJoint、HAnimSegment、Viewpoint 节点，除此之外，还存储如作者和版权信息之类的可读信息，提供简便的在环境中移动虚拟人动画对象的方法。

HAnimHumanoid 节点的语法定义如下。

```
<HAnimHumanoid
    DEF                ID
    USE                IDREF
    name                             SFString
    version                          SFString      inputOutput
    info                             MFString
    translation        0 0 0         SFVec3f
    rotation           0 0 1 0       SFRotation
    scale              1 1 1         SFVec3f
    scaleOrientation   0 0 1 0       SFRotation
    center             0 0 0         SFVec3f
    bboxCenter         0 0 0         SFVec3f       initializeOnly
    bboxSize           -1 -1 -1      SFVec3f       initializeOnly
    containerField     children
    class
/>
```

HAnimHumanoid 节点包含 DEF、USE、name 域、version 域、info 域、translation 域、rotation 域、scale 域、scaleOrientation 域、center 域、bboxCenter 域、bboxSize 域、containerField 域及 class 域等。

(1) name 域用于定义一个名字，以使 Humanoid 节点运行时能够被识别。

(2) version 域用于指定一个 Humanoid Animation 规格的版本。

(3) info 域用于指定一个元数据对（Metadata keyword=value）。使用 VRML 97 编码时，info 域中包括所有规定的 keyword=value 字符对。由于其他 XML Humanoid 属性可以包括所

有信息，info 域可以被忽略。

(4) translation 域用于指定一个子节点的局部坐标系原点的位置。

(5) rotation 域用于指定一个子节点的局部坐标系的方位。

(6) scale 域用于指定一个子节点的局部坐标系的非一致的 X-Y-Z 比例，其域值由 center 和 scaleOrientation 域的域值调节。

(7) scaleOrientation 域用于指定一个缩放前子节点局部坐标系的预旋转（允许沿着子节点任意方向缩放）。

(8) center 域用于指定一个相对局部坐标系原点的位置偏移。

(9) bboxCenter 域用于指定一个边界盒的中心点相对局部坐标系原点的位置偏移。

(10) bboxSize 域用于指定一个边界盒的尺寸。默认情况下，该域值是自动计算的，为了优化场景，也可以强制指定该域值。

(11) containerField 域即容器域。ContainerField 节点与 Field 节点之间存在子节点与父节点的关系。该容器域名称为 children，包含几何节点。containerField 属性只有在 X3D 场景用 XML 编码时才使用。

(12) class 域的域值是用空格分开的类的列表，保留给 XML 样式表使用。只有 X3D 场景用 XML 编码时才支持 class 属性。

10.4.2 其他 X3D 虚拟人节点

X3D 虚拟人节点主要包含 HAnimHumanoid、HAnimDisplacer、HAnimJoint、HAnimSegment、HAnimSite 等节点。前面已经介绍了 HAnimHumanoid 节点，下面介绍其他虚拟人节点。

1. HAnimDisplacer 节点

HAnimDisplacer 节点使虚拟人移动，应用程序可能需要改变单独的 Segment 段的形状，在大多数的基本层中，这是通过向 HAnimSegment 节点 coord 域中的 X3DCoordinateNode 衍生节点的 point 域写入数据来完成的。在某些情况下，应用程序可能需要识别 HAnimSegment 节点中指定的顶点组，例如，应用程序可能需要知道头骨 HAnimSegment 段中的哪些节点包含左眼球，也可能需要每个节点移动方向的提示信息。这些信息被存储在称为 HAnimDisplacer 的节点中。

HAnimDisplacer 节点可以按照三种不同的方式使用。①指定 HAnimSegment 节点中相应顶点的特性。②描述如何线性地或半径地替换顶点的方向，以模拟精确的肌肉动作。③描述Segment 中的完整顶点构造，如在脸上可以为每个面部表情使用一个 Displacer。该节点可以作为 Transform 节点的子节点，也可以与其他虚拟人节点共同使用。HanimDisplacer 节点的语法定义如下。

```
<HanimDisplacer
    DEF                 ID
    USE                 IDREF
    name                            SFString
    coordIndex                      MFInt32
    displacements                   MFVec3f
    weight              SFFloat     inputOutput
    containerField      displacers
    class
/>
```

2. HAnimJoint 节点

HAnimJoint 节点用来定义身体每一段和与其相连的父层的关系，其身体中的每个关节由一个 HAnimJoint 节点表现。一个 HAnimJoint 节点可能只是另一个 HAnimJoint 节点的子节点，在用 HAnimJoint 节点作为虚拟人动画对象的根节点的情况下，该节点可作为其中 skeleton 域的子节点，如一个 HAnimJoint 节点可能不是一个 HAnimSegment 节点的子节点。HAnimJoint 节点也用来存储其他关节特有的信息，提供关节名 name 以使应用程序在运行时能识别每个HAnimJoint 节点。HAnimJoint 节点可能包括 IK 反向动力学系统计算和控制虚拟人动画的提示。这些提示可能包括关节的上下限、关节的旋转限制和刚度/阻尼值。这些限制并不要求在虚拟人动画场景图中用某个机制来强制实行，其目的只在于提供信息。是否使用这些信息或是否强制限制关节的应用取决于应用程序。虚拟人动画对象的创作及其工具并不受限于 HAnimJoint 节点的执行模式，但是作者和工具可以选择执行模式。一般选择使用特殊的单一多边形网格来描述一个虚拟人动画对象，而不是用分开的单个的 IndexedFaceSet 节点来描述每一个身体段。这种情况下，HAnimJoint 节点将描述对应特定身体段及其下一层部分顶点的移动。

HAnimJoint 节点的语法定义如下。

```
<HAnimJoint
    DEF                 ID
    USE                 IDREF
    name                            SFString
    ulimit                          MFFloat
    llimit                          MFFloat
    limitOrientation    0 0 1 0     SFRotation      inputOutput
    skinCoordIndex                  MFFloat         inputOutput
    skinCoordWeight                 MFFloat         inputOutput
    stiffness           0 0 0       MFFloat         inputOutput
    translation         0 0 0       SFVec3f
    rotation            0 0 1 0     SFRotation
    scale               1 1 1       SFVec3f
    scaleOrientation    0 0 1 0     SFRotation
```

```
    center                0 0 0                 SFVec3f
    bboxCenter            0 0 0                 SFVec3f      initializeOnly
    bboxSize              -1 -1 -1              SFVec3f      initializeOnly
    containerField        children
    class
/>
```

3. HAnimSegment 节点

在 X3D 虚拟人节点设计中，每一个身体部分存在于一个 HAnimSegment 节点中。
HAnimSegment 节点包含 Coordinate、HAnimDisplacer 和 Children 子节点。HAnimSegment
节点可以作为 HAnimHumanoid 节点的子节点。该节点是一个组节点，一般包含一系列的
Shape 节点，也可能包含按照 X3D 中定义的坐标系中与身体位置相关的 Transform 节点。
在 HAnimSegment 节点描述的几何体比较复杂时，推荐使用 LOD 节点。HAnimSegment 节点
的语法定义如下。

```
<HAnimSegment
    DEF                   ID
    USE                   IDREF
    name                                        SFString
    mass                  0                     SFFloat
    centerOfMass          0 0 0                 SFVec3f
    momentsOfInertia      0 0 0 0 0 0 0 0 0     MFFloat
    bboxCenter            0 0 0                 SFVec3f      initializeOnly
    bboxSize              -1 -1 -1              SFVec3f      initializeOnly
    containerField        children
    class
/>
```

4. HAnimSite 节点

HAnimSite 节点可以在多用户环境中使用。其中 HAnimSegment 节点的子节点中存储
HAnimSite节点。HAnimSite节点主要用于定义一个IK反向动力学系统使用的最终受动器(end
effector) 的位置；定义首饰或服装之类的附件的附着点；定义 HAnimSegment 参考系中虚拟
摄像机的位置，如在多用户环境中使用的虚拟人动画替身的眼睛视点。HAnimSite 节点的语
法定义如下。

```
<HAnimSite
    DEF                   ID
    USE                   IDREF
    name                                        SFString
    translation           0 0 0                 SFVec3f
    rotation              0 0 1 0               SFRotation
    scale                 1 1 1                 SFVec3f
    scaleOrientation      0 0 1 0               SFRotation
    center                0 0 0                 SFVec3f
    bboxCenter            0 0 0                 SFVec3f      initializeOnly
    bboxSize              -1 -1 -1              SFVec3f      initializeOnly
    containerField        children
    class
/>
```

第 11 章

X3D 事件网络接口设计

11.1 X3D 事件工具组件节点设计

事件工具（Event Utilities）组件的名称是"EventUtilities"。在 COMPONENT 语句中引用这个组件时需要使用这个名称。Event Utilities 节点包括*触发器（Trigger）和*过滤器（Sequencer）节点类型。

EventUtilities 节点设计由三个部分构成：给定类型的单个域事件的变化，由其他类型事件导致的给定类型的单个域事件的触发，沿时间线产生单个域事件的序列化（作为离散值发生器）。这些节点结合路由可以建立复杂的交互行为，而不需要使用 Script 脚本节点。这在某些对交互有重要影响的概貌中很有用，因为概貌不一定支持 Script 节点。

EventUtilities 节点在变换层级中的位置不会影响其运作效果。例如，如果一个BooleanSequencer 节点为一个 Switch 节点的子节点，则即使 whichChoice 设置为–1（忽略此子节点），BooleanSequencer 节点也会继续按指定的方式运作（接收和发送事件）。

11.1.1 BooleanFilter 节点设计

BooleanFilter 节点过滤性地发送 boolean 事件，允许选择性地路由 true 值、false 值或相反值。当接收到 set_boolean 事件时，BooleanFilter 节点生成两个事件：基于接收到的 boolean 值输出 inputTrue 事件（接收到 true 时）或 inputFalse 事件（接收到 false 时）；输出包含与接收相反值的 inputNegate 事件。该节点可以作为 Transform 节点的子节点，或与其他节点平行使用。BooleanFilter 节点的语法定义如下。

```
<BooleanFilter
    DEF             ID
    USE             IDREF
    set_boolean     " "              SFBool      inputOnly
    inputTrue       " "              SFBool      outputOnly
    inputFalse      " "              SFBool      outputOnly
    inputNegate     " "              SFBool      outputOnly
    containerField  children
    class
/>
```

BooleanFilter 节点包含 DEF、USE、set_boolean 域、inputTrue 域、inputFalse 域、inputNegate 域、containerField 域及 class 域等。

(1) set_boolean 域用于输入要过滤的值。

(2) inputTrue 域用于指定只有当 set_boolean 输入 true 值时，inputTrue 才传输 true 值。

(3) inputFalse 域用于指定只有当 set_boolean 输入 false 值时，inputFalse 传输 false 值。

(4) inputNegate 域用于指定一个 inputNegate 输出和 set_boolean 输入值相反的值。

(5) containerField 域即容器域。ContainerField 节点与 Field 节点之间存在子节点与父节点的关系。该容器域名称为 children，包含几何节点。containerField 属性只有在 X3D 场景用 XML 编码时才使用。

(6) class 域的域值是用空格分开的类的列表，保留给 XML 样式表使用。只有 X3D 场景用 XML 编码时才支持 class 属性。

11.1.2 BooleanSequencer 节点设计

BooleanSequencer 节点生成由某个 TimeSensor 时钟驱动的序列化的 SFBool 事件。它可以控制其他的动作，比如，可以激活/禁止灯光或传感器，或通过 set_bind 绑定/解除绑定 Viewpoints 或其他 X3DBindableNodes 可绑定子节点。

BooleanSequencer 节点的典型输入为 ROUTE someTimeSensor.fraction_changed TO someInterpolator.set_fraction，典型输出为 ROUTE someInterpolator.value_changed TO destinationNode.set_attribute。BooleanSequencer 节点可以作为 Transform 节点的子节点，或与其他节点平行使用。

BooleanSequencer 节点的语法定义如下。

```
<BooleanSequencer
    DEF                 ID
    USE                 IDREF
    key                                 MFFloat        inputOutput
    keyValue                            MFBool         inputOutput
    set_fraction        " "             SFFloat        inputOnly
    value_changed       " "             SFBool         outputOnly
    previous            0               SFBool         inputOnly
    next                0               SFBool         inputOnly
    containerField      children
    class
/>
```

BooleanSequencer 节点包含 DEF、USE、key 域、keyValue 域、set_fraction 域、value_changed 域、previous 域、next 域、containerField 域及 class 域等。

(1) key 域用于定义一个线性插值的时间间隔（关键点），按照顺序增加，对应相应的 keyValue。其中 key 和 keyValue 的数量必须一致。

(2) keyValue 域用于指定一个对应 key 的相应关键值，用来进行相应时间段的线性插值。

(3) set_fraction 域用于输入一个 key 值，以进行相应的 keyValue 输出。

(4) value_changed 域用于按照 key 和 keyValue 对输出一个相应的值。

(5) previous 域用于触发输出 keyValue 数组中的上一个数值。如果需要，可以从开始循环到末尾。

(6) next 域用于触发输出 keyValue 数组中的下一个数值。如果需要，可以从末尾循环到开始。

(7) containerField 域即容器域。ContainerField 节点与 Field 节点之间存在子节点与父节点的关系。该容器域名称为 children，包含几何节点。containerField 属性只有在 X3D 场景用 XML 编码时才使用。

(8) class 域的域值是用空格分开的类的列表，保留给 XML 样式表使用。只有 X3D 场景用 XML 编码时才支持 class 属性。

11.1.3　BooleanToggle 节点设计

BooleanToggle 节点存储布尔值以触发开关。当接收到一个 set_boolean true 事件时，BooleanToggle 节点反转 toggle 域的值，并生成相应 toggle 域输出事件。set_boolean false 事件将被忽略。通过直接设置 inputOutput toggle 域的值，BooleanToggle 可以复位到指定状态。该节点可以作为 Transform 节点的子节点，或与其他节点平行使用。

BooleanToggle 节点的语法定义如下。

```
<BooleanToggle
    DEF              ID
    USE              IDREF
    set_boolean      " "                SFBool      inputOnly
    toggle           " "                SFBool      inputOutput
    containerField   children
    class
/>
```

BooleanToggle 节点包含 DEF、USE、set_boolean 域、toggle 域、containerField 域及 class 域等。

(1) set_boolean 域用于定义当 set_boolean 输入 true 值时，翻转状态。

(2) toggle 域用于定义一个重设状态值或者回归状态值。

(3) containerField 域即容器域。ContainerField 节点与 Field 节点之间存在子节点与父节点的关系。该容器域名称为 children,包含几何节点。containerField 属性只有在 X3D 场景用 XML 编码时才使用。

(4) class 域的域值是用空格分开的类的列表,保留给 XML 样式表使用。只有 X3D 场景用 XML 编码时才支持 class 属性。

11.1.4 BooleanTrigger 节点设计

BooleanTrigger 节点是一个触发器节点,在接收到时间事件时生成 boolean 事件。当 BooleanTrigger 接收到一个 set_triggerTime 事件时,生成 triggerTrue 事件。triggerTrue 域的值应总为 true。该节点可以作为 Transform 节点的子节点,或与其他节点平行使用。BooleanTrigger 节点的语法定义如下。

```
<BooleanTrigger
    DEF                 ID
    USE                 IDREF
    set_triggerTime     " "              SFTime        inputOnly
    triggerTrue         " "              SFBool        outputOnly
    containerField      children
    class
/>
```

BooleanTrigger 节点包含 DEF、USE、set_triggerTime 域、triggerTrue 域、containerField 域及 class 域等。

(1) set_triggerTime 域用于提供一个时间事件输入。事件输入一般是由 TouchSensor 节点的 touchTime 域发送的。

(2) triggerTrue 域用于定义当接收到 triggerTime 事件时,triggerTrue 输出 true 值。

(3) containerField 域即容器域。ContainerField 节点与 Field 节点之间存在子节点与父节点的关系。该容器域名称为 children,包含几何节点。containerField 属性只有在 X3D 场景用 XML 编码时才使用。

(4) class 域的域值是用空格分开的类的列表,保留给 XML 样式表使用。只有 X3D 场景用 XML 编码时才支持 class 属性。

11.1.5 IntegerSequencer 节点设计

IntegerSequencer 节点周期性地产生离散的整数值,这些整数值可以路由到其他的整数属性中。典型输入为 ROUTE someTimeSensor.fraction_changed TO someInterpolator.set_fraction。典型输出为 ROUTE someInterpolator.value_changed TO destinationNode.set_attribute。

IntegerSequencer 节点可以作为 Transform 节点的子节点，或与其他节点平行使用。

IntegerSequencer 节点的语法定义如下。

```
<IntegerSequencer
    DEF                 ID
    USE                 IDREF
    key                                 MFFloat         inputOutput
    keyValue                            MFInt32         inputOutput
    set_fraction        " "             SFFloat         inputOnly
    value_changed       " "             SFInt32         outputOnly
    previous            0               SFBool          inputOnly
    next                0               SFBool          inputOnly
    containerField      children
    class
/>
```

IntegerSequencer 节点包含 DEF、USE、key 域、keyValue 域、set_fraction 域、value_changed 域、previous 域、next 域、containerField 域及 class 域等。

(1) set_fraction 域用于输入一个 key 值，以进行相应的 keyValue 输出。

(2) key 域用于定义一个线性插值的时间间隔，按照顺序增加，对应相应的 keyValue。其中 key 和 keyValue 的数量必须一致。

(3) keyValue 域用于指定一个对应 key 的相应关键值，用来进行相应时间段的线性插值。

(4) value_changed 域用于按照 key 和 keyValue 对输出一个相应的值。

(5) previous 域用于触发输出 keyValue 数组中的上一个数值。如果需要，可以从开始循环到末尾。

(6) next 域用于触发输出 keyValue 数组中的下一个数值。如果需要，可以从末尾循环到开始。

(7) containerField 域即容器域。ContainerField 节点与 Field 节点之间存在子节点与父节点的关系。该容器域名称为 children，包含几何节点。containerField 属性只有在 X3D 场景用 XML 编码时才使用。

(8) class 域的域值是用空格分开的类的列表，保留给 XML 样式表使用。只有 X3D 场景用 XML 编码时才支持 class 属性。

11.1.6　IntegerTrigger 节点设计

IntegerTrigger 节点定义一个从 boolean true 或时间输入事件到整数值的转换，以适合 Switch 之类的节点。IntegerTrigger 节点可以作为 Transform 节点的子节点，或与其他节点平行使用。IntegerTrigger 节点的语法定义如下。

```
<IntegerTrigger
    DEF                ID
    USE                IDREF
    set_boolean        " "              SFBool       inputOnly
    integerKey         -1               SFInt32      inputOutput
    triggerValue       " "              SFInt32      outputOnly
    containerField     children
    class
/>
```

IntegerTrigger 节点包含 DEF、USE、set_boolean 域、integerKey 域、triggerValue 域、containerField 域及 class 域等。

(1) set_boolean 域用于输入 set_boolean true 值时，输出指定的 integerKey 值。

(2) integerKey 域用于输入 set_boolean true 值时，输出指定的 integerKey 值。

(3) triggerValue 域用于在接收到 true set_boolean 事件时，提供符合 integerKey 值的整数事件输出。

(4) containerField 域即容器域。ContainerField 节点与 Field 节点之间存在子节点与父节点的关系。该容器域名称为 children，包含几何节点。containerField 属性只有在 X3D 场景用 XML 编码时才使用。

(5) class 域的域值是用空格分开的类的列表，保留给 XML 样式表使用。只有 X3D 场景用 XML 编码时才支持 class 属性。

11.1.7 TimeTrigger 节点设计

TimeTrigger 节点是一个触发器节点，用于在接收到 boolean 事件时生成时间事件。当 TimeTrigger 节点接收到一个 set_boolean 事件时，生成 triggerTime 事件。该节点可以作为 Transform 节点的子节点，或与其他节点平行使用。TimeTrigger 节点的语法定义如下。

```
<TimeTrigger
    DEF                ID
    USE                IDREF
    set_boolean        " "              SFBool       inputOnly
    triggerTime        " "              SFTime       outputOnly
    containerField     children
    class
/>
```

TimeTrigger 节点包含 DEF、USE、set_boolean 域、triggerTime 域、containerField 域及 class 域等。

(1) set_boolean 域用于定义当 set_boolean 输入 true 值时，引发事件输出时间值。

(2) triggerTime 域用于定义当 set_boolean 输入 true 值时，引发事件输出时间值。

(3) containerField 域即容器域。ContainerField 节点与 Field 节点之间存在子节点与父节点的关系。该容器域名称为 children，包含几何节点。containerField 属性只有在 X3D 场景用 XML 编码时才使用。

(4) class 域的域值是用空格分开的类的列表，保留给 XML 样式表使用。只有 X3D 场景用 XML 编码时才支持 class 属性。

11.2　X3D 网络通信节点设计

X3D 网络通信节点主要用于 X3D 通信的发送、传输和接收等处理，也可用于网络游戏开发设计。X3D 网络通信节点涵盖 SignalPdu 信号节点、EspduTransform 传输位移节点、ReceiverPdu 接收节点、TransmitterPdu 传送节点等。

11.2.1　SignalPdu 节点

SignalPdu 节点指定了一个传播网络协议数据单元 PDU 信息，可以作为 Group 节点和 Transform 节点的子节点，也可以与其他（通信）节点平行使用。SignalPdu 节点的语法定义如下。

```
<SignalPdu
    DEF                   ID
    USE                   IDREF
    enabled               true           SFBool      inputOutput
    whichGeometry         1              SFInt32     inputOutput
    bboxCenter            0 0 0          SFVec3f     initializeOnly
    bboxSize              -1 -1 -1       SFVec3f     initializeOnly
    siteID                0              SFInt32     inputOutput
    applicationID         1              SFInt32     inputOutput
    entityID              0              SFInt32     inputOutput
    readInterval          0.1            SFTime      inputOutput
    writeInterval         1.0            SFTime      inputOutput
    networkMode           "standAlone"
                          [standAlone|
                          networkReader|
                          networkWriter]             inputOutput
    isStandAlone          " "            SFBool      outputOnly
    isNetworkReader       " "            SFBool      outputOnly
    isNetworkWriter       " "            SFBool      outputOnly
    address               localhost      SFString    inputOutput
    port                                 SFInt32
    multicastRelayHost    SFString
    multicastRelayPort    SFInt32
    rtpHeaderExpected     false          SFBool      initializeOnly
    isRtpHeaderHeard      " "            SFBool      outputOnly
    isActive              false          SFBool      inputOutput
    timestamp             " "            SFTime      outputOnly
```

```
radioID              0                      SFInt32        inputOutput
encodingScheme       0                      SFInt32        inputOutput
tdlType              0                      SFInt32        inputOutput
sampleRate           0                      SFInt32        inputOutput
samples              0                      SFInt32        inputOutput
dataLength           0                      SFInt32        inputOutput
data                                        MFInt32        inputOutput
containerField       children
class
/>
```

SignalPdu 信号节点包含 DEF、USE、enabled 域、whichGeometry 域、bboxCenter 域、bboxSize 域、siteID 域、applicationID 域、entityID 域、containerField 域及 class 域等。

(1) enabled 域用于允许/禁止子节点的碰撞检测。

(2) whichGeometry 域用于选择渲染的几何体：−1 对应不选择几何体，0 对应文本描述，1 对应默认几何体。

(3) bboxCenter 域用于定义一个边界盒的中心点相对局部坐标系原点的位置偏移。

(4) bboxSize 域用于定义一个边界盒的尺寸。默认情况下，该域值是自动计算的，为了优化场景，也可以强制指定该域值。

(5) siteID 域用于定义一个网络上参与者或组织的站点。

(6) applicationID 域用于定义一个 EntityID 使用的 ID，以便在应用中对应某个唯一的站点。

(7) entityID 域用于定义一个 EntityID 在应用程序中使用的唯一的 ID。

(8) readInterval 域用于定义一个读更新的间隔秒数。如果该域值为 0，则不读。

(9) writeInterval 域用于定义一个写更新的间隔秒数。如果该域值为 0，则不写。

(10) networkMode 域用于决定实体是否忽略网络，是否向网络发送或接收 DIS 数据包。该域值可为 standAlone、networkReader、networkWriter。①standAlone：忽略网络但仍然回应局部场景的事件。②networkReader：只监听网络，根据 readInterval 间隔从网络读取 PDU 数据包，作为实体的远程遥控拷贝。③networkWriter：根据 writeInterval 间隔向网络发送 PDU 数据包，以担当主实体（master entity）。默认值为 standAlone。应确保激活场景中的 DIS 网络，有目的地设置 networkReader 或 networkWriter。

(11) isStandAlone 域用于定义是否 networkMode="local"（忽略网络但仍然回应局部场景的事件）。

(12) isNetworkReader 域用于定义是否 networkMode="remote"（只监听网络，根据 readInterval 值从网络读取 PDU 数据包，作为实体的远程遥控拷贝）。

(13) isNetworkWriter 域用于定义是否 networkMode="master"（根据 writeInterval 值向网络发送 PDU 数据包，以担当主实体）。

(14) address 域用于定义一个多点传输的网址或其他本地主机 localhost，如 224.2.181.145。

(15) port 域用于定义一个多点传输端口，如 62040。

(16) multicastRelayHost 域用于定义一个不能使用在多点传输后的服务器网址，如 devo.cs.nps.navy.mil。

(17) multicastRelayPort 域用于定义一个不能使用在多点传输后的服务器端口，如 8010。

(18) rtpHeaderExpected 域用于定义是否在 DIS PDUs 中包含 RTP headers。

(19) isRtpHeaderHeard 域用于定义是否传入的 DIS 数据包包含 RTP header。

(20) isActive 域用于指定最近是否接收到网络更新。

(21) timestamp 域用于定义一个 VRML 单位的 DIS 时间戳。

(22) radioID 域用于定义一个 32 位整形数据，默认值为 0。

(23) encodingScheme 域用于定义一个编码，该域值是输入/输出类型的整数，默认值为 0。

(24) tdlType 域用于定义一个 tdl 类型的数据，该域值是输入/输出类型的整数，默认值为 0。

(25) sampleRate 域用于定义一个速率，该域值是输入/输出类型的整数，默认值为 0。

(26) samples 域用于定义一个浏览，该域值是输入/输出类型的整数，默认值为 0。

(27) dataLength 域用于定义一个数据宽度，该域值是输入/输出类型的整数，默认值为 0。

(28) data 域用于定义一个数据，该域值是输入/输出类型的多值整数。

(29) containerField 域即容器域。ContainerField 节点与 Field 节点之间存在子节点与父节点的关系。该容器域名称为 children，包含几何节点。containerField 属性只有在 X3D 场景用 XML 编码时才使用。

(30) class 域的域值是用空格分开的类的列表，保留给 XML 样式表使用。只有 X3D 场景用 XML 编码时才支持 class 属性。

11.2.2　其他 X3D 网络通信节点

1. EspduTransform 节点

EspduTransform 节点用于实现传输位移功能，可以包含在大多数节点里。该节点可整合

DIS PDUs 中 EntityStatePdu、CollisionPdu、DetonatePdu、FirePdu、CreateEntity、RemoveEntity 节点的功能。该节点可以作为 Group 节点和 Transform 节点的子节点，或与其他节点平行使用。EspduTransform 节点的语法定义如下。

```
<EspduTransform
    DEF                     ID
    USE                     IDREF
    enabled                 true              SFBool       inputOutput
    marking                                   SFString     inputOutput
    siteID                  0                 SFInt32      inputOutput
    applicationID           1                 SFInt32      inputOutput
    entityID                0                 SFInt32      inputOutput
    forceID                 0                 SFInt32      inputOutput
    entityKind              0                 SFInt32      inputOutput
    entityDomain            0                 SFInt32      inputOutput
    entityCountry           0                 SFInt32      inputOutput
    entityCategory          0                 SFInt32      inputOutput
    entitySubCategory       0                 SFInt32      inputOutput
    entitySpecific          0                 SFInt32      inputOutput
    entityExtra             0                 SFInt32      inputOutput
    readInterval            0.1               SFTime
    writeInterval           1.0               SFTime
    networkMode             "standAlone"
                            [standAlone|
                            networkReader|
                            networkWriter]                 inputOutput
    isStandAlone            " "               SFBool       outputOnly
    isNetworkReader         " "               SFBool       outputOnly
    isNetworkWriter         " "               SFBool       outputOnly
    address                 localhost         SFString     inputOutput
    port                    0                 SFInt32
    multicastRelayHost                        SFString
    multicastRelayPort      0                 SFInt32
    rtpHeaderExpected       false             SFBool       initializeOnly
    isRtpHeaderHeard        " "               SFBool       outputOnly
    isActive                " "               SFBool       outputOnly
    timestamp               " "               SFTime       outputOnly
    translation             0 0 0             SFVec3f      inputOutput
    rotation                0 0 1 0           SFRotation   inputOutput
    center                  0 0 0             SFVec3f      inputOutput
    scale                   1 1 1             SFVec3f      inputOutput
    scaleOrientation        0 0 1 0           SFRotation   inputOutput
    bboxCenter              0 0 0             SFVec3f      initializeOnly
    bboxSize                -1 -1 -1          SFVec3f      initializeOnly
    linearVelocity          0 0 0             SFVec3f      inputOutput
    linearAcceleration      0 0 0             SFVec3f      inputOutput
    deadReckoning           0                 SFInt32      inputOutput
    isCollided              " "               SFBool
    collideTime             " "               SFTime
    isDetonated             " "               SFBool
    detonateTime            " "               SFTime
    fired1                  false             SFBool
    fired2                  false             SFBool
    firedTime               " "               SFTime
    munitionStartPoint      0 0 0             SFVec3f
```

```
munitionEndPoint                              0 0 0         SFVec3f
munitionSiteID                                0             SFInt32        inputOutput
munitionApplicationID                         1             SFInt32        inputOutput
munitionEntityID                              0             SFInt32        inputOutput
fireMissionIndex                              " "           SFInt32        inputOutput
warhead                                       0             SFInt32        inputOutput
fuse                                          0             SFInt32        inputOutput
munitionQuantity                              0             SFInt32        inputOutput
firingRate                                    0             SFInt32        inputOutput
firingRange                                   0             SFFloat        inputOutput
collisionType                                 0             SFInt32        inputOutput
detonationLocation                            0 0 0         SFVec3f        inputOutput
detonationRelativeLocation                    0 0 0         SFVec3f        inputOutput
detonationResult                              0             SFInt32        inputOutput
eventApplicationID                            1             SFInt32        inputOutput
eventEntityID                                 0             SFInt32        inputOutput
eventNumber                                   0             SFInt32        inputOutput
eventSiteID                                   0             SFInt32        inputOutput
articulationParameterCount                    0             SFInt32        inputOutput
articulationParameterDesignatorArray                        MFInt32
articulationParameterChangeIndicatorArray                   MFInt32
articulationParameterIdPartAttachedToArray                  MFInt32
articulationParameterTypeArray                              MFInt32
articulationParameterArray                                  MFFloat        inputOutput
set_articulationParameterValue0               " "           SFFloat        inputOnly
set_articulationParameterValue1               " "           SFFloat        inputOnly
set_articulationParameterValue2               " "           SFFloat        inputOnly
set_articulationParameterValue3               " "           SFFloat        inputOnly
set_articulationParameterValue4               " "           SFFloat        inputOnly
set_articulationParameterValue5               " "           SFFloat        inputOnly
set_articulationParameterValue6               " "           SFFloat        inputOnly
set_articulationParameterValue7               " "           SFFloat        inputOnly
articulationParameterValue0_changed           " "           SFFloat        outputOnly
articulationParameterValue1_changed           " "           SFFloat        outputOnly
articulationParameterValue2_changed           " "           SFFloat        outputOnly
articulationParameterValue3_changed           " "           SFFloat        outputOnly
articulationParameterValue4_changed           " "           SFFloat        outputOnly
articulationParameterValue5_changed           " "           SFFloat        outputOnly
articulationParameterValue6_changed           " "           SFFloat        outputOnly
articulationParameterValue7_changed           " "           SFFloat        outputOnly
containerField                                              children
class
/>
```

2. ReceiverPdu 节点

ReceiverPdu 节点是用于接收网络协议数据单元 PDU 信息的节点。该节点可以作为 Group 节点和 Transform 节点的子节点，也可以与其他（通信）节点平行使用。ReceiverPdu 节点的语法定义如下。

```
<ReceiverPdu
    DEF                       ID
    USE                       IDREF
    enabled                   true          SFBool         inputOutput
    whichGeometry             1             SFInt32        inputOutput
```

```
            bboxCenter              0  0  0              SFVec3f      initializeOnly
            bboxSize                -1 -1 -1             SFVec3f      initializeOnly
            siteID                  0                    SFInt32      inputOutput
            applicationID           1                    SFInt32      inputOutput
            entityID                0                    SFInt32      inputOutput
            readInterval            0.1                  SFTime       inputOutput
            writeInterval           1.0                  SFTime       inputOutput
            networkMode             "standAlone"
                                    [standAlone|
                                    networkReader|
                                    networkWriter]                   inputOutput
            isStandAlone            " "                  SFBool       outputOnly
            isNetworkReader         " "                  SFBool       outputOnly
            isNetworkWriter         " "                  SFBool       outputOnly
            address                 localhost            SFString     inputOutput
            port                    0                    SFInt32      inputOutput
            multicastRelayHost                           SFString     inputOutput
            multicastRelayPort      0                    SFInt32      inputOutput
            rtpHeaderExpected       false                SFBool       initializeOnly
            isRtpHeaderHeard        " "                  SFBool       outputOnly
            isActive                false                SFBool       outputOnly
            timestamp               " "                  SFTime       outputOnly
            radioID                 0                    SFInt32
            receivedPower           0                    SFFloat      inputOutput
            receiverState           0                    SFInt32      inputOutput
            transmitterSiteID       0                    SFInt32      inputOutput
            transmitterApplicationID 0                   SFInt32      inputOutput
            transmitterEntityID     0                    SFInt32      inputOutput
            transmitterRadioID      0                    SFInt32      inputOutput
            containerField          children
            class
/>
```

3. TransmitterPdu 节点

TransmitterPdu 节点是用于定义一个传送网络协议数据单元 PDU 信息的节点。该节点可以作为 Group 节点和 Transform 节点的子节点，也可以与其他（通信）节点联合使用。TransmitterPdu 节点的语法定义如下。

```
<TransmitterPdu
            DEF                     ID
            USE                     IDREF
            enabled                 true                 SFBool       inputOutput
            whichGeometry           1                    SFInt32      inputOutput
            bboxCenter              0  0  0              SFVec3f      initializeOnly
            bboxSize                -1 -1 -1             SFVec3f      initializeOnly
            siteID                  0                    SFInt32      inputOutput
            applicationID           1                    SFInt32      inputOutput
            entityID                0                    SFInt32      inputOutput
            readInterval            0.1                  SFTime       inputOutput
            writeInterval           1.0                  SFTime       inputOutput
            networkMode             "standAlone"
                                    [standAlone|
                                    networkReader|
                                    networkWriter]                   inputOutput
```

```
          isStandAlone              " "        SFBool      outputOnly
          isNetworkReader           " "        SFBool      outputOnly
          isNetworkWriter           " "        SFBool      outputOnly
          address                   localhost  SFString    inputOutput
          port                      0          SFInt32     inputOutput
          multicastRelayHost                   SFString    inputOutput
          multicastRelayPort        0          SFInt32     inputOutput
          rtpHeaderExpected         false      SFBool      initializeOnly
          isRtpHeaderHeard          " "        SFBool      outputOnly
          isActive                  false      SFBool      outputOnly
          timestamp                 " "        SFTime      outputOnly
          radioID                   0          SFInt32     inputOutput
          antennaLocation           0 0 0      SFVec3f     inputOutput
          antennaPatternLength      0          SFInt32     inputOutput
          antennaPatternType        0          SFInt32     inputOutput
          cryptoKeyID               0          SFInt32     inputOutput
          cryptoSystem              0          SFInt32     inputOutput
          frequency                 0          SFInt32     inputOutput
          inputSource               0          SFInt32     inputOutput
          lengthOfModulationParameters 0       SFInt32     inputOutput
          modulationTypeDetail      0          SFInt32     inputOutput
          modulationTypeMajor       0          SFInt32     inputOutput
          modulationTypeSpreadSpectrum 0       SFInt32     inputOutput
          modulationTypeSystem      0          SFInt32     inputOutput
          power                     0          SFFloat     inputOutput
          radioEntityTypeCategory   0          SFInt32     inputOutput
          radioEntityTypeCountry    0          SFInt32     inputOutput
          radioEntityTypeDomain     0          SFInt32     inputOutput
          radioEntityTypeKind       0          SFInt32     inputOutput
          radioEntityTypeNomenclature 0        SFInt32     inputOutput
          radioEntityTypeNomenclatureVersion 0 SFInt32     inputOutput
          relativeAntennaLocation   0 0 0      SFVec3f     inputOutput
          transmitFrequencyBandwidth 0.0       SFFloat     inputOutput
          transmitState             0          SFInt32     inputOutput
          containerField            children
          class
      />
```

11.3　X3D 通用接口节点

    X3D 可与各种开发工具进行程序接口，以实现软件开发的通用性、兼容性及平台无关性。X3D 主要通过 Script 节点、IMPORT 引入外部文件节点、EXPORT 输出节点、ROUTE 路由节点与外部程序发生联系。用户还可以根据软件开发的需要创建新的节点，进而使用这些新节点创建所需要的各种复杂的场景和造型。

11.3.1　Script 节点

    在 Script 节点中，用户可定义一些域、入事件和出事件等，所以 Script 节点的结构与前面介绍的 X3D 节点的结构有所不同。Script 节点让场景具有程序化的行为，用域标签定义脚本的界面，脚本的代码使用一个子 CDATA 节点或使用一个 url 域（不推荐）。可选脚本语言为 ECMAScript、JavaScript 及经由 URL 到一个 myNode.class 类文件的 Java 语言。

1. Script 节点的语法定义

Script 节点的语法定义如下。

```
<Script
    DEF             ID
    USE             IDREF
    url                                SFString        inputOutput
    directOutput    false              SFBool          initializeOnly
    mustEvaluate    false              SFBool          initializeOnly
    containerField  children
    class
/>
```

Script 节点包含 DEF、USE、url 域、directOutput 域、mustEvaluate 域、containerField 域及 class 域等。

（1）url 域用于定义一个指向脚本或包含脚本的节点，首选的方法是把 url scripts 插入一个 CDATA 节点，以整合到源代码中。CDATA 节点可以保护"<"和">"等字符格式，以适合脚本的语法。其中 ECMAScript 和 JavaScript 相等。

（2）如果脚本中涉及节点或使用节点属性的直接存取修改，那么需要用脚本动态地建立或打断路由，设置 directOutput 值为 true，脚本可以改变节点属性而不经过路由事件。如果 directOutput 值为 false，则不能修改引用的节点或修改路由。

（3）mustEvaluate 域用于定义如果 mustEvaluate 值为 false，则浏览器可以延迟发送输入事件到脚本，直到需要输出。如果 mustEvaluate 值为 true，则脚本直接接受输入事件而没有浏览器的延迟。设置 mustEvaluate 值为 true 时可由网络发送/接收值。

（4）containerField 域即容器域。ContainerField 节点与 Field 节点之间存在子节点与父节点的关系。该容器域名称为 children，包含几何节点。containerField 属性只有在 X3D 场景用 XML 编码时才使用。

（5）class 域的域值是用空格分开的类的列表，保留给 XML 样式表使用。只有 X3D 场景用 XML 编码时才支持 class 属性。

2. Script 节点源程序实例

【实例 11-1】利用 Script 节点创建飞机起飞、飞向蓝天的动画效果。

本书附带光盘"X3D 实例源程序/第 11 章实例源程序"目录下，提供该实例的 X3D 源程序"px3d11-1.x3d"。

```
<?xml version="1.0" encoding="UTF-8"?>
<!DOCTYPE X3D PUBLIC "http://www.web3d.org/specifications/x3d-3.1.dtd"
      "file:///www.web3d.org/TaskGroups/x3d/translation/x3d-3.1.dtd">
<X3D profile="Immersive" version="3.1"
  xmlns:xsd="http://www.w3.org/2001/XMLSchema-instance"
xsd:noNamespaceSchemaLocation="http://www.web3d.org/specifications/x3d-
3.1.xsd">
  <head>
    <meta content="px3d11-1.x3d" name="filename"/>
    <meta content="zjz-zjr-zjd" name="author"/>
    <meta content="*enter name of original author here*" name="creator"/>
    <meta content="*enter copyright information here* Example:  Copyright
(c) Web3D
    Consortium Inc. 2009" name="rights"/>
    <meta content="*enter online Uniform Resource Identifier (URI) or
Uniform Resource
Locator (URL) address for this file here*" name="identifier"/>
<meta content="X3D-Edit, http://www.web3d.org/x3d/content/
README.X3D-Edit.html"
name="generator"/>
  </head>
  <Scene>
    <Viewpoint description="sliding ball" orientation="1 0 0 -0.2"
position="0.5 0.5 1.5"/>
    <NavigationInfo
      type="&quot;EXAMINE&quot; &quot;ANY&quot;"/>
    <Background skyColor="0.98, 0.98 , 0.98"/>
    <Group>
      <Transform rotation="0 0 1 0" translation="0.5 -0.005 0">
        <Shape>
          <Box size="1 0.01 0.5"/>
          <Appearance>
            <Material diffuseColor="0.98 0.98 0.98"/>
          </Appearance>
        </Shape>
      </Transform>
        <Transform DEF="BallTransform">
          <Transform translation="0 0.1 0" scale="0.01 0.01 0.01"
rotation="0 1 0 1.571">
            <Inline url="px3d11-2-1.x3d"/>
        </Transform>
      </Transform>
      <TimeSensor DEF="Clock" cycleInterval="4" loop="true"/>
      <Script DEF="MoverUsingExternalScriptFile"
url="&quot;Figure30.1ScriptSlidingBall.js&quot;&#10;&quot;http://www.we
b3d.org/x3d/content/examples/Vrml2.0Sourcebook/Chapter30-Scripts/Figure
30.1ScriptSlidingBall.js&quot;">
        <field accessType="inputOnly" name="set_fraction" type="SFFloat"/>
        <field accessType="outputOnly" name="value_changed"
type="SFVec3f"/>
      </Script>
      <Script DEF="MoverUsingUrlScript">
        <field accessType="inputOnly" name="set_fraction" type="SFFloat"/>
<field accessType="outputOnly" name="value_changed"
type="SFVec3f"/><![CDATA[ecmascript:
// Move a shape in a straight path
function set_fraction( fraction, eventTime ) {
```

```
   value_changed[0] = fraction;                // X component
   value_changed[1] = fraction;                // Y component
   value_changed[2] = 0.0;                      // Z component
}]]></Script>
     <Script DEF="MoverUsingContainedScript">
       <field accessType="inputOnly" name="set_fraction" type="SFFloat"/>
<field accessType="outputOnly" name="value_changed"
   type="SFVec3f"/><![CDATA[ecmascript:
// Move a shape in a straight path
function set_fraction( fraction, eventTime ) {
   value_changed[0] = fraction;                // X component
   value_changed[1] = fraction;                // Y component
   value_changed[2] = 0.0;                      // Z component
}]]></Script>
     </Group><!--Any one of the three Mover script alternatives can drive
       the ball - modify both ROUTEs to test--><ROUTE
       fromField="fraction_changed" fromNode="Clock"
       toField="set_fraction" toNode="MoverUsingContainedScript"/>
     <ROUTE fromField="value_changed"
       fromNode="MoverUsingContainedScript" toField="set_translation"
     toNode="BallTransform"/>
   </Scene>
</X3D>
```

在场景根节点下添加 Background 节点和 Shape 节点，Background 节点的颜色取银白色，以突出飞机造型的显示效果。

运行程序时，首先启动 Xj3D 或 BS Contact VRML/X3D 7.0/7.2 浏览器，然后打开"X3D 实例源程序/第 11 章实例源程序/px3d11-1.x3d"，即可运行由 Script 节点创建的飞机飞行动画场景程序。运行结果如图 11-1 所示。

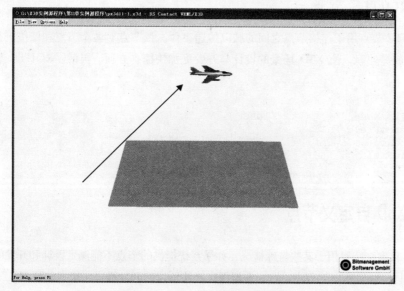

图 11-1　Script 节点程序运行结果

11.3.2 其他 X3D 通用接口节点

1. IMPORT 节点

IMPORT 节点定义了引入外部文件的路由能力，使引用外部文件时可以存取经过 EXPORT 声明的节点。紧接着 Inline 节点放置相应的 IMPORT 声明，可提高代码的可读性。该节点可以作为 Group 节点和 Transform 节点的子节点，或与其他节点平行使用。IMPORT 节点的语法定义如下。

```
<IMPORT
    inlineDEF          IDREF
    importedDEF
    AS                 ID
/>
```

2. EXPORT 节点

EXPORT 节点用于使局部节点可以路由到引用的这个文件的场景节点中。在场景图的顶端 Scene 标签后可以放置 EXPORT 声明以说明界面。其中不要涉及 ProtoDeclare 中的节点。该节点可以作为 Group 节点和 Transform 节点的子节点，或与其他节点平行使用。EXPORT 节点的语法定义如下。

```
<EXPORT
    localDEF           IDREF
    AS                 ID
/>
```

3. ROUTE 节点

ROUTE 节点用于连接节点之间的域以传递事件。该节点对各个节点和域值进行传递、修改和控制等处理，使 X3D 场景的设计与开发更加快捷、方便、灵活。ROUTE 节点的语法定义如下。

```
<ROUTE
    fromNode           IDREF
    fromField
    toNode             IDREF
    toField
/>
```

11.4 X3D 自定义节点

X3D 自定义节点用于某些特殊情况，如果系统提供的节点不能满足设计和开发的需要，则可以设计、开发专用的节点，这为虚拟现实软件项目的开发提供了极大的便利。

11.4.1　ProtoBody 节点

ProtoBody 节点用于收集 ProtoDeclare body 的节点。只有第一个顶层节点及其子节点被渲染，后面的节点（如 Script 节点和 ROUTE 节点）将被激活，但不会被渲染。

11.4.2　ProtoDeclare 节点

ProtoDeclare 节点是 Prototype 的声明，定义了一个由其他节点构成的新节点。在场景中使用先前使用的域标签，定义域界面。ProtoDeclare body 中的初始场景节点决定了这个原型的节点类型。ProtoDeclare 节点的语法定义如下。

```
<ProtoDeclare
    name
    appinfo              SFString
    documentation        SFString
/>
```

ProtoDeclare 节点包含 DEF、USE、name 域、appinfo 域、documentation 域等。

(1) name 域用于定义一个新节点。

(2) appinfo 域用于提供诸如工具提示一类的应用程序信息的简单描述，与 XML Schema appinfo 标签相似。

(3) documentation 域用于定义一个文件 URL，以便将来提供更多信息，与 XML Schema documentation 标签相似。

11.4.3　ProtoInstance 节点

ProtoInstance 节点用于创建一个实例，引用场景图内或外部文件中 Prototype 定义的节点。使用 fieldValue 标签可以改变默认的域值。ProtoInstance 节点的语法定义如下。

```
<ProtoInstance
    name
    DEF              ID
    USE              IDREF
    containerField   children
    class
/>
```

ProtoInstance 节点包含 name 域、DEF、USE、containerField 域及 class 域等。

(1) name 域用于定义一个实例名。

(2) containerField 域即容器域。ContainerField 节点与 Field 节点之间存在子节点与父节点的关系。该容器域名称为 children，包含几何节点。containerField 属性只有在 X3D 场景用 XML

编码时才使用。

(3) class 域的域值是用空格分开的类的列表，保留给 XML 样式表使用。只有 X3D 场景用 XML 编码时才支持 class 属性。

11.4.4 ProtoInterface 节点

ProtoInterface 节点用于收集 ProtoDeclare 节点的域定义。

11.4.5 Connect 节点

Connect 节点定义 ProtoDeclare 中的每个 protoType 域（自定义）连接。其中 IS/connect 标签只在 ProtoDeclare body 定义中使用。Connect 节点的语法定义如下。

```
<Connect
    nodeField
    protoField
/>
```

Connect 节点包含 nodeField 域和 protoField 域等。

(1) nodeField 域用于定义连接到父 ProtoDeclare 域定义的域的名称。使用多连接时可以使用多标签，以便扇入/扇出。

(2) protoField 域用于定义连接到 ProtoField 节点的父 ProtoDeclare 域定义的名称。使用多连接时可以使用多标签，以便扇入/扇出。

11.4.6 ExternProtoDeclare 节点

ExternProtoDeclare 节点用于指向外部文件中 ProtoDeclare 节点的定义。ExternProtoDeclare 界面使用域标签定义，不使用 IS 属性。其中 ExternProto 只是一个定义，使用 ProtoInstance 创建一个新的实例引用。ExternProtoDeclare 节点的语法定义如下。

```
<ExternProtoDeclare
    name
    url                 MFString
    appinfo             SFString
    documentation       SFString
/>
```

ExternProtoDeclare 节点包含 name 域、url 域、appinfo 域及 documentation 域等。

(1) name 域用于定义一个 ExternProto 节点声明的名称。

(2) url 域用于指明一个 ProtoDeclare 源的位置和文件名。

(3) appinfo 域用于提供诸如工具提示一类的应用程序信息的简单描述，和 XML Schema appinfo 标签相似。

(4) documentation 域用于定义一个文件 URL，以便将来提供更多信息，和 XML Schema documentation 标签相似。

11.4.7 IS 节点

IS 节点用于连接 Prototype 界面域到 ProtoDeclare 定义中的节点域，添加一个或多个 connect 标签，以定义每个 Prototype 域连接对。其中 IS/connect 标签只在 ProtoDeclare body 定义中使用。IS 标签优先于任何 metadata 标签，metadata 标签优先于其他子标签。

11.4.8 X3D 自定义节点源程序实例

【实例 11-2】利用自定义节点创建一个动画。

本书附带光盘"X3D 实例源程序/第 11 章实例源程序"目录下，提供该实例的 X3D 源程序"px3d11-2.x3d"。

```xml
<?xml version="1.0" encoding="UTF-8"?>
<!DOCTYPE X3D PUBLIC "ISO//Web3D//DTD X3D 3.1//EN"
"http://www.web3d.org/specifications/x3d-3.1.dtd">
<X3D profile="Immersive"
 xmlns:xsd="http://www.w3.org/2001/XMLSchema-instance"
xsd:noNamespaceSchemaLocation="http://www.web3d.org/specifications/x3d-
3.1.xsd">
  <head>
    <meta content="px3d11-2.x3d" name="filename"/>
    <meta content="zjz-zjr-zjd" name="author"/>
    <meta content="*enter name of original author here*" name="creator"/>
    <meta content="*enter copyright information here* Example: Copyright
(c) Web3D
    Consortium Inc. 2009" name="rights"/>
    <meta content="*enter online Uniform Resource Identifier (URI) or
Uniform Resource
    Locator (URL) address for this file here*" name="identifier"/>
    <meta content="X3D-Edit, http://www.web3d.org/x3d/content/
README.X3D-Edit.html"
    name="generator"/>
  </head>
  <Scene>
   <Background skyColor="0.98, 0.98 , 0.98"/>
   <ProtoDeclare name="SpinGroup">
     <ProtoInterface>
       <field accessType="inputOutput" name="children" type="MFNode"/>
       <field accessType="inputOutput" name="cycleInterval"
        type="SFTime" value="1"/>
       <field accessType="inputOutput" name="loop" type="SFBool"
value="false"/>
```

```
        <field accessType="inputOutput" name="startTime" type="SFTime"
value="0"/>
        <field accessType="inputOutput" name="stopTime" type="SFTime"
value="0"/>
      </ProtoInterface>
      <ProtoBody>
        <Transform DEF="SpinGroupTransform">
          <IS>
            <connect nodeField="children" protoField="children"/>
          </IS>
        </Transform>
        <TimeSensor DEF="SpinGroupClock">
          <IS>
            <connect nodeField="cycleInterval"
protoField="cycleInterval"/>
            <connect nodeField="loop" protoField="loop"/>
            <connect nodeField="startTime" protoField="startTime"/>
            <connect nodeField="stopTime" protoField="stopTime"/>
          </IS>
        </TimeSensor>
        <OrientationInterpolator DEF="Spinner" key="0, 0.5, 1" keyValue="0
1 0 0, 0 1 0 3.14, 0 1 0 6.28"/>
        <ROUTE fromField="fraction_changed" fromNode="SpinGroupClock"
          toField="set_fraction" toNode="Spinner"/>
        <ROUTE fromField="value_changed" fromNode="Spinner"
          toField="set_rotation" toNode="SpinGroupTransform"/>
      </ProtoBody>
    </ProtoDeclare>
    <Viewpoint
      description="Click on blue crossbar to activate second SpinGroup"
      orientation="1 0 0 -0.52" position="0 18 30"/>
    <NavigationInfo
      type="&quot;EXAMINE&quot; &quot;ANY&quot;"/><!--Create an
      instance--><ProtoInstance name="SpinGroup">
      <fieldValue name="cycleInterval" value="8"/>
      <fieldValue name="loop" value="true"/>
      <fieldValue name="children">
        <Transform rotation="0 0 1 0" translation="0 0 0" scale="5 5 5">
      <Inline url="px3d11-2-1.x3d"/>
      </Transform>
        <ProtoInstance DEF="SecondSpinGroup" name="SpinGroup">
          <fieldValue name="cycleInterval" value="4"/>
          <fieldValue name="loop" value="true"/><!--stopTime > startTime
            ensures that initial state is stopped--><fieldValue
            name="stopTime" value="1"/>
          <fieldValue name="children">
            <TouchSensor DEF="ActivateSecondSpinGroup"
description="Activate second
SpinGroup by clicking blue bar"/>
            <Transform rotation="0 0 1 0" translation="15 -0.005 0" scale="1
1 1">
      <Inline url="px3d11-2-2.x3d"/>
      </Transform>
          </fieldValue>
        </ProtoInstance>
      </fieldValue>
    </ProtoInstance>
```

```
    <ROUTE fromField="touchTime" fromNode="ActivateSecondSpinGroup"
      toField="startTime" toNode="SecondSpinGroup"/>
  </Scene>
</X3D>
```

在场景根节点下添加 Background 节点和 Shape 节点，Background 节点的颜色取银白色，以突出造型的动画效果。

运行程序时，首先启动 Xj3D 或 BS Contact VRML/X3D 7.0/7.2 浏览器，然后打开"X3D 实例源程序/第 11 章实例源程序/px3d11-2.x3d"，即可运行由自定义节点创建的动画场景程序，实现汽车围绕仙人掌转动。程序运行结果如图 11-2 所示。

图 11-2　自定义节点程序运行结果

第 12 章

X3D 虚拟现实综合实例

虚拟校园项目包括虚拟校园规划设计、虚拟校园建筑场景设计、虚拟校园景观布局及公路和绿化设计等，如校园规划设计、公路分布、绿化设计，以及行政楼、教学楼、实验楼、学生宿舍、教师公寓、学校超市、商业街、校医院的设计等。

【实例 12-1】 利用 X3D 基本节点、Background 节点、复杂节点及 Inline 节点进行设计与开发，其源程序的主程序 "px3d.x3d" 如下。

```
<?xml version="1.0" encoding="UTF-8"?>
<X3D profile="Immersive" version="3.2">
    <head>
    <meta content=" px3d.x3d" name="filename"/>
    <meta content="zjz-zjr-zjd" name="author"/>
    <meta content="*enter name of original author here*" name="creator"/>
    <meta content="*enter copyright information here* Example:  Copyright
(c) Web3D Consortium
    Inc. 2008" name="rights"/>
    <meta content="*enter online Uniform Resource Identifier (URI) or
Uniform Resource Locator
    (URL) address for this file here*" name="identifier"/>
    <meta content="X3D-Edit, http://www.web3d.org/x3d/content/
README.X3D-Edit.html"
    name="generator"/>
    </head>
    <Scene>
        <DirectionalLight DEF="_DirectionalLight" ambientIntensity='1'
color='1 1 1' direction='0 -1 0' intensity='0' on='true' global='true'>
        </DirectionalLight>
        <Background DEF="_Background" skyAngle='1.309, 1.571, 1.571'
skyColor='1 1 1, 0.2 0.2 1, 1 1 1, 0.6 0.6 0.6'>
        </Background>
        <Viewpoint DEF="_Viewpoint" orientation='0 1 0 0' position='1 2 85'
    description="camera1">
        </Viewpoint>
        <Viewpoint DEF="_Viewpoint_1" orientation='1 0 0 -0.571'
position='1 25 85'
    description="camera2">
        </Viewpoint>
        <Viewpoint DEF="_Viewpoint_2" orientation='250 -50 -100 -1.3'
position='1 250 0'
    description="camera3">
        </Viewpoint>
        <Viewpoint DEF="_Viewpoint_3" orientation='0 1 0 0' position='0 20 50'
    description="camera4">
        </Viewpoint>
```

```xml
    <Group DEF="_Group">
        <Transform scale='1 1 1' translation='-7 0 2'>
            DEF="_Inline" Inline url='"phongqi.x3d"' bboxCenter='0
8.70618 0.188949'
        bboxSize='7.83206 17.4124 4.03146'></Transform>
        <Transform scale='1 1 1' translation='0 3.5 2'>
            DEF="_Inline_1" Inline url='"pyetree1.x3d"'
bboxCenter='0.000571728
2.14577e-006 0.00288534' bboxSize='7.43508 7.18746 7.43508'>
        </Transform>
        <Transform scale='1 1 1' translation='5 3.5 -1'>
            DEF="_Inline_2" Inline url='"pyetree1.x3d"'
bboxCenter='0.000571728
    2.14577e-006 0.00288534' bboxSize='7.43508 7.18746 7.43508'>
        </Transform>
        <Transform scale='1 1 1' translation='10 3.5 -6'>
            DEF="_Inline_3" Inline url='"pyetree1.x3d"'
bboxCenter='0.000571728
    2.14577e-006 0.00288534' bboxSize='7.43508 7.18746 7.43508'>
            </Transform>
        <Transform scale='1 1 1' translation='15 3.5 -11'>
DEF="_Inline_4" Inline url='"pyetree1.x3d"' bboxCenter='0.000571728
2.14577e-006 0.00288534' bboxSize='7.43508 7.18746 7.43508'>
</Transform>
        <Transform scale='1 1 1' translation='-15 3.5 2'>
            DEF="_Inline_5" Inline url='"pyetree1.x3d"'
bboxCenter='0.000571728
    2.14577e-006 0.00288534' bboxSize='7.43508 7.18746 7.43508'>
    </Transform>
        <Transform scale='1 1 1' translation='-20 3.5 0'>
            DEF="_Inline_6" Inline url='"pyetree1.x3d"'
bboxCenter='0.000571728 2.14577e-006 0.00288534' bboxSize='7.43508
7.18746 7.43508'>
</Transform>
        <Transform scale='1 1 1' translation='-25 3.5 -6'>
            DEF="_Inline_7" Inline url='"pyetree1.x3d"'
bboxCenter='0.000571728
    2.14577e-006 0.00288534' bboxSize='7.43508 7.18746 7.43508'>
    </Transform>
        <Transform scale='1 1 1' translation='-30 3.5 -11'>
            DEF="_Inline_8" Inline url='"pyetree1.x3d"'
bboxCenter='0.000571728
    2.14577e-006 0.00288534' bboxSize='7.43508 7.18746 7.43508'>
    </Transform>
        <Transform scale='1 1 1' translation='31 3.5 5'>
            DEF="_Inline_9" Inline url='"pyetree1.x3d"'
bboxCenter='0.000571728
    2.14577e-006 0.00288534' bboxSize='7.43508 7.18746 7.43508'>
    </Transform>
        <Transform scale='1 1 1' translation='26 3.5 10'>
            DEF="_Inline_10" Inline url='"pyetree1.x3d"'
bboxCenter='0.000571728
    2.14577e-006 0.00288534' bboxSize='7.43508 7.18746 7.43508'>
    </Transform>
        <Transform scale='1 1 1' translation='21 3.5 15'>
            DEF="_Inline_11" Inline url='"pyetree1.x3d"'
bboxCenter='0.000571728
```

```
2.14577e-006 0.00288534' bboxSize='7.43508 7.18746 7.43508'>
   </Transform>
         <Transform scale='1 1 1' translation='16 3.5 20'>
            DEF="_Inline_12" Inline url='"pyetree1.x3d"'
bboxCenter='0.000571728
   2.14577e-006 0.00288534' bboxSize='7.43508 7.18746 7.43508'>
   </Transform>
         <Transform scale='1 1 1' translation='11.5 3.5 25'>
            DEF="_Inline_13" Inline url='"pyetree1.x3d"'
bboxCenter='0.000571728
   2.14577e-006 0.00288534' bboxSize='7.43508 7.18746 7.43508'>
         <Transform scale='1 1 1' translation='-36 3.5 5'>
            DEF="_Inline_29" Inline url='"pyetree1.x3d"'
bboxCenter='0.000571728
   2.14577e-006 0.00288534' bboxSize='7.43508 7.18746 7.43508'>
   </Transform>
         <Transform scale='1 1 1' translation='-41 3.5 0'>
            DEF="_Inline_30" Inline url='"pyetree1.x3d"'
bboxCenter='0.000571728
   2.14577e-006 0.00288534' bboxSize='7.43508 7.18746 7.43508'>
   </Transform>
         <Transform rotation='1 0 0 0' scale='1 1 1' translation='-1.3
-0.35 28'>
            DEF="_Inline_31" Inline url='"proadzh.x3d"' bboxCenter='0
0.1 -8'
   bboxSize='42 0 36'>
         <Transform rotation='0 1 0 0' scale='1 1 1' translation='-8 0.65
67.3'>
            DEF="_Inline_34" Inline
url='"xiaodoor/FrontDoor/pzhu.x3d"'
   bboxCenter='0 0.21087 0' bboxSize='0.5 1.92174 0.5'>
   </Transform>
         <Transform rotation='0 1 0 0' scale='1 1 1' translation='-1 0.65
67.3'>
            DEF="_Inline_35" Inline
url='"xiaodoor/FrontDoor/pzhu.x3d"'
   bboxCenter='0 0.21087 0' bboxSize='0.5 1.92174 0.5'>
            ⋮
         <Transform DEF="_Transform_1" rotation='0 1 0 -1.571'
scale='1.17 1 1'
   translation='0 -0.1 50'>
            DEF="_Inline_38" Inline url='"proad1.x3d"'
bboxCenter='-0.0082674
   -1.09053e-006 1.00002' bboxSize='30 0 14.4575'>
   </Transform>
         <Transform scale='1 1 1' translation='236 0 64.5'>
            DEF="_Inline_39" Inline url='"pguiha-001.x3d"'
bboxCenter='0.749924 0
   -3.44' bboxSize='461.5 0.5 8.52'>
   </Transform>
         <Transform DEF="_Transform_2" scale='4 1 1' translation='66.2
-0.1 48.7'>
            DEF="_Inline_40" Inline url='"proad0.x3d"'
bboxCenter='-0.0082674
   -1.09053e-006 4.57175' bboxSize='30 0 7.31399'>
   </Transform>
         <Transform DEF="_Transform_3" scale='5 1 1' translation='200
```

```
-0.1 48.7'>
                DEF="_Inline_41" Inline  url='"proad0.x3d"'
bboxCenter='-0.0082674
    -1.09053e-006 4.57175' bboxSize='30 0 7.31399'>
    </Transform>
            <Transform DEF="_Transform_4" scale='6.5 1 1' translation='370
-0.1 48.7'>
                DEF="_Inline_42" Inline  url='"proad0.x3d"'
bboxCenter='-0.0082674
    -1.09053e-006 4.57175' bboxSize='30 0 7.31399'>
    </Transform>
            <Transform rotation='0 1 0 -0.785' scale='2 2 2'
translation='-7.8 0 -12.5'>
                DEF="_Inline_43" Inline  url='"pguiha-002.x3d"'
bboxCenter='0.538428 0
    1.47239' bboxSize='22.0771 0.2 22.9489'>
    </Transform>
            <Transform DEF="_Transform_5" rotation='0 1 0 -2.356' scale='1
1 1'
    translation='17 -0.1 4.8'>
                DEF="_Inline_44" Inline  url='"proad1.x3d"'
bboxCenter='-0.0082674
-1.09053e-006 1.00002' bboxSize='30 0 14.4575'>
</Transform>
            <Transform rotation='0 1 0 -2.356' scale='0.8 0.8 0.8'
translation='69 -0.1 -49'>
                DEF="_Inline_45" Inline  url='"prxd2-1.x3d"' bboxCenter='0
0 0'
    bboxSize='132.5 0.1 22'>
    </Transform>
            <Transform rotation='0 1 0 0' scale='1.5 1.5 1.5'
translation='22.4 0 31'>
                DEF="_Inline_46" Inline  url='"pguiha-003.x3d"'
bboxCenter='11.2935 0
-4.50244' bboxSize='48.1002 0.2 34.1049'>
</Transform>
            <Transform DEF="_Transform_6" rotation='0 1 0 1.571' scale='3.55
1 1.1'
    translation='-104.8 -0.1 -121.5'>
                DEF="_Inline_47" Inline  url='"proad0.x3d"'
bboxCenter='-0.0082674
    -1.09053e-006 4.57175' bboxSize='30 0 7.31399'>
    </Transform>
            <Transform DEF="_Transform_7" rotation='0 1 0 -0.785' scale='4
1 1'
    translation='-56 -0.1 -31.5'>
                DEF="_Inline_48" Inline  url='"proad0.x3d"'
bboxCenter='-0.0082674
    -1.09053e-006 4.57175' bboxSize='30 0 7.31399'>
    </Transform>
            <Transform rotation='0 1 0 0' scale='1.9 1.9 1.9'
translation='-75 0 33.5'>
                DEF="_Inline_49" Inline  url='"pguiha-004.x3d"'
bboxCenter='9.36952
    -0.0125 -46.4974' bboxSize='58.3392 0.225 126.006'>
    </Transform>
            <Transform rotation='0 1 0 -0.785' scale='1.5 1.5 1.4'
```

```
translation='52 -0.03 4'>
                <DEF="_Inline_50" Inline url='"pguiha-005.x3d"'
bboxCenter='-0.0137997
    0.87 -8.20235' bboxSize='24.6124 1.74 21.1093'>
    </Transform>
          <Transform DEF="_Transform_8" rotation='0 1 0 -0.785'
scale='4.018 1 1.3'
    translation='41 -0.1 -5.55'>
                <DEF="_Inline_51" Inline url='"proad0.x3d"'
bboxCenter='-0.0082674
    -1.09053e-006 4.57175' bboxSize='30 0 7.31399'>
    </Transform>
          <Transform rotation='0 1 0 -0.785' scale='1 1 1.25'
translation='53 -0.1 -37.5'>
                <DEF="_Inline_52" Inline url='"prxd1-2.x3d"' bboxCenter='0
0 0'
    bboxSize='93 0.1 8'>
    </Transform>
          <Transform rotation='0 1 0 -0.785' scale='1.5 1.5 1.5'
translation='78 0 -22'>
                <DEF="_Inline_53" Inline url='"pguiha-005.x3d"'
bboxCenter='-0.0137997
    0.87 -8.20235' bboxSize='24.6124 1.74 21.1093'>
    </Transform>
          <Transform rotation='0 1 0 -0.785' scale='1 1 1.25'
translation='79.5 -0.1 -64'>
                <DEF="_Inline_54" Inline url='"prxd1-2.x3d"' bboxCenter='0
0 0'
    bboxSize='93 0.1 8'>
    </Transform>
          <Transform rotation='0 1 0 -0.785' scale='1.51 1.5 1.5'
translation='105 0 -48.5'>
                <DEF="_Inline_55" Inline url='"pguiha-005.x3d"'
bboxCenter='-0.0137997
    0.87 -8.20235' bboxSize='24.6124 1.74 21.1093'>
    </Transform>
          <Transform rotation='0 1 0 -0.785' scale='1.78 1.5 1.5'
translation='13.5 0 -33.5'>
                <DEF="_Inline_56" Inline url='"pguiha-005.x3d"'
bboxCenter='-0.0137997
0.87 -8.20235' bboxSize='24.6124 1.74 21.1093'>
</Transform>
          <Transform rotation='0 1 0 -0.785' scale='1.78 1.5 1.5'
translation='39.8 0 -59.8'>
                <DEF="_Inline_57" Inline url='"pguiha-005.x3d"'
bboxCenter='-0.0137997 0.87 -8.20235' bboxSize='24.6124 1.74 21.1093'>
    </Transform>
          <Transform rotation='0 1 0 -0.785' scale='1.78 1.5 1.5'
translation='67 0 -86.9'>
                <DEF="_Inline_58" Inline url='"pguiha-005.x3d"'
bboxCenter='-0.0137997
    0.87 -8.20235' bboxSize='24.6124 1.74 21.1093'>
    </Transform>
          <Transform DEF="_Transform_9" rotation='0 1 0 -2.356'
scale='5.15 1 1.25'
    translation='18 -0.1 -65'>
                <DEF="_Inline_59" Inline url='"proad0.x3d"'
```

```
bboxCenter='-0.0082674
   -1.09053e-006 4.57175' bboxSize='30 0 7.31399'>
   </Transform>
         <Transform rotation='0 1 0 0' scale='1.5 1.5 1.5'
translation='112 0 25'>
             DEF="_Inline_60" Inline  url='"guihua-dx/pxiaohu.x3d"'
bboxCenter='59.814
   -0.45 -15.2982' bboxSize='179.372 1.3 70.2276'>
   </Transform>
         <Transform DEF="_Transform_10" rotation='0 1 0 1.571'
scale='0.365 1 1.1'
   translation='74 -0.1 44.3'>
             DEF="_Inline_61" Inline  url='"proad0.x3d"'
bboxCenter='-0.0082674
   -1.09053e-006 4.57175' bboxSize='30 0 7.31399'>
   </Transform>
         <Transform DEF="_Transform_11" rotation='0 1 0 0.785' scale='3.5
1 1.2'
   translation='98 -0.1 -20'>
             DEF="_Inline_62" Inline  url='"proad0.x3d"'
bboxCenter='-0.0082674
   -1.09053e-006 4.57175' bboxSize='30 0 7.31399'>
   </Transform>
         <Transform DEF="_Transform_12" rotation='0 1 0 2.356' scale='9.6
1 1.1'
   translation='114 -0.1 -76.5'>
             DEF="_Inline_63" Inline  url='"proad0.x3d"'
bboxCenter='-0.0082674
   -1.09053e-006 4.57175' bboxSize='30 0 7.31399'>
   </Transform>
      </Group>
      <Transform rotation='0 1 0 0' scale='1.5 1.5 1.5' translation='112
0 16.3'>
         DEF="_Inline_64" Inline  url='"pguiha-007.x3d"'
bboxCenter='94.4049 0 -24.3818'
   bboxSize='110.19 0.2 53.1248'>
   </Transform>
      <Transform DEF="_Transform_13" scale='4.1 1 1.1' translation='279
-0.1 14.8'>
         DEF="_Inline_65" Inline  url='"proad0.x3d"'
bboxCenter='-0.0082674
   -1.09053e-006 4.57175' bboxSize='30 0 7.31399'>
   </Transform>
      <Transform DEF="_Transform_14" rotation='0 1 0 1.571' scale='3.68
1 1'
   translation='335.2 -0.1 -5.4'>
         DEF="_Inline_66" Inline  url='"proad0.x3d"'
bboxCenter='-0.0082674
   -1.09053e-006 4.57175' bboxSize='30 0 7.31399'>
   </Transform>
      <Transform DEF="_Transform_15" rotation='0 1 0 1.571' scale='2.5 1
1.5'
   translation='466 -0.1 27.5'>
         DEF="_Inline_67" Inline  url='"proad0.x3d"'
bboxCenter='-0.0082674
   -1.09053e-006 4.57175' bboxSize='30 0 7.31399'>
   </Transform>
```

```
    <Transform DEF="_Transform_16" rotation='0 1 0 -0.785' scale='15 1
1.5'
    translation='340 -0.1 -150'>
        DEF="_Inline_68" Inline  url='"proad0.x3d"'
bboxCenter='-0.0082674
    -1.09053e-006 4.57175' bboxSize='30 0 7.31399'>
    </Transform>
        <Transform rotation='0 1 0 0' scale='1.5 1.5 1.5' translation='243
0 50.1'>
        DEF="_Inline_69" Inline  url='"pguiha-008.x3d"'
bboxCenter='108.365 0 -42.0475'
    bboxSize='82.8409 0.2 83.5116'>
    </Transform>
        <Transform rotation='0 1 0 0' scale='2 2 2' translation='-55.5 0.03
-129.5'>
        DEF="_Inline_70" Inline  url='"pguiha-009.x3d"'
bboxCenter='-8.24995 0 4.88287'
    bboxSize='24.5001 0.2 54.7706'>
    </Transform>
        <Transform DEF="_Transform_17" rotation='0 1 0 0' scale='4.35 1 1.35'
translation='-47.5 -0.1 -185.3'>
        DEF="_Inline_71" Inline  url='"proad0.x3d"'
bboxCenter='-0.0082674
    -1.09053e-006 4.57175' bboxSize='30 0 7.31399'>
    </Transform>
        <Transform DEF="_Transform_18" rotation='0 1 0 0.785' scale='2.1 1
1.05'
    translation='-69.5 -0.1 -87.8'>
        DEF="_Inline_72" Inline  url='"proad0.x3d"'
bboxCenter='-0.0082674
    -1.09053e-006 4.57175' bboxSize='30 0 7.31399'>
    </Transform>
        <Transform DEF="_Transform_19" rotation='0 1 0 1.571' scale='2.4 1
1.1'
    translation='-48.5 -0.1 -140'>
        DEF="_Inline_73" Inline  url='"proad0.x3d"'
bboxCenter='-0.0082674
    -1.09053e-006 4.57175' bboxSize='30 0 7.31399'>
    </Transform>
        <Transform rotation='0 1 0 0.785' scale='1.5 1.5 1.5'
translation='-43 0.03 -60'>
        DEF="_Inline_74" Inline  url='"pguiha-010.x3d"'
bboxCenter='-15 0 0.150051'
    bboxSize='11.0002 0.2 40.3021'>
    </Transform>
        <Transform DEF="_Transform_20" rotation='0 1 0 -0.785' scale='2.02
1 1.3'
    translation='-46 -0.1 -56.5'>
        DEF="_Inline_75" Inline  url='"proad0.x3d"'
bboxCenter='-0.0082674
    -1.09053e-006 4.57175' bboxSize='30 0 7.31399'>
    </Transform>
        <Transform rotation='0 1 0 0' scale='2 2 2' translation='-4.8 0.03
-129.5'>
        DEF="_Inline_76" Inline  url='"pguiha-011.x3d"'
bboxCenter='-13.0993 0
    -0.686089' bboxSize='70.1062 0.2 69.9158'>
```

```
        </Transform>
        <Transform rotation='0 1 0 -2.356' scale='1 1 1' translation='-4.5
-0.1 -105'>
            DEF="_Inline_77" Inline  url='"prxd1-1.x3d"' bboxCenter='0 0 0'
bboxSize='130
    0.1 8'>
        </Transform>
        <Transform rotation='0 1 0 -0.785' scale='2 2 2' translation='33.5
0.03 -66.8'>
            DEF="_Inline_78" Inline  url='"pguiha-012.x3d"'
bboxCenter='-17.5 0 0'
    bboxSize='16.0001 0.2 65.0031'>
        </Transform>
        <Transform rotation='0 1 0 0' scale='2 2 2' translation='205 0.03
-48.8'>
            DEF="_Inline_79" Inline  url='"guihua-dx/pdahu.x3d"'
bboxCenter='0.124321
    0.4425 -51' bboxSize='186.998 4.585 155.575'>
        </Transform>
        <Transform rotation='0 1 0 0' scale='2 2 2' translation='200 0.03
-58.4'>
            DEF="_Inline_80" Inline  url='"pguiha-014.x3d"'
bboxCenter='-59.9773 0.05
    -121.653' bboxSize='95.1349 0.3 117.708'>
        </Transform>
        <Transform DEF="_Transform_21" rotation='0 1 0 0.785' scale='2.6 1
1.2'
    translation='32.5 -0.1 -212.5'>
            DEF="_Inline_81" Inline  url='"proad0.x3d"'
bboxCenter='-0.0082674
    -1.09053e-006 4.57175' bboxSize='30 0 7.31399'>
        </Transform>
        <Transform DEF="_Transform_22" rotation='0 1 0 0.27' scale='2 1 1.3'
translation='90
    -0.1 -247.5'>
            DEF="_Inline_82" Inline  url='"proad0.x3d"'
bboxCenter='-0.0082674
    -1.09053e-006 4.57175' bboxSize='30 0 7.31399'>
        </Transform>
        <Transform DEF="_Transform_23" rotation='0 1 0 0.785' scale='2.85
1 1.2'
    translation='144.5 -0.1 -283'>
            DEF="_Inline_83" Inline  url='"proad0.x3d"'
bboxCenter='-0.0082674
    -1.09053e-006 4.57175' bboxSize='30 0 7.31399'>
        </Transform>
        <Transform rotation='0 1 0 0' scale='2 2 2' translation='190 0.03
-58.4'>
            DEF="_Inline_84" Inline  url='"pguiha-015.x3d"'
bboxCenter='-116.8 0 -121.651'
    bboxSize='69.4002 0.2 117.712'>
        </Transform>
        <Transform DEF="_Transform_24" rotation='0 1 0 1.571' scale='3.74
1 1.2'
    translation='-24.2 -0.1 -240'>
            DEF="_Inline_85" Inline  url='"proad0.x3d"'
bboxCenter='-0.0082674
```

```
      -1.09053e-006 4.57175' bboxSize='30 0 7.31399'>
   </Transform>
      <Transform DEF="_Transform_25" rotation='0 1 0 1.19' scale='4.5 1
1.2' translation='0
   -0.1 -357.3'>
         DEF="_Inline_86" Inline  url='"proad0.x3d"'
bboxCenter='-0.0082674
   -1.09053e-006 4.57175' bboxSize='30 0 7.31399'>
   </Transform>
      <Transform rotation='0 1 0 0' scale='2 2 2' translation='390 0.03
-118.48'>
         DEF="_Inline_87" Inline  url='"pguiha-016.x3d"'
bboxCenter='10.25 0 -29.2589'
   bboxSize='280.5 0.2 242.539'>
   </Transform>
      <Transform rotation='0 1 0 2.356' scale='0.7 0.7 0.7'
translation='-88 0 -22'>
         DEF="_Inline_88" Inline  url='"kgyongg/pyyg.x3d"'
bboxCenter='0.045001
   2.57059 0.636614' bboxSize='30.39 5.15971 45.2748'>
   </Transform>
         ⋮
   </Scene>
</X3D>
```

运行程序时，首先启动 Xj3D 或 BS Contact VRML/X3D 7.0/7.2 浏览器，然后打开
"px3d.x3d"，即可启动 X3D 虚拟校园建筑设计规划主程序，在 X3D 虚拟校园建筑设计中
浏览和漫游。程序运行结果如图 12-1 所示。

图 12-1　X3D 虚拟校园建筑设计规划三维立体场景

参考文献

[1] 张金钊，张金镝，张金锐. 虚拟现实三维立体网络程序设计语言 VRML[M]. 北京：清华大学出版社，北京交通大学出版社，2004.

[2] 张金钊，张金锐，张金镝. X3D 虚拟现实设计——第二代三维立体网络程序设计语言[M]. 北京：电子工业出版社，2007.

[3] 张金钊，张金锐，张金镝. 虚拟现实与游戏设计[M]. 北京：冶金工业出版社，2007.

[4] 张金钊，张金锐，张金镝. VRML 编程实训教程[M]. 北京：清华大学出版社，北京交通大学出版社，2008.

[5] 张金钊，张金锐，张金镝. X3D 立体动画与游戏设计[M]. 北京：电子工业出版社，2008.

[6] 张金钊，张金锐，张金镝. X3D 三维立体网页设计[M]. 北京：水利水电出版社，2009.

[7] 张金钊，张金锐，张金镝. X3D 动画游戏设计[M]. 北京：水利水电出版社，2010.

图书在版编目(CIP)数据

X3D 网络立体动画游戏设计——虚拟增强现实技术/张金钊　张金锐　张金镝　著.—武汉:华中科技大学出版社,2011.8
ISBN 978-7-5609-7136-0

Ⅰ.X… Ⅱ.①张… ②张… ③张… Ⅲ.三维-动画-设计 Ⅳ.TP391.41

中国版本图书馆 CIP 数据核字(2011)第 092737 号

X3D 网络立体动画游戏设计——虚拟增强现实技术　　张金钊　张金锐　张金镝　著

策划编辑:谢燕群
责任编辑:熊　慧
封面设计:潘　群
责任校对:祝　菲
责任监印:张正林
出版发行:华中科技大学出版社(中国·武汉)
　　　　　武昌喻家山　邮编:430074　　电话:(027)87557437
录　　排:华中科技大学惠友文印中心
印　　刷:湖北新华印务有限公司
开　　本:787mm×1092mm　1/16
印　　张:17
字　　数:424 千字
版　　次:2011 年 8 月第 1 版第 1 次印刷
定　　价:39.80 元
